权威 · 前沿 · 原创

皮书系列为

“十二五”“十三五”“十四五”国家重点图书出版规划项目

智库成果出版与传播平台

北京经济发展报告（2021~2022）

ANNUAL REPORT ON ECONOMIC DEVELOPMENT OF BEIJING (2021-2022)

北京市社会科学院
主　编／杨　松
副主编／唐　勇　邓丽姝

社会科学文献出版社
SOCIAL SCIENCES ACADEMIC PRESS (CHINA)

图书在版编目(CIP)数据

北京经济发展报告. 2021-2022 / 杨松主编. --北京: 社会科学文献出版社, 2022.4
(北京蓝皮书)
ISBN 978-7-5201-9941-4

Ⅰ. ①北… Ⅱ. ①杨… Ⅲ. ①区域经济发展-研究报告-北京-2021-2022 Ⅳ. ①F127.1

中国版本图书馆 CIP 数据核字 (2022) 第 049970 号

北京蓝皮书
北京经济发展报告（2021~2022）

主　　编 / 杨　松
副 主 编 / 唐　勇　邓丽姝

出 版 人 / 王利民
组稿编辑 / 邓泳红
责任编辑 / 吴　敏
责任印制 / 王京美

出　　版 / 社会科学文献出版社 · 皮书出版分社 (010) 59367127
地址：北京市北三环中路甲 29 号院华龙大厦　邮编：100029
网址：www.ssap.com.cn
发　　行 / 社会科学文献出版社 (010) 59367028
印　　装 / 天津千鹤文化传播有限公司

规　　格 / 开 本：787mm×1092mm　1/16
印 张：22.75　字 数：341 千字
版　　次 / 2022 年 4 月第 1 版　2022 年 4 月第 1 次印刷
书　　号 / ISBN 978-7-5201-9941-4
定　　价 / 158.00 元

读者服务电话：4008918866

北京市社会科学院系列皮书
编辑工作委员会

《北京经济发展报告（2021～2022）》
编　委　会

主要编撰者简介

杨　松　北京市社会科学院经济研究所所长、研究员，兼任首都环境建设委员会专家团成员、北京城市副中心专家团成员、北京市西城区人民政府顾问。曾任教于北京师范大学、商业部管理干部学院。长期从事城市经济、贸易经济、经济管理等方面的教学与研究工作。近年来主要研究方向为城市经济、城市治理、市政公用事业市场化等。著有《首都城市公用事业市场化研究——趋势·运营·监管·比较》(中国经济出版社，2010)、《北京市政公用事业特许经营制度创新研究》(知识产权出版社，2012)、《北京建设国际活动聚集之都研究》(知识产权出版社，2012)。主持或参与国家级、省部级等科研项目 80 多项。在《人民日报》、《经济日报》、《北京日报》(理论版) 等发表论文 150 多篇。2012 年获北京市第十二届哲学社会科学优秀科研成果二等奖。

唐　勇　北京市社会科学院经济研究所助理研究员，华中科技大学数量经济学硕士、北京邮电大学产业经济学博士。主要研究方向为宏观经济和计量经济。近年来，运用计量经济学、大数据分析、人工神经网络、深度学习等前沿科学方法分析经济增长理论和现实问题，围绕经济增长、科技创新、房地产经济、高技术产业发展、文化创意产业发展等主题公开发表学术论文 15 篇。主持北京市哲学社会科学规划项目青年课题一项，主持多项北京市各区县及委办局关于经济增长和统计计量方面的应用课题，参与院内多项重点或重大研究项目。

邓丽姝 经济学博士，北京市社会科学院经济研究所副所长、副研究员。主要从事产业经济、科技创新经济、首都发展等领域研究。在《经济管理》、《城市发展研究》、《前线》、《经济日报》（理论版）等报刊公开发表学术论文60余篇，出版《生产性服务业与北京产业升级》（中国经济出版社，2014）等专著2部。主持或作为主要成员参加各类科研项目40余项。

摘 要

《北京经济发展报告（2021～2022）》是以北京市社会科学院经济研究所的研究人员为核心团队成员，吸收政府部门、科研机构、高等院校及相关咨询公司等各方面专家、学者共同撰写的关于北京市经济发展、经济形势分析与预测的年度研究报告。

《北京经济发展报告（2021～2022）》对2021年北京市经济发展的整体形势进行了系统性的分析与回顾，特别关注了2021年新冠肺炎疫情对北京2022年经济形势等的影响；本报告聚焦北京市经济社会发展中的全局性、战略性和关键领域的重点问题，运用定量和定性分析相结合的方法，对北京市经济社会发展的现状、问题、成因进行了深入分析，提出了可操作性的对策建议。

《北京经济发展报告（2021～2022）》分为总报告、宏观经济篇、战略分析篇、产业发展篇、财政金融篇和区域发展篇。从内容看，本书对2022年宏观经济形势、工业发展形势、财政金融形势、房地产形势等进行了展望、预测和分析，特别聚焦首都高质量发展、王府井商业步行街转型升级、北京区域发展格局的空间差异、现代化首都都市圈、京津冀产业协同发展、北京碳中和目标、冬奥会遗产、知识产权证券化、绿色金融、北京经济技术开发区、中关村科学城等重点热点问题，并进行了深入的研究和分析。

总报告是本书的核心内容。总报告共分四个部分：第一部分主要对北京所处外部环境进行了分析和判断；第二部分主要是对2021年北京经济形势进行了分析；第三部分运用新增长理论追赶模型分析了北京完成经济工作的首要任务稳增长面临的压力和挑战；第四部分对2022年北京经济发展主要指标进行了预测。

本报告预测，2022年全年北京全社会固定资产投资将同比增长5.5%左右，保持快速增长态势；总体消费形势比较乐观，预计2022年市场总消费增长率将会在7%左右；2022年工业增加值增速放缓，预计工业增加值将实现3%左右的低速增长；2022年北京第三产业增加值增速预计会在2021年的基础上有所加快，预计总体能保持在6%左右；居民消费价格指数在2021年的基础上会有所上升，但幅度不会太大，预计2022年全年居民消费价格上涨2.6%左右。综合上述分析，预计2022年北京GDP将实现5%左右的增长，经济将持续稳定恢复。

关键词： 北京经济　宏观经济　产业经济

目 录

Ⅰ 总报告

Ⅱ 宏观经济篇

Ⅲ　战略分析篇

Ⅳ　产业发展篇

V 财政金融篇

VI 区域发展篇

皮书数据库阅读使用指南

总报告

General Report

B.1

2021～2022年北京经济形势分析与预测

北京市社会科学院经济形势分析与预测课题组*

摘　要： 2021年，北京把疫情对经济社会发展的影响降到最低，实现了全市经济的全面恢复性增长，主要特征有：经济总量持续恢复增长，居民消费增长不够理想，投资增长恢复比较缓慢，产业发展质量继续提升，物价小幅上涨符合预期。2022年，经济工作的首要任务是稳增长，为此，通过新增长理论追赶模型阐明了稳增长的政策意义。北京2022年在稳增长方面面临一些困难和挑战：一是长期潜在增长率下滑的压力；二是减量发展条件下稳增长难度加大；三是疫情的不确定性影响短期内仍然存在；四是房地产行业流动性风险有进一步扩散的可能；五是平台经济面临转型阵痛。稳增长在长期内要靠创新，在短期内要从需求侧发力，具体来说，一是要继续加大基础教育投入，提高基础教育的发展质

* 执笔人：唐勇，北京市社会科学院经济研究所助理研究员，主要研究方向为宏观经济和计量经济等。

量；二是要提供更加优化的科研创新环境；三是要集中力量狠抓关键核心技术和“卡脖子”技术；四是要统筹减量发展下的创新人才要素配置；五是要着重培育和支持企业家精神健康发展；六是以新基建为主的投资项目要加快落地；七是要全方位多措并举提升居民消费能力；八是要引导和促进民间投资快速发展。展望2022年，预计北京GDP将保持在5%左右的增长水平。

关键词： 稳增长　追赶模型　科技创新　北京

一　北京所处外部环境分析和判断

（一）世界经济总体形势：疫情中艰难复苏

2021年以来，随着世界各国新冠疫苗接种率不断提高和奥密克戎毒株的大面积快速传播，一些国家相继放弃了隔离封锁等抵抗措施，全球范围内的供应链紧张局势有所缓解，世界经济总体呈现艰难复苏态势。

1. 全球经济2021年快速复苏，2022年将有所减缓

从世界经济增长率来看，综合各国际组织对世界经济的估计和预测，2021年世界经济呈现较大幅度的复苏（主要是由于2020年基数较低），但2022年受美联储加息预期的影响，经济增长速度将有所放缓。

2022年1月11日世界银行发布的《全球经济展望》预测，世界经济2021年增长5.5%，2022年将增长4.1%，均较此前预测下调0.2个百分点。世界银行将预测值下调的原因为“新冠病毒变异毒株构成新的威胁，加之通货膨胀、债务与收入不平等加剧”，美联储将提前退出宽松货币政策的预期也使得“许多发展中经济体都缺乏在必要时为经济提供支持的政策空间”。

与世界银行下调全球经济增长预测值相一致的是，国际货币基金组织（IMF）最新一期的《世界经济展望报告》预测，“全球经济增速预计将从

2021 年的 5. 9% 下降至 2022 年的 4. 4%”。IMF 将预测值下调的原因为新冠病毒变异导致的供应链受阻和能源供应不足，其中特别提到中国房地产行业的萎缩。

2. 全球金融市场波动性和脆弱性有所上升

2021 年，为应对反复发生的新冠肺炎疫情，美国和欧元区一些发达国家延续宽松货币政策和财政刺激政策，但随着市场对全球不断高涨的通胀预期以及美联储宽松货币政策退出的预期，金融市场波动性和脆弱性有所上升。

3. 全球供应链危机将在较大程度上得到缓解

2021 年，伴随全球经济不均衡复苏，全球供应链遭遇短缺危机。部分发展中国家受疫情反复影响实施了一些隔离封锁和停工停产的措施，导致一些原材料、半导体、芯片等产品的生产和交通物流等各环节均受到较大冲击。2021 年底至 2022 年初，鉴于奥密克戎毒株的超强传染性、低重症率、低致死率等特征，泰国、马来西亚、越南等一些发展中国家相继放松了防疫管制措施。预计随着这些发展中国家生产的逐步恢复，全球供应链危机将会得到较大程度的缓解。

（二）中美两国的经济形势比较

1. 中美贸易关系将在矛盾中不断演进

针对中美关系的新形势，习近平总书记明确指出，中美分别是最大的发展中国家和最大的发达国家，中美能否处理好彼此关系，攸关世界前途命运，是两国必须回答好的世纪之问。中美合作，两国和世界都会受益；中美对抗，两国和世界都会遭殃。中美关系不是一道是否搞好的选择题，而是一道如何搞好的必答题。2022 年 2 月 28 日，国务委员兼外长王毅在“上海公报”发表 50 周年纪念大会上强调，“我们要坚持合作共赢，促进中美各自发展繁荣”。中国致力于实现经济高质量发展和共同富裕，美国着力振兴中产阶级，合作才是双方最好的选择。世界足够大，完全容得下中美各自的发展，也期待两国致力于双赢，并且与各国共赢。

2. 粗略估计，中国GDP将在2031年前后超过美国

美国商务部在2022年1月27日公布的数据显示，2021年美国经济增长5.7%，为1984年以来最高值，GDP达到23.03万亿美元。2021年美国GDP的高增长除了源于美联储过度宽松的货币政策以外，2020年负增长形成的低基数也是一个重要原因。考虑到美联储在2022年宽松货币政策的退出以及新冠肺炎疫情的逐步缓解，预计2022年之后美国经济增长将会恢复常态。根据美国历年GDP增长率的数据，假定2022年及其以后每年美国GDP均保持3%的增速，并且不考虑通货膨胀因素，可以估算出美国今后各年的GDP数据（见表1）。中国方面，国家统计局公布的数据显示，2021年中国经济增长8.1%，GDP达到17.73万亿美元（根据国家外汇交易中心公开的2021年平均汇率6.4515进行折算）。以此为基础，考虑到2022年以后经济增长将恢复到疫情之前的常态，假定中国经济在2022年及其以后每年GDP增长6%，同样不考虑通货膨胀因素，可以大致估算出中国今后各年的GDP数据。

通过比较可以看出，如果不考虑通货膨胀因素，假定今后美国经济每年增长3%，中国经济每年增长6%，那么中国经济总量将于2031年超过美国。

表1　中美两国GDP的粗略估算

单位：万亿美元，%

年份	中国		美国	
	GDP	GDP增速	GDP	GDP增速
2021	17.73	8.1	23.03	5.7
2022	18.79	6.0	23.72	3.0
2023	19.92	6.0	24.43	3.0
2024	21.11	6.0	25.17	3.0
2025	22.38	6.0	25.92	3.0
2026	23.72	6.0	26.70	3.0
2027	25.15	6.0	27.50	3.0
2028	26.66	6.0	28.32	3.0
2029	28.25	6.0	29.17	3.0
2030	29.95	6.0	30.05	3.0
2031	31.75	6.0	30.95	3.0

注：仅为在不考虑通货膨胀情况下基于假定GDP增速的粗略估算。

3. 当前经济政策方向截然相反：美国将适度紧缩，中国将适度宽松

中美两国当前所处的经济环境有明显差异。美国方面，2021 年美国经济增速虽然较快恢复，但部分原因是 2020 年的基数较低，更为重要的是 2021 年美国整体的财政政策和货币政策都较为宽松，使得 2021 年美国的通货膨胀水平也超出了预期，因此美联储在 2022 年的总基调将是通过紧缩货币来控制通胀预期。与此相反，中国经济虽然在 2021 年也实现了 8.1% 的快速增长，但由于近期奥密克戎病毒在一些地区的传播，各地实施了较为严格的防疫政策，这势必会在一定程度上影响 2022 年的经济运行。另外，当前大多数专家都判断中国经济在稳增长方面面临较大的压力，加上中国通货膨胀率一直维持在可控的水平之下，出台适度宽松的货币政策还有一定的政策空间。因此我们判断中美两国在经济政策方向上将会截然相反，美国是通过适度紧缩的政策来控通胀，中国是通过适度宽松的政策来稳增长。

二　2021年北京经济形势分析

2021 年，面对全球疫情传播风险，北京坚持“外防输入，内防反弹”的防控策略，部署实施“五子联动”战略，以首都发展为统领融入新发展格局，把疫情对经济社会发展的影响降到最低，积极探索减量背景下实现高质量发展的生动实践，实现了全市经济的全面恢复性增长。

（一）经济总量持续恢复增长

2021 年，总体上北京新冠肺炎疫情防控形势向好，经济生产持续恢复，全年实现地区生产总值（GDP）40269.6 亿元，按可比价格计算，比 2020 年增长 8.5%；与 2019 年相比，两年平均增长 4.7%。分产业看，第一产业实现增加值 111.3 亿元，同比增长 2.7%；第二产业实现增加值 7268.6 亿元，同比增长 23.2%；第三产业实现增加值 32889.6 亿元，同比增长 5.7%。

分季度来看（见图 1），2021 年北京 GDP 增速呈现前高后低态势，这并

不能说明北京经济增长在2021年处于逐季下滑的态势，主要是由于2020年季度GDP基数呈现前低后高的趋势。如果北京市统计局今后能够计算和发布各个季度的GDP环比增速，那样就能一目了然地看出经济增长的季度运行趋势。但是根据北京市近年来与全国经济增长的高度趋同性，从全国2021年各季度GDP环比增速分别为0.3%、1.3%、0.7%、1.6%可以推演出，北京2021年各季度GDP环比增速也呈波动式提升态势。

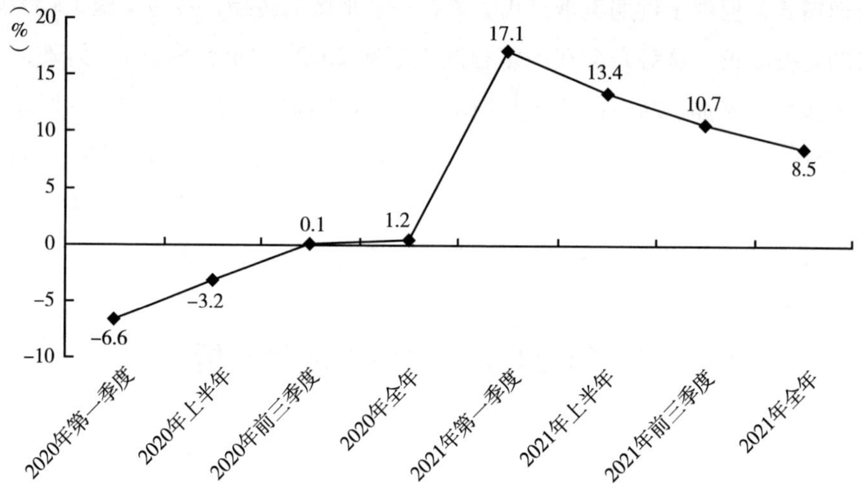

图1　2020～2021年北京GDP季度累计增速

（二）居民消费增长不够理想

从总量来看，2021年消费需求虽然在2020年的低基数上有所恢复，但是从两年平均来看，消费需求情况仍然不容乐观。2021年，全市实现社会消费品零售总额14867.7亿元，同比增长8.4%，两年平均下降0.7%。2021年，全市市场总消费额比上年增长11.0%，两年平均增长1.7%。

从结构来看，恩格尔系数逆向回升。食品类刚性消费需求增长较快，导致衡量居民生活水平的重要指标——恩格尔系数在最近两年有所上升（恩格尔系数下降才表明生活水平的提高）。2021年，全市居民人均消费支出43640元，同比增长12.2%，其中食品类消费支出9307元，同比增长

11.1%。可以计算出2021年的恩格尔系数为21.3，虽然略低于2020年，但仍然高于疫情之前的2017年、2018年和2019年（见图2）。

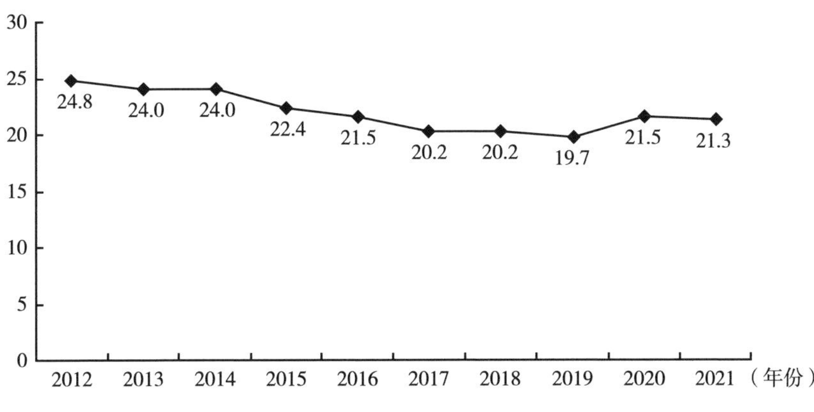

图2　2012～2021年北京恩格尔系数

（三）投资增长恢复比较缓慢

从总量来看，2021年北京固定资产投资逐步恢复，但增速仍然低于2018年之前的年份。由于2018年固定资产投资大幅下滑，截至2021年底，北京固定资产投资的实现值仍然低于2017年（见图3）。

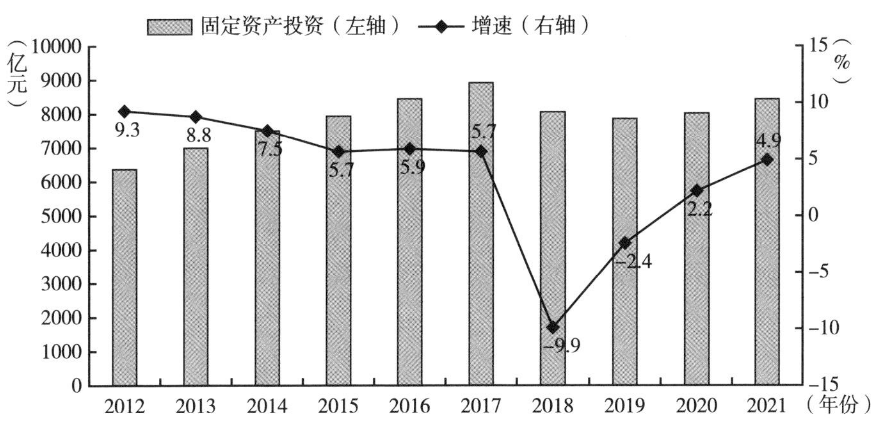

图3　2012～2021年固定资产投资及其增速

从投资领域来看，基础设施投资下滑是固定资产投资增速放缓的主要原因。2021 年北京固定资产投资中，基础设施投资下降 8.9%，房地产开发投资增长 5.1%，民间投资增长 6.4%。从图 4 可以看出，2018 ~2021 年北京市基础设施投资连续四年呈负增长，导致 2021 年基础设施的实现值已经低于 2015 年的实现值。

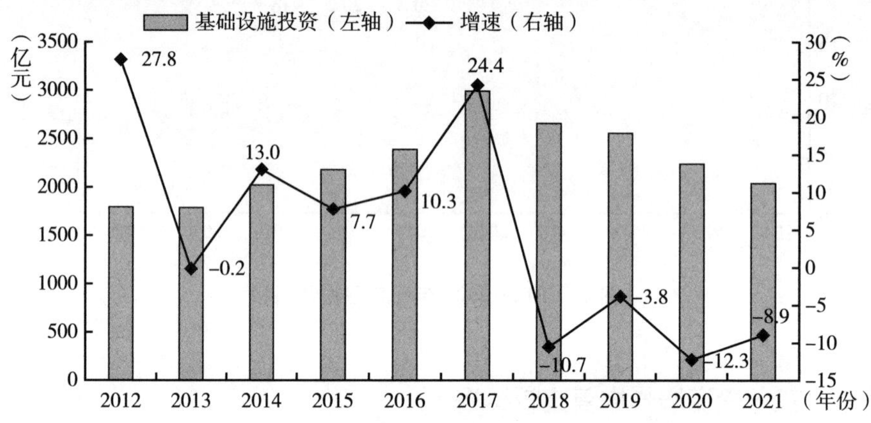

图 4　2012 ~2021 年北京基础设施投资及其增速

从行业来看，高技术制造业和金融业投资增长较快。2021 年，北京固定资产投资中，高技术制造业和金融业投资分别增长 99.6% 和 68.2%，是北京固定资产投资中增长最快的两个行业。

（四）产业发展质量继续提升

一是高端产业增势良好。2021 年，北京高技术制造业、战略性新兴产业增加值比上年分别增长 1.1 倍和 89.2%，两年平均增长 52.5% 和 43.7%。工业机器人、集成电路、智能手机产量比上年分别增长 56.0%、21.7% 和 17.1%。

二是“两区”建设加快推进。2021 年 1 ~8 月，服务业扩大开放重点领域规模以上企业收入两年平均增长 11.1%，高于规模以上服务业企业收入增速 3.2 个百分点，其中互联网信息领域增长较快。自由贸易试验区内规模以上工业和服务业企业收入两年平均增长 13.4%，高于全市规模以上工业和服务业企业收入增速4.7个百分点，其中科技创新片区和高端产业片区增势良好。截至2021年7月14日，累计进入“两区”项目库的项目2009个，预计投资8825亿元，其中外资项目483个，涉及投资额266.3亿美元。高端产业功能区内企业收入快速增长。2021年前三季度，全市六大高端产业功能区规模以上企业累计实现收入82535.6亿元，同比增长18.1%，比GDP增速快9.6个百分点（见表2）。

表2　2021年前三季度北京高端产业功能区情况

区域	单位数（个）	收入合计	
		绝对值(亿元)	增速(%)
高端产业功能区合计	14025	82535.6	18.1
中关村国家自主创新示范区	8751	59424.9	25.4
金融街	516	10118.6	6.3
北京商务中心区	2101	6024.1	8.9
北京经济技术开发区	1131	13707.8	24.8
首都机场临空经济示范区	956	3145.7	22.6
奥林匹克中心区	1516	3092.1	17.6

注：中关村国家自主创新示范区按注册地原则统计，部分单位在其他功能区内经营，与按经营地原则统计的其他五个功能区中部分单位重复，高端产业功能区合计对这部分数据进行了扣减。

资料来源：北京市统计局。

三是科技创新能力进一步增强。2021年，北京研发投入强度和万人发明专利拥有量稳居全国第一，人工智能领域有效发明专利居全球首位；科研产出连续3年在《自然》杂志“自然指数—科研城市”排名中雄踞榜首；在中国领跑世界的技术成果中北京占比过半。初步统计，新经济增加值占全市地区生产总值的37.8%，北京已经成为全球创新创业最活跃的城市之一，科技创新在北京经济发展中发挥着基础性的推动作用。2021年1～11月，全市大中型重点企业研究开发费用合计3030.6亿元，同比增长31.4%。其中，工业企业、信息传输软件和信息技术服务业、科学研究和技术服务业增长较快，同比分别增长32.9%、32.3%和22.3%。科技创新成果快速增长。2021年，北京专利授权量198778件，同比增长22.1%（见图5）。

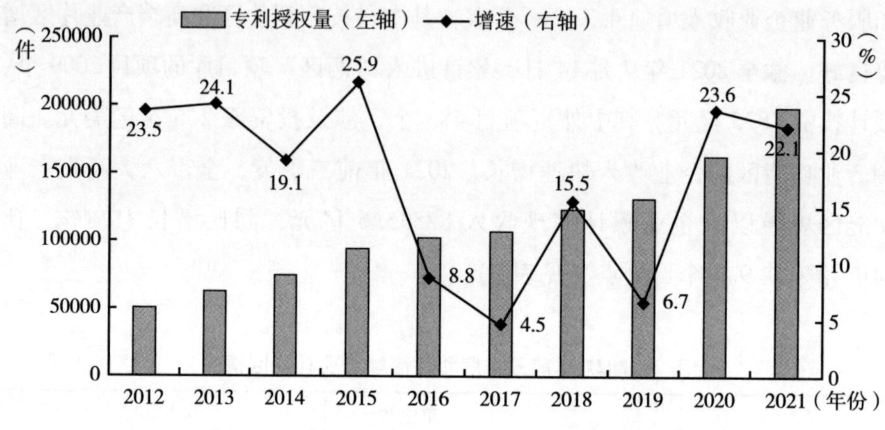

图5　北京 2012～2021 年专利授权量及其增速

四是数字经济发展领军全国。北京作为国家首都和国际科技创新中心，是中国数字经济的创新源头，也是开放源头，是数字经济发展的领军城市。2021 年上半年，北京数字经济总量为 8187.3 亿元，现价增速 20.7%，占 GDP 比重 42.6%；核心产业 4601.3 亿元，现价增速 27%，占 GDP 比重 23.9%，较 2020 年比重分别上升了 2.6 个和 2.8 个百分点，实现“十四五”良好开局。2021 年，北京数字经济竞争力居全球第八，涌现了一大批数字经济标杆企业，人工智能、区块链企业数量居全球第一。

（五）物价小幅上涨符合预期

保持物价稳定是宏观经济政策的一个重要目标。2021 年全年，北京居民消费价格总水平比上年同期上涨 1.1%，与全年 8.5% 的 GDP 增速相适应，属于正常预期范围内的温和小幅上涨。

从结构来看，石油和猪肉价格是影响物价变动的主要因素。2021 年北京交通通信类价格同比上涨 5.1%（见图 6），其中交通工具用燃料（主要是汽油）价格受近期国际油价连续上涨影响同比上涨 17.4%，是整个交通通信类价格快速上涨的主要推动因素。另外，食品烟酒类价格在 2021 年小幅同比上涨 0.5%，其中食品类价格同比下跌 1%。食品类价格下跌的主要影响因素是猪肉价格。由于上年猪肉价格较高，受此影响 2021 年猪肉供给大幅增长，这使得 2021 年全年猪肉价格相比上一年同比大幅下降 31. 1%。这是典型的符合蛛网模型产品。

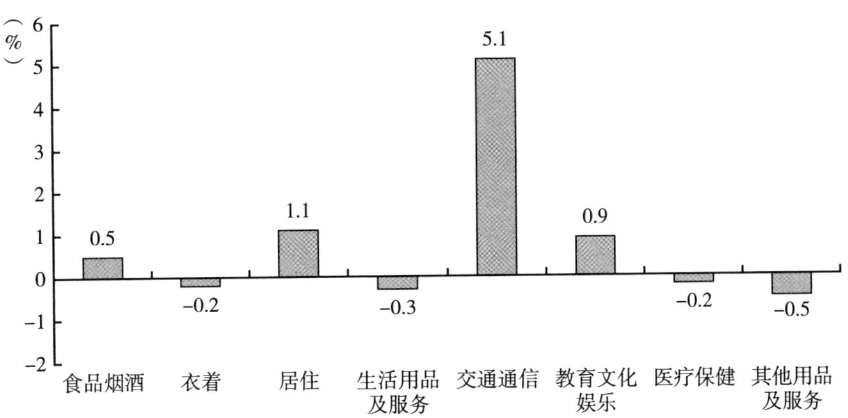

图 6　2021 年北京居民消费价格分类别同比涨幅

三　2022年北京经济工作的首要任务是稳增长

2021 年 12 月召开的中央经济工作会议明确要求，2022 年的经济工作要“稳字当头、稳中求进”，并且要“积极推出有利于经济稳定的政策，政策发力适当靠前”。与全国的经济增长趋势相似，近十年来，北京的长期潜在经济增长率也开始缓慢下行，尤其是新冠肺炎疫情突袭而至，经济受到了一定程度的冲击，市场主体对宏观经济前景的预期也相应受到影响，就业形势面临一定挑战，在此背景下，如何稳增长、促就业就是 2022 年北京经济工作中的首要任务。

（一）新增长理论的追赶模型及其政策意义

随着新增长经济学的开创性发展，经济学的研究重点也渐渐地从短期均衡转向长期增长。在这些长期增长理论中，基于“创造性破坏”的熊彼特内生增长理论对于落后经济体如何赶超世界技术前沿经济体具有较强的理论解释力。这里引用阿西莫格鲁、阿吉翁和齐利博迪的模型推导结论阐述不同的科技创新策略在经济增长中的重要作用。①

令 $A(t)$ 表示某追赶经济体在 t 期的科技生产率，$\bar{A}(t)$ 表示世界技术前沿经济体的科技生产率。由于该经济体处于赶超地位，显然，在追赶过程中，对于任意的 t 期，有 $A(t) \leqslant \bar{A}(t)$ 始终成立。特别需要注意的是，这里的赶超不是指经济总量的赶超，而是指科技生产率的赶超。

假定世界技术前沿经济体的科技生产率每年增速为 g，则有 $\bar{A}(t) = (1+g)\bar{A}(t-1)$ 。再定义 $a(t) \equiv A(t)/\bar{A}(t)$ 表示追赶经济体与世界技术前沿经济体的科技生产率差距的逆向测度，显然 $a(t)$ 值越大，则两者的科技生产率差距越小。

假定追赶经济体中，一些部门或企业采用模仿的策略，另一些部门或企业采取自主创新的策略，则有：

$$A(t) = \mu\bar{A}(t-1) + \gamma A(t-1) \tag{1}$$

其中，$\mu > 0, \gamma > 0$ 。式（1）中 $\mu\bar{A}(t-1)$ 表示通过模仿获得的生产率，$\gamma A(t-1)$ 表示通过创新获得的生产率。

模型最后推导得出追赶经济体与世界技术前沿经济体之间差距的基本方程：

$$a(t) = \frac{1}{1+g}[\mu + \gamma a(t-1)] \tag{2}$$

式（2）表明，模仿和创新的过程最终有可能导致追赶经济体收敛到 $a(t) = 1$ ，即成功追赶上世界技术前沿经济体。

假定在追赶过程中存在两种不同的增长策略，第一种是基于创新的增长策略（R=0），这种策略倾向于选择用高技能的企业家代替技能水平相对较

① Acemoglu Daron, Philippe Aghion, and Fabrizio Zilibotti, “Distance to Frontier, Selection, and Economic Growth,” *Journal of the European Economic Association*, 2006, 4 (1).

低的企业家，因此整体经济就表现为较高程度的创新和较少程度的模仿；第二种是基于模仿的增长策略（R=1），这种策略倾向于将有经验但技能较低的企业家保留下来，强调经验的积累以及较低程度的自主创新。这两种增长策略可以表示为：

$$a(t) = \begin{cases} \frac{1}{1+g}[\underline{\mu} + \bar{\gamma}a(t-1)] & \text{if } R(t) = 0 \\ \frac{1}{1+g}[\bar{\mu} + \underline{\gamma}a(t-1)] & \text{if } R(t) = 1 \end{cases} \quad (3)$$

根据式（3）可以模拟出四种不同的均衡。

第一种均衡是增长最大化均衡。据此可以计算出存在一个生产率差距的临界值水平：$\hat{a} \equiv \frac{\bar{\mu} - \underline{\mu}}{\bar{\gamma} - \underline{\gamma}} \in (0,1)$。当生产率差距小于这个临界值［$a(t-1) < \hat{a}$］时，采用基于模仿的增长策略（R=1），当生产率差距大于等于这个临界值［$a(t-1) \geqslant \hat{a}$］时，迅速转换为基于创新的增长策略（R=0）。这种均衡的难点在于实际经济中很难准确地计算出生产率差距的具体临界值水平，因此这种均衡只存在于理论模型之中，现实经济中不可能存在。

第二种均衡是投资不足均衡。这种均衡是在生产率差距还小于临界值水平 $\hat{a}$ 的时候就开始从基于模仿的增长策略（R=1）转换为基于创新的增长策略（R=0），最极端的情形是刚开始的时候就采取基于创新的增长策略（R=0）。这种类型的均衡由于过早地采用了基于创新的增长策略，在生产率差距较大的时候并没有通过最大化经济增长的模仿策略来积累相应的资本，造成投资不足的均衡。相当于放弃以最快的增长速度从总量上来追赶世界技术前沿经济体，但是可能以更快的速度从生产率上追赶世界技术前沿经济体。在这种均衡中，需要政府对企业的投资不足部分进行补贴才能弥补。

第三种均衡是僵化均衡。这种均衡是刚开始的时候采用基于模仿的增长策略（R=1），当追赶经济体与世界技术前沿经济体的生产率差距超过临界值之后，未能及时转换为基于创新的增长策略（R=0），这可能是有经验的企业家更容易获得投资贷款或进行融资，因此对拥有较高技能的新一代企业家进行抵制，阻挠基于创新的增长策略的实行，使得追赶的过程时间更长、速度更慢，但最终仍然能够实现生产率的赶超。

第四种均衡是非收敛陷阱均衡。这种均衡与第三种僵化均衡相似，只是从基于模仿的增长策略（R =1）转换为基于创新的增长策略（R =0）时间太长，以至于当生产率差距仍然存在时就已经出现了这种均衡，使得生产率差距不能进一步缩小，陷入一种非收敛的陷阱之中，处于陷阱当中的生产率差距值为 $a_{trap} = \bar{\mu}/(1 + g - \gamma)$。该经济体执行 R =1 的模仿策略时间过长，使得有经验的企业家成为一股非常强大的阻力，阻止向 R =0 的创新增长策略转换。这种非收敛陷阱均衡是一种非常危险的状态，整个经济体缺乏创新精神，因此最终无法实现生产率上的赶超。

这四种均衡中，最重要的就是从基于模仿的策略向基于创新的策略进行转换的时机问题。第一种均衡是最理想但也是可遇不可求的，第四种非收敛陷阱均衡是应该极力避免的。第三种均衡转换时机较晚，追赶时间过长，经济体创新不足。因此对于追赶经济体来说，最现实且最优化的选择应该是追求实现第二种投资不足的均衡，其政策意义就是要求政府对企业的创新研发投入进行补贴，促使企业加快技术升级，同时促进企业家群体的更新换代，避免经济体陷入僵化均衡或者非收敛陷阱均衡。

（二）北京在稳增长方面面临的压力和挑战

1. 长期潜在增长率面临下滑的压力

2021 年全年北京 GDP 增长 8.5%，部分原因是 2020 年基数低。与 2019 年相比，北京 GDP 两年平均仅增长 4.7%。如果从更长期来看，北京的长期潜在增长率存在进一步下滑的风险。

对北京 1978 ~2021 年 GDP 增速的数据序列进行 HP 滤波，剔除周期性波动因素，可以得到其长期趋势（见图 7），这是估算北京长期潜在增长率的一个常用方法，假定：

$$y_t = g_t + c_t$$

其中，y_t 为原始的 GDP 增速，g_t 即剔除掉周期波动因素的潜在 GDP 趋势增速，c_t 为周期波动因素。采用最小二乘法对以下函数进行最优化处理可得到：

$$\min_g \sum_{t=1}^{N} (y_t - g_t)^2 + \lambda \sum_{t=1}^{N-2} (g_t - 2g_{t+1} + g_{t+2})^2$$

一般情况下，年度数据 GDP 增速对平滑参数 λ 取值为 100。

从图 7 可以看出，北京长期潜在增长率已经下降为 5% 左右，且有进一步下滑的可能。

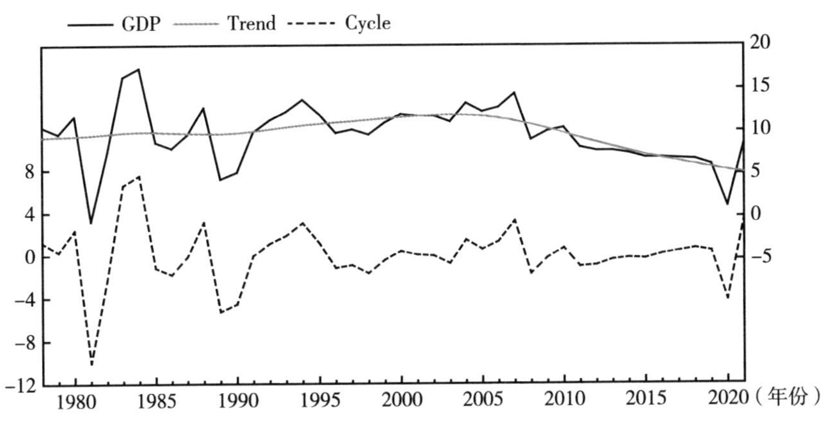

图 7　北京 GDP 增速的 HP 滤波

注：λ = 100。

2. 减量发展条件下稳增长难度加大

北京在人口、建设用地、建筑规模“三个减量”基础上的发展对原有经济生态影响巨大，新的经济生态尚处于扶持、培育中，新旧经济生态处于换挡期，加之受到“十四五”时期“疏整促”进入深化期、央属企业搬迁等政策影响，首都面临在减量基础上更好谋划高质量发展的挑战；因土地、房价、房租等经济运行成本过高，市场性主体数量减少，微观市场主体的积极性和活跃程度不高，经济复苏的微观基础尚不稳固。

3. 疫情的不确定性影响短期内仍然存在

新冠病毒变异株奥密克戎正在全球多地肆虐，疫情形势仍不明朗，可能带来一系列不利影响。北京市人群免疫屏障尚未充分建立。从多家机构分析结果看，疫情早期扩散速度快，绝大多数人口未被感染过，现有疫苗形成的免疫保护程度也不够理想，第三剂疫苗接种后的突破感染也已出现。一是抑制需求恢复。由于病毒频繁变异，具有较大的不确定性，居民消费意愿走低，提振线下和服务性消费仍有困难，这将进一步影响市场预期和需求，不利于经济稳定复苏，不利于北京国际消费中心城市建设。二是影响供给端生产恢复。受疫情反复、关键零部件和原材料短缺等因素影响，工业、生产性服务业生产受到较大干扰，部分行业企业生产中断、原材料供给不足或交货时间延长的问题仍然可能出现。

4. 房地产行业流动性风险有进一步扩散的可能

目前房地产行业增速回落，流动性风险已经初步呈现。2021 年前三季度，共有 12 只地产美元债发生违约，涉及发行人 8 家，违约金额共计 42.85 亿元。在北京新近开展的第二批土地拍卖中，共计 43 宗住宅用地拍卖，但有 26 宗土地无人问津，挂牌竞买时间不得不进行延期调整。同时本市房地产销售面积在 8 月首次出现负增长（-28.01%），累计增速从年初的 150% 逐月下降至前三季度的 28.2%。从先行指标来看，新房开工面积前三季度同比下降 36.9%，房地产开发企业到位资金中，国内贷款下降 32.3%，自筹资金下降 28.9%，拥有较多新房的房地产企业现金流非常紧张。可以预计，如果不采取一定的干预措施，房地产行业有可能出现较大的流动性风险。

5. 平台经济面临转型阵痛

从长期来看，国家对行业进行规范治理和反垄断监管将促进平台经济健康有序发展，不仅是正确的也是必需的。但北京平台经济集中，对经济增长贡献大、影响大，因此平台经济的规范和转型在短期内必然会对经济增长产生一定的不利影响。从我们调研的数据来看，信息服务业整体收入增速从 2021 年初的 50% 以上下降至前三季度的 30% 左右，预计 2022 年平台经济监管的影响将进一步显现。市场机构预判，头部企业如滴滴、美团、好未来等企业受监管影响较大，2021 年增势较好的字节跳动等平台企业在 2022 年收入增速也会出现明显回落。另外，反垄断监管政策带来不确定性，对大数据杀熟、平台封禁等行为认定，相关市场界定，市场力量评估等问题，还需进一步探讨，由此带来政策的可预期性、不稳定性都可能对北京平台经济发展带来不确定性影响。

（三）稳增长的长期有效政策只能靠创新

科技创新尤其是自主创新是北京构建新发展格局、实现高质量发展的核心和灵魂，也是北京作为科技创新中心的题中应有之义。提高自主创新能力是一项长期艰巨的任务，要立足现实，眼光放长远一点，扎扎实实地提高科技硬实力。

在宏观政策上，从科技创新的广度和深度两个方面狠抓落实。现代内生增长理论认为，科技创新的强度等于科技创新的广度乘以科技创新的深度。科技创新的广度主要包括基础教育的投入力度和提供更好的科研创新环境。科技创新的深度主要包括关键核心技术的突破与创新型人才的挖掘和培养。

1. 继续加大基础教育投入，提高基础教育的发展质量

加大基础教育投入是从广度上增强科技创新基础能力的重要环节，但是长期以来由于其见效慢，在短期内对经济增长的拉动作用不明显，地方政府动力不足。另外，提高基础教育的发展质量，关键是要推进基础教育资源均衡合理配置，避免优质教育资源集中在个别重点学校。

2. 提供更加优化的科研创新环境

一是提供更加自由包容的科研学术环境。唯其包容，才有其大。唯其常新，才有活力。大学和各研究机构应该秉承“兼容并包”的理念，多进行思想的碰撞和激荡，才能有创新的土壤。华为的创始人任正非指出，“对新技术要有宽容，因为没有学术自由、思想自由，就不会有创造发明”。二是改善科研工作者的学术生态。科技创新的初始端是基础学术研究，而学术研究有其自身的发展规律，不能完全照搬企业绩效考核那一套。王忠军、刘丽丹的实证研究认为，绝大部分高校教师对科研绩效考核持否定消极的态度，①

① 王忠军、刘丽丹：《绩效考核能否促进高校教师突破性学术创新行为——基于自我决定理论的实证研究》，《高等教育研究》2017 年第 4 期。

高校或科研机构应该结合自身特点与教师岗位特征，淡化量化指标，降低考核频率与强度，科学设计绩效考核标准与体系。

3. 集中力量狠抓关键核心技术和“卡脖子”技术

科技创新的深度主要包括关键领域的深化和关键技术的突破。通过强化“三城一区”主平台、中关村示范区主阵地作用，发挥在京高校、科研单位、企业等创新力量作用，更加重视“从0到1”基础研究，聚焦“卡脖子”技术，实施“揭榜挂帅”，推动人工智能、集成电路等领域实现更多关键核心技术突破。正如习近平总书记所说，“以关键共性技术、前沿引领技术、现代工程技术、颠覆性技术创新为突破口，敢于走前人没走过的路，努力实现关键核心技术自主可控，把创新主动权、发展主动权牢牢掌握在自己手中”。

4. 统筹减量发展下的创新人才要素配置

科学技术的发展和突破离不开领军人物，北京的科技创新离不开人才资源。既要落实人口减量控制要求，还要落实中央人才工作会议精神，统筹人口减量与科技创新的关系，在调整人口布局、优化人力结构、提升人才队伍上出台新的系统性政策措施。

5. 着重培育和支持企业家精神健康发展

在微观政策上，要进一步明确企业才是科技创新的市场主体，政府要为企业家精神的健康发展创造良好的舆论环境，增强企业家对北京经济发展的信心，强化企业家对北京经济发展前景向好的预期。企业家精神是指企业家组织建立和经营管理企业的一种综合才能，是一种重要而特殊的无形生产要素。2021年12月上旬，《人民日报》刊文特别指出，“市场活力来自于人，特别是来自于企业家，来自于企业家精神”，“新时代呼唤与时俱进的企业家精神”。为什么企业家精神如此重要呢？因为企业家精神最本质的特征就是创新。

（四）稳增长还需要在短期内政策从需求侧发力

1. 以新基建为主的投资项目要加快落地

要看到投资本身具有“干中学”的外溢效应，对于短期内稳定经济增长具有举足轻重的作用。新型基础设施建设（以下简称“新基建”）是新时代贯彻新发展理念，与经济体实现生态化、数字化、智能化、高速化以及新旧动能转换相适应的基础设施建设。它主要包括5G基站建设、特高压、城际高速铁路和城市轨道交通、新能源汽车充电桩、大数据中心、人工智能、工业互联网七大领域，涉及诸多产业链。具体来说，北京要围绕新基建的重点领域，加快实施好一批重大项目、示范项目。加快构建中试平台、产业化平台、实验室等基础设施，促进创新链和产业链融通，大幅提升重大创新成果的本地转化效率。

2. 全方位多措并举提升居民消费能力

要正视消费需求的不足会严重拖累短期内的经济增长。充分利用北京建设国际消费中心城市的契机，多措并举全方位提升居民消费能力。一是要积极培育新消费品牌，探索设立新消费基金，持续推动消费升级模式创新。二是要结合城市更新，打造更多沉浸式消费体验新场景，促进消费业态融合创新。三是要落实中央三次分配政策，提高中等阶层收入水平，从源头上增加居民消费能力。四是要努力提高居民保障水平，尤其是住房、医疗、养老等方面的保障，打消居民消费的后顾之忧。

3. 引导和促进民间投资快速发展

建议有关部门深入开展摸底调研，找准制约投资项目尤其是民间投资项目落地的瓶颈所在，进一步为项目落地和民间投资“疏浚通渠”，鼓励民间资本参与公共服务领域建设，引导民间资本进入一些国有企业效率不高的重点行业，进一步为民间资本“除篱破藩”，着力打通服务企业“最后一公里”，营造全社会共同促进民营经济发展的强大合力。

四　2022年北京经济发展主要指标预测

（一）GDP增速目标

2020年，中央取消经济增速的设置主要是考虑到应对疫情冲击稳定经济基本盘，对增速不作硬性要求，为应对疫情留有余地。2021 年 3 月，中央重新设置我国经济增速为 6% 以上的目标，则是为了适应我国经济逐步走出疫情困扰，考虑到经济运行恢复情况、与今后目标平稳衔接和稳定经济大盘的需要。目前，全国 6% 以上的经济增长目标预计是可以实现的，但 2022 年总体宏观经济形势依然错综复杂，经济下行压力大，不确定性因素较多。目前，国内主流机构和学者预测 2022 年我国 GDP 增速设置在 5% 以上较为合理。《中共中央关于党的百年奋斗重大成就和历史经验的决议》明确要求，“我国经济发展进入新常态，已由高速增长阶段转向高质量发展阶段”，“贯彻新发展理念是关系我国发展全局的一场深刻变革，不能简单以生产总值增长率论英雄”。这就意味着 2022 年 GDP 增速目标没有必要设置得过高，经济工作的重心在于引导高质量发展。从北京的情况来看，2022 年初要全力保障冬奥会，上半年要召开市第十三次党代会，下半年要保障党的二十大。所以，2022 年首都经济工作安排要更加注重稳中求进，保持稳中求进的总基调。要把“稳增长”作为 2022 年本市经济工作的重点和主线，建议地区经济增长速度按“5% 以上”目标来安排，为保障重大活动、减量发展和深化转型发展留出空间，能够实现“5% 以上”的增速则是一个比较理想的选择和目标。

（二）第二产业增加值增速

2021 年第二产业增加值增速非常高，超过了两位数，这使得 2022 年第二产业增加值增速的基准数较高，因此预计 2022 年的第二产业增加值增速不会太高。随着东南亚一些主要生产芯片的国家相继放弃了严格的防疫清零政策，预计 2022 年工业生产领域“缺芯”的困境会大幅缓解。另外，随着一些工业项目的落地上马，北京第二产业增加值在 2022 年预计会实现 3% 左右的低速增长。

（三）第三产业增加值增速

2022 年，北京第三产业增加值增速预计会在 2021 年的基础上有所加快。从第三产业的行业大类来看，信息服务业增速会有一些回落，但仍然保持两位数的增长；随着疫情防控常态化，文旅、商务服务等行业会慢慢恢复，金融业总体上应该还可保持4%～5%的增长水平，房地产业的增加值增速应该会下降，总体上第三产业可以对北京经济发展起到较好的支撑作用，预计总体增速保持在6%左右。

（四）固定资产投资

从2021年分季度来看，投资增速一直在回升，预计2022年将在此基础上持续回升。但房地产投资可能会下降，目前拿地的积极性不是很高，新开工的项目也不是很多，预计2022年房地产投资会有小幅下降。基础设施投资在2021年呈负增长，由于基数较低，估计2022年会实现相对较快的增长。综合来看，预计2022年全社会固定资产投资增速将会在5.5%左右。

（五）消费

消费近年来一直是北京经济增长的稳定器。同时，北京2022年也将有一些新的消费增长点，包括数百家首店的新增、环球影城开放带动文旅消费等。因此总体消费形势比较乐观，预计2022年市场总消费增长率将会在7%左右。

（六）通胀水平将略有上涨

在中央适度宽松的货币政策环境下，北京经济发展保持稳中求进的总基调，因此在2022年应该会采用适度积极的政策来拉动总需求，这将使得居民消费价格指数在2021年的基础上有所上升，但幅度不会太大，预计2022年全年居民消费价格上涨2.6%左右。

我们对2022年北京经济发展主要指标预测结果如表3所示。

表3　2022 年北京市主要经济指标预测

单位：%

指标	2021 年(初步统计值)	2022 年(预测值)
地区生产总值增长率	8.5	5.0
第二产业增加值增长率	23.2	3.0
第三产业增加值增长率	5.7	6.0
全社会固定资产投资增长率	4.9	5.5
市场总消费增长率	11.0	7.0
居民消费价格涨幅	1.1	2.6

宏观经济篇

Macroeconomy

B.2
北京市2021年经济社会发展形势和2022年展望

北京市发展和改革委员会综合处*

摘　要： 2021 年，北京市坚持以习近平新时代中国特色社会主义思想为指导，统筹推进疫情防控和经济社会发展，实现经济持续恢复、社会和谐稳定。2022 年，需要坚持稳中求进工作总基调，完整、准确、全面贯彻新发展理念，坚持以首都发展为统领，全面深化改革开放，坚持创新驱动发展，推动高质量发展，坚持以供给侧结构性改革为主线，统筹发展和安全，继续做好“六稳”“六保”工作，切实保障和改善民生，全力办成一届简约、安全、精彩的奥运盛会，以优异的成绩迎接党的二十大胜利召开。

* 执笔人：谭玥琳，管理学硕士，北京市发展和改革委员会综合处干部，主要研究方向为宏观经济与政策；陈泓宇，经济学硕士，北京市发展和改革委员会综合处干部，主要研究方向为宏观经济与政策。

关键词： 高质量发展 数字经济 “两区”建设

一 2021年经济社会发展基本情况

2021年是党和国家历史上具有里程碑意义的一年。全市上下立足新发展阶段，完整、准确、全面贯彻新发展理念，主动服务和融入新发展格局，统筹推进疫情防控和经济社会发展，聚焦“一个开局”“两件大事”“三项任务”，在紧要处落好“五子”，实现经济持续恢复、社会和谐稳定，地区生产总值增长8.5%，经济总量突破4万亿元，一般公共预算收入增长8.1%，展现了首都城市的强大韧性和活力。

（一）国际科技创新中心加快建设，创新对高精尖产业发展的支撑更加有力，高质量发展的动力更加强劲

战略科技力量加快培育。发布实施科技创新战略行动计划，国家实验室和综合性国家科学中心建设取得重大进展。发布国内首个自主可控区块链软硬件技术体系“长安链”，在区块链前沿基础理论和关键核心技术上取得先发优势。国家人工智能创新应用先导区揭牌，超大规模人工智能模型训练平台建设扎实推进，发布全球最大智能模型“悟道2.0”。第一代超导量子计算云平台正式上线。创新生态持续优化，制订实施国际科技创新中心建设人才支撑保障行动计划，修订科技计划项目经费管理办法，高新技术企业认定“报备即批准”等政策落地实施，国家级高新技术企业超2.9万家。

主平台主阵地建设取得新成效。推出中关村新一轮先行先试重大改革举措，中关村示范区规上企业总收入增长20%以上。中关村科学城机器人产业创新中心建成，区块链等算力平台项目集中落地。怀柔科学城“十四五”规划获得国家批复，地球系统数值模拟大科学装置落成启用，首批5个交叉研究平台投入试运行。未来科学城推动武钢、鞍钢腾退导入新产业，北京能源工业互联网研究院成立，国际研究型医院主体结构封顶。北京经济技术开

发区强化与“三城”联动，承接“三城”科技成果转化项目162项，信创园一期开工。中日创新合作示范区建设三年行动计划发布实施，顺义中德经济技术合作先行示范区获批。

高精尖产业加速发展壮大。超前谋划推动疫苗研发和生产上市，科兴中维、国药北生研两家新冠疫苗生产企业全年累计贡献产值2469.7亿元，医药制造业增加值增长2.5倍，有力带动全市经济增长。小米通讯、中芯北方等龙头企业增长较快，带动电子行业增加值增长19.6%。全市规上工业增加值增长31%、两年平均增长15.8%，高技术制造业和战略性新兴产业两年平均分别增长52.5%和43.7%。金融业发展态势良好，北京证券交易所成功开市，在首都金融发展史上具有里程碑意义。北京金融法院成立，金科新区、丽泽金融商务区等功能区建设积极推进，新增境内上市企业48家，其中科创板17家。

（二）“两区”建设持续深化，制度创新扎实推进，对外开放迈向更高水平

“两区”建设跑出“加速度”。251项任务全面落地实施，“三片区七组团”等功能区加快建设，上百个标志性项目落地，形成外国人工作和居留许可“两证联办”等一批创新举措，区块链数据资产保管箱等10项最佳实践案例在全国复制推广，推动率先出台国际交往语言环境建设条例，开放的引领度、贡献度、显示度不断增强。全年新设外资企业1924家、增长52.6%，实际利用外资155.6亿美元、增长10.3%，进出口总额突破3万亿元、增长30.6%。

营商环境改革积极推进。营商环境4.0版改革任务全面完成、5.0版改革方案出台，大力推行证明事项和涉企经营许可事项告知承诺制，深化“证照分离”“一业一证”改革，清理规范39项中介服务事项。积极推进综合窗口2.0改革，市级政务服务中心授权审批率85%。在餐饮、超市（便利店）等9个领域实行场景化综合监管。着力打通政策落地“最后一公里”，556名局处长参与“走流程”，以“群众懂不懂、流程通不通、体验

好不好”为标尺查找服务中的痛点和堵点，立行立改问题426个。实施完善企业“服务包”制度工作方案，纳入“服务包”企业超1万家。

市场主体活力有效激发。持续推出一系列中小微企业帮扶措施，严格落实国家减税降费政策，全年为中小微企业办理延期还本付息本金1161.8亿元。新设企业23.8万户、增长28%，其中科技型企业新设9.4万户、增长26.7%。国企改革任务扎实推进，市属企业公司制改革基本完成，实现营收超2万亿元、同比增长16%，利润1323.8亿元、增长38.1%。

（三）全球数字经济标杆城市着力打造，新基建新场景加快建设，数字经济治理体系逐步完善

数字基础设施加紧布局。《北京市关于加快建设全球数字经济标杆城市的实施方案》发布，全年数字经济实现增加值16251.9亿元、按现价计算同比增长13.1%，新基建投资增长26.4%，新增5G基站1.3万个，5G实现五环内全覆盖、五环外重点区域和典型应用场景精准覆盖。工业互联网标识解析国家顶级节点注册量达94.3亿个。全球首家重工行业“灯塔工厂”三一北京制造中心一期建成。出台支持卫星网络产业发展若干措施，北京商业航天产业基地揭牌。设立国内首个智能网联汽车政策先行区，加快建设车路云网图深度融合的软硬件体系。

平台经济规范健康发展。《关于促进平台经济规范健康持续发展的若干措施》发布，坚持发展与规范并重，完善平台经济治理体系，强化法治环境保障。组建工作组进驻17家平台企业开展指导，整改任务基本完成，有效维护公平竞争市场环境。率先搭建平台经济综合监管服务系统，建立常态化监测分析机制，制定平台企业合规手册，“一企一策”指导重点平台企业合规发展、支持企业转型升级，全年信息服务业收入增长19.2%。

智慧城市建设扎实推进。制定智慧城市发展行动纲要，系统设计智慧城市构架，“七通一平”数字底座成型。北京国际大数据交易所设立运行，数字贸易港建设稳步推进。出台政务数据分级与安全保护规范，持续推进政务数据、社会数据等高效汇聚。国内首条5G智慧管廊建成投用，累计开通31

家定点医疗机构“互联网+”医保服务。制定第三批应用场景建设实施方案，发布30项应用场景项目。

（四）供给侧结构性改革深入推进，扩大内需更加注重提质升级，经济增长的内生动力进一步激发

消费升级步伐持续加快。发布培育建设国际消费中心城市实施方案，“十大专项行动”落地实施。消费供给不断丰富优化，环球主题公园盛大开园，首店经济实现爆发式增长，全面完成22个传统商圈和20家传统商场升级改造，三里屯太古里西区、五道口购物中心等消费新地标亮相。启动“双枢纽”国际消费桥头堡建设，首都机场第五航权国际货运新航线开通，大兴国际机场临空经济区国际消费枢纽、国际会展中心选址确定，新国展二期开工建设。全年社会消费品零售总额增长8.4%，直播带货、反向定制等消费新业态加速发展，网上零售额增长19%。

投资质量效益稳步提升。围绕促投资抓新开、抓续建、抓增量、抓储备，全年固定资产投资增长4.9%、两年平均增长3.5%，按季度压茬推动160个重大项目开工建设，180项市重点工程续建项目实现投资1443亿元、超额完成年度投资计划，重大项目储备库入库亿元以上项目2182个、总投资2.9万亿元。制定实施优化市政府投资项目决策审批改革方案，开展分行业、分区域投资绩效评价，实现项目成本绩效全生命周期闭环管控。推动中航首钢生物质等4个基础设施公募REITs试点项目上市、发行规模119亿元，项目数量和募资规模均居全国首位。公开推介190个民间投资项目、总投资2204亿元，民间投资增长6.4%。

城市更新行动取得新成效。出台城市更新“1+4”政策文件和行动计划，老旧小区改造新开工301个、完工177个，老楼加装电梯新开工499部、完工418部，钟鼓楼周边、三眼井片区等院落申请式退租累计签约2008户，棚户区改造完成4547户。隆福寺、观音寺片区等首批59个城市更新示范项目有序推进。模式口历史文化街区开街，京西古道重新焕发生机。

（五）冬奥筹办全面冲刺，非首都功能疏解与京津冀协同发展一体推进，城市空间结构与功能布局继续优化

冬奥会、冬残奥会筹办加速推进。北京及延庆赛区 8 个竞赛场馆和 16 个非竞赛场馆全部投用，反复开展测试演练，所有场馆均达到办赛要求，赛时运行指挥体系全面启动，坚持每日调度、事不过夜。制定冬奥会疫情防控总体指导意见和工作方案，完善场馆防疫措施，发布防疫手册。全力做好抵离、交通、安保、住宿、餐饮、医疗等服务保障，完成志愿者选拔培训。发布冬奥火炬“飞扬”、奖牌“同心”、口号“一起向未来”及推广歌曲，圆满完成火种采集和交接工作。完成延庆赛区生态修复工程，实现场馆绿色电网全覆盖。发布冬奥遗产报告，北京冬季奥林匹克公园成功揭幕，延庆奥林匹克园区获批，北京国际奥林匹克学院启动建设。举办第七届市民快乐冰雪季等系列活动，冬奥热度持续升温。

新一轮疏整促扎实开展。修订新增产业禁止和限制目录，疏解提质一般制造业企业 108 家、区域性市场 8 家。中央民族大学等 4 所学校新校区启用，口腔医院迁建、首都医科大学新校区建设等加快实施，积水潭医院新街口院区新北楼拆除、重现“银锭观山”美景，同仁医院崇文院区疏解床位 800 张。前门旅游集散中心驻车功能外迁，整治提升核心区住宿业商户 72 家，建设提升基本便民商业网点 612 个。拆违腾退土地 3316 公顷，留白增绿 925 公顷，开展无证无照经营、桥下空间、施工围挡等专项治理，街面秩序、环境风貌持续改善。

城市副中心发展迈向更高水平。推动出台支持城市副中心高质量发展意见，制定实施方案，新增 78 项市级管理权限。行政办公区二期全部地块开工，城市副中心站综合交通枢纽开展主体结构施工，剧院、图书馆、博物馆主体结构封顶，北大人民医院通州院区建成，首师大附中通州校区、副中心政务服务中心投用，城市副中心公共服务承载力持续提升。大运河通州段全线旅游通航，杨洼船闸开工。建立副中心与北三县一体化发展工作协调机制，新推介签约项目 39 个、意向投资额 247 亿元，厂通路开工建设。

京津冀协同发展向纵深推进。支持雄安新区交钥匙幼儿园项目竣工交付，中小学项目进入收尾阶段，医院项目主体结构封顶，推出 234 项“京津冀 + 雄安”通办事项。印发构建现代化首都都市圈重点任务落实工作方案，京哈高铁京承段开通运营，大兴国际机场北线高速全线贯通，承平高速、轨道交通平谷线北京段开工建设。京津风沙源治理二期封山育林 25 万亩。京津冀燃料电池汽车示范城市群启动建设，流向津冀技术合同成交额 350.4 亿元。

城乡区域发展更趋协调。完成总规、副中心控规实施评估和核心区城市体检，总体实现总规实施第一阶段发展目标，在此基础上编制国土空间近期规划。制定实施建立健全城乡融合发展体制机制和政策体系的若干措施。印发城南、回天地区新一轮行动计划和平原新城高质量发展实施方案，丰台火车站具备开通条件，国际氢能示范区起步区北区建成，一批公共服务设施在城市发展薄弱地区投入使用，“回天有我”活动持续深入开展。新首钢三年行动计划全面收官，严格实施《北京市生态涵养区生态保护和绿色发展条例》。深入实施乡村振兴战略，部市合作打造农业中关村，京瓦农业科技创新中心投入运营，国家玉米种业创新中心落地，粮食、蔬菜、生猪生产连续两年增长，启动第二批美丽乡村建设。调整优化东西部协作区县结对帮扶关系，市、区两级投入支援合作财政资金 55.4 亿元，消费帮扶金额突破 200 亿元。

（六）疫情防控常抓不懈，绿色低碳发展取得积极成效，群众的获得感、幸福感、安全感稳步提升

疫情防控成果持续巩固。坚持“外防输入、内防反弹”，有效控制顺义、大兴、昌平局部聚集性疫情，及时阻断零星散发疫情蔓延。疫苗接种应接尽接，全人群全程接种率达 98%，加强免疫接种突破 1200 万人。疫情快速监测联防联控平台建成投用，核酸检测机构达 283 所、最大单样本检测能力 156.3 万份/日，国内首个特效抗体药研制成功。市疾控中心新址开工，区级疾控机构标准化建设积极推进，负压病房、救护车分别达 1420 间、148 辆。升级北京健康宝、累计提供查询服务超 120 亿次，“北京冷链”追溯平

台注册企业 1.58 万家、记录产品 29.38 万批次。

绿色北京建设深入推进。开展碳达峰评估，率先实行碳排放总量和强度“双控”机制，碳市场成交量超 2500 万吨、成交额超 10.5 亿元。继续实施“一微克”行动，“一厂一策”开展 90 余家企业挥发性有机物深度治理，累计淘汰国三汽油车超 10 万辆、推广新能源车超 50 万辆，完成 14 座核心区燃油锅炉清洁改造和 3.8 万户村庄煤改清洁能源，细颗粒物年均浓度 33 微克/米^3，创有监测记录以来最优成绩。探索河长、林长、田长“三长联动、一巡三查”机制，积极筹建设立国家植物园，温榆河公园昌平、顺义一期建成，新增造林绿化 16 万亩、城市绿地 400 公顷，形成一批市民亲绿近绿空间。市域内五大河流全线贯通入海，密云水库蓄水量达 35.79 亿立方米、创建库以来最高纪录，平原区地下水位回升 5.64 米。实施“清管行动”，完成 300 个村污水治理任务，全市污水处理率超 95.8%。海淀、怀柔成功创建国家生态文明建设示范区。

交通综合治理水平稳步提高。11 号线西段、17 号线南段等 9 条段城市轨道交通线路通车，1 号线与八通线、房山线与 9 号线贯通运行，有效减少乘客通行时间、改善出行体验。签署路市合作框架协议，市郊铁路东北环线控制性节点工程开工，朝阳火车站投入使用，编制 38 个轨道微中心一体化规划设计方案，轨道交通（含市郊铁路）运营里程达 1148 公里。地铁、公交优化成效明显，多网融合取得实质进展。完成二环路全线等慢行系统改造，建成绿道 100 公里，“骑行 + 步行”网络体系加快形成。治理行车乱、乱停车等问题，完成超标电动自行车淘汰和回收处置。实现道路停车电子收费全覆盖，新增共享停车位 2.5 万个。

稳就业促增收政策全力落实。坚持“一抓三保五强化”，推动实现更加充分更高质量就业，相关做法成为全国典型经验。延续实施失业保险费返还等援企稳岗政策，核准发放补贴 149.4 亿元、惠及 954.8 万人次。加大重点群体促就业力度，北京地区高校毕业生就业率达 93%，实现农村劳动力转移就业 3.9 万人，帮扶城乡就业困难人员就业 19.6 万人，零就业家庭动态清零，制定促进新就业形态健康发展若干措施，城镇新增就业 26 万人。出台促进农民增收扶持措施，农村居民人均可支配收入增速高于城镇居民，全市居民收入增长 8%。

公共服务供给进一步优化。率先出台落实“双减”实施意见，无证培训机构动态清零，实现义务教育阶段课后服务全覆盖。精准扩增普惠性学前教育学位 1.3 万个、中小学学位 2.8 万个。建成基层卫生预约转诊服务平台，“一村一室”建设短板全面补齐，完成院前医疗急救资源整合，实现地铁站、火车站、学校等重点公共场所自动体外除颤器全覆盖。健全居家养老服务体系，新建成养老家庭照护床位 2000 张、农村邻里互助养老服务点 200 个，着力提升养老助餐服务质量，规范医养结合服务，42.2 万人参保长期护理保险。推动出台无障碍环境建设条例，新建 360 余处群众身边的体育健身活动场所。严格落实房地产市场调控措施，筹集建设各类政策性住房 6.1 万套、竣工 8.3 万套。持续抓好两个“关键小事”，生活垃圾全程分类体系基本建成，开工建设安定循环经济园，生活垃圾回收利用率超过 37.5%、比上年提高约 2.5 个百分点，发布住宅小区物业服务项目清单和成本计价规则，物业服务覆盖率超 95%。完成区、乡镇和村（社区）三级换届。

优质文化供给不断扩大。大力培育和践行社会主义核心价值观，新增 13 家全国爱国主义教育示范基地。全域深化文明城区创建，持续开展“北京榜样”主题活动。推进中轴线申遗保护，太庙等文物腾退取得突破性进展。发布大运河、长城国家文化公园建设保护规划，大运河源头遗址公园、三山五园艺术中心开工建设。北京国际戏剧中心建成投用，北大红楼等一批革命活动旧址群集中开放。“博物馆之城”“书香北京”加快建设，制定鼓励社会力量兴办博物馆若干意见，实体书店超过 2000 家，“电竞北京 2021”、中国科幻大会成功举办。

城市安全发展能力持续增强。印发《关于加快推进韧性城市建设的指导意见》，出台加强极端天气风险防范应对若干措施，修订突发事件总体应急预案。加强城市积水内涝防治，面对超长汛期、超多降水异常雨情，实现了大汛大洪无大灾目标。深入推进安全生产专项整治集中攻坚，加强液化石油气等安全监管，全面开展电动自行车违规充电等问题治理。加强保供稳价，制定完善重要民生商品价格调控机制实施方案，价格运行总体平稳，居民消费价格上涨1.1%。地方金融监督管理条例颁布实施，上线全国首个省级预付资金监管平台，网贷平台存量余额和出借人数大幅下降，开展私募基金风险摸排和分类治理。国防和双拥共建工作取得积极进展，累计建成四级退役军人服务中心（站）7061个。开展社会矛盾纠纷大排查大化解，严厉打击各类违法犯罪行为。

二　对2022年北京市经济社会发展的基本判断

2022年是党的二十大召开之年，是北京冬奥之年，也是实施“十四五”规划承上启下的重要一年，大事多、喜事多，做好首都各项工作意义重大。首都经济社会发展面临诸多有利条件。一是高质量发展路径更加明晰，中央对构建新发展格局作出系统部署，北京市“五子”联动各领域行动方案发布实施，为首都发展定好了“路线图”和“施工图”。二是冬奥效应将充分释放，冬奥会举办对促进冰雪运动和相关产业发展、提升城市发展水平有重要推动作用，作为全球首个“双奥之城”，北京城市形象和国际影响力进一步提升。三是可持续发展能力不断增强，国家实验室、综合性国家科学中心等国家战略科技力量加快培育壮大，中关村新一轮先行先试重大改革举措落地，区块链、人工智能等占先工程深入实施，一批高精尖重大产业项目落地建设，将有力支撑经济平稳健康发展。四是改革开放新优势更加明显，中央支持北京开放三项政策特别是设立北京证券交易所有利于提振经济发展信心，环球主题公园将直接拉动百亿级文旅消费，“双枢纽”国际消费桥头堡建设等促消费举措深入实施，大体量、高品质的消费供给将形成扩大消费新引擎。五是城市发展方式深刻转型，城市更新“1+4”政策文件和行动计划发布实施、示范项目相继落地，疏整促、回天、城南、京西、生态涵养区、乡村振兴等专项行动接续推进，区域发展不平衡、不充分问题着力解决，首都高质量发展的基础更加扎实。

三　2022年北京市经济社会发展的重点工作

（一）在做好冬奥筹办和服务保障上精益求精，为世界奉献一届简约、安全、精彩的奥运盛会

坚持冬奥筹办和疫情防控全面融合、一体推进，高质量完成各项服务保障任务，全面彰显“双奥之城”独特魅力。

进一步筑牢疫情防线。科学精准抓好“外防输入、内防反弹”，坚持“人、物、环境”同防，加大社区和机场、商场、酒店等重点区域防控力度，落实重点行业从业人员周期筛查机制。推进疫苗加强免疫接种，加快变异株疫苗、特效药研发。建设市疾控中心新址，实现每区负压病房不少于10间，开工建设公共卫生安全应急保障基地。全面落实远端防控、疫苗接种、核酸检测和健康监测等冬奥防疫措施，严格涉奥场所、人员以及闭环管理界面管控，坚决把疫情风险降到最低。

高水平做好冬奥服务保障。妥善安排赛时训练和比赛，做好场馆日常运行及应急处置，做精做细抵离、交通、安保、住宿、餐饮、医疗等服务保障。精心组织开闭幕式演出，配合做好赛事转播和新闻宣传，营造良好舆论氛围。落实低碳管理措施，实现冬奥会碳中和目标。加快京张体育文化旅游带建设，推动延庆赛区滑雪场及基础设施新改扩建。全面建成200所冰雪运动特色学校、30个青少年校外冰雪活动中心。

营造优美城市环境。推进冬奥场馆及周边环境整治，布置重点区域形象景观，开展“迎冬奥深化文明城市创建”五大行动。深化“一微克”行动，完成剩余58座核心区燃油锅炉清洁改造、8000户村庄煤改清洁能源，加大新能源车替代力度，强化京津冀大气污染区域联防联控，全力保障冬奥空气质量。加快建设南苑森林湿地公园等项目，建成温榆河公园朝阳一期，新增造林绿化15万亩，确保新一轮百万亩造林绿化工程圆满收官。出台强化河湖长制实施意见，完成第三轮城乡水环境治理，开工建设东沙河、清河下段

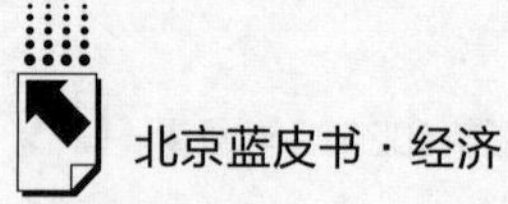

生态治理工程，完成300个村污水治理。推动出台节水条例、土壤污染防治条例。

确保城市安全稳定运行。进一步提高粮食、蔬菜、猪肉自给率，建设环首都1小时鲜活农产品流通圈，做好水电气热安全运行和能源保障，实现天津南港LNG应急储备项目一期投运。健全韧性城市工作机制和评价制度，完善大型公共设施平灾转换、平疫转换能力，提高极端天气、地质灾害等应急管理能力。推进城市老化管道更新改造，全面开展燃气安全排查整治，在全市居住区建成25万个电动自行车充电设施接口。强化房地产项目全程监管。完善金融风险防范处置机制，持续做好“双减”、债券违约等重点领域风险化解。推进“枫桥式公安派出所”创建，营造良好的社会治安环境。

（二）在推动高水平科技自立自强上寻求突破，为我国进入创新型国家前列提供坚实支撑

聚焦国际科技创新中心建设，推动基础研究、技术创新、成果转化和产业化等创新活动全链条布局，为建设科技强国贡献北京力量。

加快原创性引领性科技攻关。建立健全国家实验室服务保障机制，推动综合性国家科学中心尽快取得突破性成果，加快国家重点实验室体系化发展。发布“悟道3.0”“长安链3.0”，在未来科技前沿领域布局一批新型研发机构。聚焦信息、生命、量子等领域推出一批新的战略举措，力争取得更多基础原创成果和底层技术突破，发布20项重大应用场景项目。健全鼓励外资研发机构发展政策，推动发起国际重大科技合作计划。健全知识产权协同保护机制，开展优势单位培育。

高水平建设“三城一区”。高站位高标准落实中关村新一轮先行先试重大改革举措，制订建设世界领先的科技园区行动计划，支持引入市场化专业化运营服务机构和人才，优化“一区多园”空间布局。中关村科学城扎实推进北区发展，完成东升科技园三期主体结构施工。怀柔科学城推进人类器官生理病理模拟大科学装置开工，完成8个第二批交叉研究平台和11个科教基础设施设备安装调试，打造高端仪器装备和传感器产业基地。未来科学

城“生命谷”实现市疫苗检验中心、诺诚健华等项目开工，“能源谷”面向入驻央企开放更多应用场景。北京经济技术开发区承接“三城”科技成果转化项目150项以上，中日、中德国际合作园区加快引进一批优质产业创新项目。

激发各类主体创新活力。创新科技成果、知识产权转化决策和权益分配机制，遴选15家以上单位开展职务科技成果赋权，鼓励在京科研单位适用北京市科技成果转化激励政策，推动建设70家左右技术转移机构，支持高校“双一流”建设和分类发展。打造10家以上旗舰企业，培育更多硬科技独角兽、隐形冠军企业。实施促进科技企业孵化器发展三年行动方案，支持专业孵化器等创新创业平台建设。抓好战略科学家、科技领军人才和创新团队、青年科技人才、卓越工程师引进培育，解决人才住房、医疗、子女教育等后顾之忧。

提升高精尖产业核心竞争力。加快推进集成电路系列重大项目建设，加速创新药、高端医疗器械产业化进程，开工建设科兴疫苗研发中心和国药北京生物新型疫苗生产基地，推动小米汽车开工，完成理想汽车制造基地设备安装。着力破除产业链突出瓶颈制约，加强汽车、电子等重点产业供应链保障，超前培育量子信息、碳捕捉等前沿产业。高水平发展现代服务业，推动国家金融科技风控中心等金融基础设施落地，支持科技金融、绿色金融等特色金融发展。

（三）在提升数字经济核心竞争力上抢占先机，加快建设全球领先的数字经济新体系

深入落实全球数字经济标杆城市建设方案，推动出台数字经济促进条例，增强共性基础技术供给能力，培育数据驱动的未来产业，积极构筑竞争新优势。

加快建设高速泛在的新型基础设施。推动车联网、政务专网、工业互联网等设施深度覆盖，新增5G基站6000个，启动商业航天产业基地起步区开发建设。进一步提升区块链先进算力平台和人工智能公共算力平台，拓展

应用范围。全面落实智慧城市四级规划管控体系，夯实数字底座。全力打造“京通”“京办”“京智”三个智慧终端，扩大“一网通办”“一网统管”“一网慧治”覆盖面。开展数字化社区建设试点，加快水电气热供应智能化改造。推进高级别自动驾驶示范区3.0阶段建设，打通网联云控式自动驾驶技术和管理关键环节。

激发数据资源要素潜力。深化数字产业化和产业数字化，高标准建设信创园一期、中关村工业互联网产业园等标杆项目，培育新型数字化健康服务等六大标杆产业，建设20家行业标杆性智能工厂，支持50家以上企业数字化智能化升级。编制完善公共数据目录，统一数据接入规范标准。北京国际大数据交易所探索数字隐私保护基础制度与标准规范，构建数据资产产业链。完善数据分类分级安全保护制度，在数字产品安全检测与认证等方面探索国际互惠合作。

推动平台经济规范健康发展。落实平台经济领域反垄断指南，强化平台企业数据安全主体责任，加强用工规范管理。持续推进重点行业互联网平台专项治理行动，严厉查处互联网违法广告、虚假宣传等行为。完善平台经济综合监管服务系统，定期开展平台经济运行监测和风险评估，推动线上线下一体化、事前事中事后全链条监管。支持平台企业发展，加快数字专区建设，健全重点平台企业“服务包”机制，鼓励企业向硬科技转型，加快区块链和大数据技术突破。

（四）在扩内需、优供给上加力提效，增强供需结构适配性和灵活性

把实施扩大内需战略同深化供给侧结构性改革有机结合起来，加快建设国际消费中心城市，促进消费持续恢复，积极扩大有效投资，增强经济发展内生动力。

充分发挥消费基础性、引领性作用。制定千亿规模世界级商圈“一圈一策”实施方案，实施首店3.0、夜间经济3.0政策，加快推动时尚品牌企业在京落地。制定实施智能产品促消费政策，试点建设一批智慧商店、智慧

街区。实施“漫步北京”计划，上线“一键游北京”智慧文旅服务平台，推出一批跨区精品旅游线路，推动环球主题公园后续及配套项目落地开工，在京郊旅游重点区各建成1～2个精品酒店试点项目。加快建设“双枢纽”国际消费桥头堡，推进大兴国际机场临空经济区国际消费枢纽、国际会展中心规划设计。完善流通网络和末端配送服务体系，加快形成内外联通、安全高效的物流网络。

精准发力扩大有效投资。继续实施“3个100”市重点工程，适度超前安排一批基础设施项目，集中推动一批重点项目建设取得实质性进展。强化重点项目要素保障，“一地一策”做好集中供地，积极争取、加快发行投用地方政府专项债券，争取新一批基础设施公募REITs试点项目上市。促进政府投资与社会投资高效联动，加快提升产业园区配套公共服务和基础设施，加大向民间资本推介重点领域项目力度。

有序开展城市更新行动。研究建设用地功能混合使用等政策，加快确立区域统筹、功能混合、用途兼容的规划用地机制。授权一批社会力量作为城市更新融资、改造、运营等一体化实施主体。推广“望京小街”经验，形成一批特色鲜明、带动作用强的示范片区，实现隆福寺文化体验消费新地标整体亮相，实施三里屯商圈北扩区、望京小街二期等商圈改造提升，启动南中轴—大红门地区整体更新。老旧小区改造新开工300个、完工100个，老楼加装电梯完工200部以上，支持配合央属产权单位老旧小区改造，完成工人体育场改造复建。

高质量推进全国文化中心建设。保护传承利用好北大红楼、香山革命纪念地等红色资源，稳步推进中轴线重点文物及影响景观视廊建筑腾退，出台进一步加强非物质文化遗产保护工作意见。实施琉璃河、路县故城考古遗址公园等项目，积极创建三山五园国家文物保护利用示范区和大运河国家5A级旅游景区。开展2万场首都市民系列文化活动，打造“大戏看北京”文化名片，丰富功能多样、群众喜闻乐见的综合性小型演艺中心。制定实施“博物馆之城”建设发展规划，规范扶持实体书店发展，办好北京国际设计周等品牌文化活动。

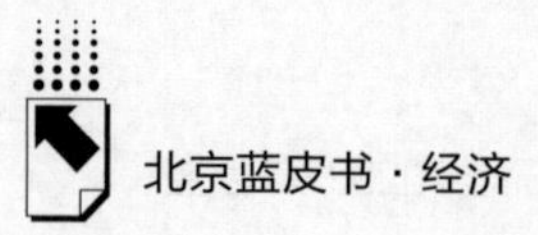

（五）在“两区”政策和项目落地上力求实效，加快打造对外开放和制度创新的新高地

更加注重依靠改革开放增强动力活力，深度破除制约高质量发展的体制机制障碍，努力打造改革开放“北京样板”。

拓展先行先试开放改革新路径。制定国际高标准经贸规则先行合作示范区方案，在贸易投资自由化便利化等方面积极探索。制定数字贸易示范区工作方案，加快建设数字贸易港。争创国家服务贸易创新发展示范区，实施跨境服务贸易负面清单管理。全力支持北京证券交易所发展成为服务创新型中小企业主阵地，培育推动更多专精特新企业上市。实施园区（组团）发展提升专项行动，打造一批“两区”建设样板间。开工建设大兴国际机场国际航空总部园，构建以科技创新、服务贸易、先进制造等为特色的综合保税区格局，扎实推进雁栖湖国际会都扩容提升和第四使馆区、国家会议中心二期等项目建设，实施新一轮推进“一带一路”高质量发展行动计划。

统筹重点企业和中小微企业帮扶。完成营商环境创新试点实施方案和5.0版改革方案任务。建成全市统一的数字服务、数字监管、数字营商平台，坚持从办好“一件事”入手，强化事中事后监管，完善综合监管制度，规范综合执法。完善重点企业“服务包”制度，升级12345企业服务热线，开展“服务包”和企业热线服务效果协同考评。逐步推广惠企政策免申即享、快速兑现，全面落实减税降费各项政策。针对企业特别是科技型中小企业发展不同阶段完善差异化支持政策。

稳步推进重点领域改革。完成国企改革三年行动任务，实现市管企业合规管理体系全覆盖，整体资产负债率降至65%左右，持续深化城市运行、公共服务等领域降本增效。落实国家电价市场化改革要求，开展输配电核价。加强天然气配送环节价格监管，完善城镇供水等价格形成机制。深化医疗服务价格改革，动态调整基本医疗保险医疗服务价格。实施义务教育阶段学科类校外培训收费政府指导价管理政策。

（六）在推动区域协调发展上强化统筹，进一步提高城市发展平衡性和协调性

全面落实京津冀协同发展国家战略，紧紧抓住疏解非首都功能这个“牛鼻子”，不断拓展重点领域合作深度广度，推动市域外协同共赢发展、市域内协调均衡发展。

深化疏解整治促提升。主动配合支持部分央属资源向雄安新区等疏解转移，实施2022年版新增产业禁止和限制目录。推动100家一般制造业企业疏解提质。健全医院新老院区“增减挂钩”机制，推动首都医科大学、首都体育学院新校区规划建设。开展2200户平房院落申请式退租和1000户修缮。扎实推进第二批基本无违建区创建。全面完成背街小巷环境精细化整治提升三年任务，持续开展各类围挡、临时建筑、桥下空间精细治理，压茬推进留白增绿978.5公顷。

全面推动城市副中心高质量发展。加快行政办公区二期、城市副中心站综合交通枢纽、东六环路改造等重点工程建设，剧院、图书馆、博物馆基本完工。开工建设首旅集团等市管企业新办公楼，加紧建设运河商务区和张家湾、台湖、宋庄3个特色小镇。制定国家绿色发展示范区建设方案，推动全国自愿碳减排交易中心落地。建成杨洼船闸，实现大运河京冀段旅游通航。积极创建通州区与北三县一体化高质量发展示范区，推进厂通路等跨界道路桥梁、潮白河国家森林公园规划建设。

加快构建现代化首都都市圈。支持雄安新区交钥匙中小学项目实现竣工交付，形成后续办学办医支持方案，高标准建设雄安新区中关村科技园。京唐（滨）城际铁路建成通车，推进城际铁路联络线一期、轨道交通平谷线等项目建设。实施京冀密云水库水源保护共同行动，统筹实施北运河—潮白河流域生态绿带建设。制定京津冀技术协同创新整体布局建议方案，加快区域氢能全产业链发展。完善交界各区与周边地市合作机制，推进就业信息和社保转移接续互通、人才资质互认。

继续实施好一揽子行动计划。全面实施国土空间近期规划和城市总规实

施工作方案，完成核心区控规三年行动计划。扎实推动城南、回天行动计划任务落地实施，开工建设第四实验学校等重大项目，加快积水潭医院回龙观院区二期扩建等项目建设。实施京西地区转型发展行动计划，推动怡和集团等合作项目尽快落地。出台生态涵养区补短板强弱项实施方案，开展生态产品价值实现机制试点。启动800个村的美丽乡村建设，研究制定农业中关村建设行动计划，强化绿隔地区规划管控，持续推动东西部协作和支援合作取得新成效。

（七）在解决群众急难愁盼问题上全力以赴，不断提升城市精细化治理水平

紧扣“七有”目标和“五性”需求，下更大力气找差距、补短板、强弱项，用心用情用力解决群众操心事、烦心事、揪心事，兜住兜牢民生底线，努力实现发展成果全民共享。

提高居民收入水平。落实促进新就业形态健康发展若干措施和促进创业带动就业三年行动计划，完善灵活就业劳动用工和社会保障政策。持续开展职业技能提升行动、培训70万人次，实现城镇新增就业26万人。多渠道促进农村居民增收，实现5万名就业农村劳动力纳入城镇职工保险体系，出台零散配套设施用地政策，试点宅基地有偿使用，消除100个集体经济薄弱村。完善多层次社会保障体系，建立健全残疾人“两项补贴”标准动态调整机制，支持有意愿有能力的企业和社会群体积极参与公益慈善事业。

积极稳妥地推进绿色低碳转型。制定做好碳达峰、碳中和工作实施意见及分领域分行业实施方案，修订一批节能降碳标准。深入挖掘重点领域项目节能潜力，依法依规推动低效数据中心关闭或疏解，积极争取开展用能权交易试点。发布首批创新型绿色技术推荐目录，征集布局一批绿色技术和应用场景。编制能源结构调整实施方案，加快小汤山地热利用项目和外埠绿电基地建设。印发《民用建筑节能减碳工作方案》，推广超低能耗建筑规模累计达到150万平方米，开展绿色生活创建行动。

深化交通综合治理。加快3号线一期等9条段城市轨道交通线路建设，

实现昌平线南延一期、16 号线南段开通试运营，新增运营里程约 25.6 公里，加快东北环线等市郊铁路建设。完成南中轴路改造，优化调整 65 条公交线路，推进城市慢行系统与滨水道路、园林绿道互连互通。建设交通综合决策支持和监测预警平台，形成全市停车资源“一张图”，推动停车改革向路外和居住小区延伸。加强交通安全管理，深入开展“文明驾车、礼让行人”专项行动和违规电动三四轮车综合治理。

持续完善公共服务体系。加强学生体育与健康考核评价，推动学前教育普及普惠发展，新增中小学学位 2 万个，提高课堂教学质量，推进课后服务高质量有特色发展，巩固深化“双减”工作。落实推动职业教育高质量发展实施方案，拓宽职业院校毕业生就业渠道。深化公立医院绩效评价和薪酬制度改革，完善分级诊疗制度，提高社区卫生服务机构和家庭医生服务能力，建成 465 处院前急救设施。启动健康北京中医药行动，支持中医药科技创新。统筹推进“一老一小”问题整体解决，建立街乡镇养老服务联合体运行机制，鼓励市场化专业机构参与提供助餐等养老服务，全面推行长期护理保险。推动新的生育政策落地见效，研究制定发放生育津贴等鼓励措施，创建示范性托育机构 50 家，建成母婴友好医院 30 家。全面贯彻党的民族政策和宗教工作基本方针，推动国立蒙藏学校旧址修缮与开放。筹集建设保障性租赁住房 15 万套，竣工各类保障房 8 万套，促进房地产业良性循环和健康发展。

创新推进基层精细化治理。继续推动“有一办一”向“主动治理、未诉先办”深化，坚持“每月一题”解决高频共性难题，优化接诉即办考评体系，继续办好“向前一步”节目。制定加强基层治理体系和治理能力现代化建设实施意见，推动社区治理“一库两平台”建设，继续实施 3000 户以上大型社区规模调整。坚持不懈抓好两个“关键小事”，新增厨余垃圾日处理能力 600 吨以上，推动垃圾回收市场化体系全覆盖，健全物业管理条例配套政策体系，持续治理物业管理突出问题。

参考文献

《2022 年政府工作报告——2022 年 1 月 6 日在北京市第十五届人民代表大会第五次会议上》，http：//www. beijing. gov. cn，2022 年 1 月 6 日。

《关于北京市 2021 年国民经济和社会发展计划执行情况与 2022 年国民经济和社会发展计划的报告》，http：//fgw. beijing. gov. cn/，2021 年 1 月 18 日。

B.3

北京市2021年经济形势回顾与2022年展望

北京市经济信息中心*

摘　要： 2021年，北京市统筹推进疫情防控和经济社会发展，经济保持稳步恢复，全市GDP增长8.5%。2022年，国际环境不确定因素增多，北京市还将面临原材料短缺、平台企业整改、房地产业减速等困难和挑战，经济增速下行不可避免。叠加高基数影响，经济保持平稳增长难度加大，预计2022年全年经济增速将回落至5%左右。

关键词： 经济增长　固定资产投资　总消费　工业　服务业

2021年，本市统筹推进疫情防控和经济社会发展，经济保持稳步恢复，工业、信息、金融等产业成为经济恢复的重要动力，全年经济增长8.5%。2022年，国际环境不确定因素增多，北京市还面临原材料短缺、平台企业整改、房地产业减速等困难和挑战，经济增速下行不可避免。叠加高基数影响，经济保持平稳增长难度加大，预计2022年全年经济增速将回落至5%左右。

一　2021年北京市经济增速呈现前高后低态势

2021年，在科兴中维、国药北生研、小米通讯、中芯北方等龙头企业

---

* 执笔人：奚春，经济学博士，北京市经济信息中心研究部中级经济师，主要研究方向为宏观经济、产业经济等。

带动下，北京市经济加速恢复，高精尖产业体系和国际消费中心城市加快打造，经济增长后劲不断加强。从经济速度看，全年经济增速呈现前高后低态势。从结构看，受重点优势产业超预期增长、疫情对各行业冲击差异、政策刺激方向等因素影响，各经济指标修复进程出现分化，整体来看，供给端恢复快于需求端，工业恢复快于服务业。从效益看，工业生产加速恢复，产业循环持续改善，工业企业利润稳步回升，1～11 月规上工业企业利润总额大幅增长 121.8%；受企业经营恢复利好，全年完成一般公共预算收入 5932.3 亿元，增长 8.1%；① 但全市居民人均可支配收入实际增速不及经济增速。

产业端整体恢复较快。工业方面，受新一代信息技术和医药健康双引擎作用拉动，全年规上工业增加值增长 31%，两年平均增长 15.8%，高技术制造业、战略性新兴产业增加值比上年分别增长 1.1 倍和 89.2%，两年平均增长 52.5% 和 43.7%。② 小米通讯、中芯北方等持续释放创新活力，带动电子行业增长 19.6%，科兴中维、国药北生研拉动医药制造业增长 252.1%。服务业方面，金融、信息等重点产业高速增长后出现放缓态势，服务业增加值增长 5.7%，比上半年回落 2 个百分点。金融行业增速下行，在库项目进入还款期、贷款接续不足、债券违约和私募基金风险显现等因素导致传统金融行业增长乏力。平台经济监管的影响逐步显现，滴滴、美团、好未来等头部企业受监管影响较大。住宿餐饮业、旅游业、会展业等行业由于疫情反复依然存在经营困难，难以对服务业增长形成有效支撑。

需求恢复步伐逐渐减慢。消费方面，全年市场总消费额比上年增长 11%，两年平均增长 1.7%，其中服务性消费额增长 13.4%，两年平均增长 3.8%，实现社会消费品零售总额 14867.7 亿元，增长 8.4%，两年平均下降 0.7%。③ 汽车消费受车型供应紧张、购车需求提前释放等因素影响出现

---

① 北京市统计局、国家统计局北京调查总队：《北京市 2021 年国民经济和社会发展统计公报》，2022 年 3 月 1 日。

② 北京市统计局、国家统计局北京调查总队：《工业生产较快增长　高端产业增势良好》，http://www.beijing.gov.cn/gongkai/gkzt/2021bjsjjyxqk/2021bjsjjyxqk07/202201/t20220119_2595756.html，2022 年 1 月 19 日。

③ 数据来源于 2022 年 1 月 19 日举行的“2021 年北京市经济运行情况”新闻发布会。

两位数下降。投资方面，全市固定资产投资比上年增长4.9%，两年平均增长3.5%，[①] 其中基础设施投资受交通、绿化等重点领域影响连续多月负增长。

二　经济运行中存在的问题

（一）平台企业整改冲击仍将持续，行业规范治理能力亟须提升

一是头部企业如滴滴、美团等受监管影响较大，信息服务业整体收入增速从1～2月的50%以上下降至1～11月的20.1%左右。预计2022年平台经济监管的影响将进一步显现，国家持续加大反垄断监管力度，市场机构预判2021年增势较好的字节跳动等平台企业2022年收入增速会出现明显回落。二是行业监管环境变化带来的企业业务发展不确定性增大，K12在线教育行业企业面临业务缩水甚至关停压力，滴滴出行、BOSS直聘被国家网信办要求下架整改、暂停新用户注册。广告业务下滑严重、融资趋紧、“烧钱引流”模式难以持续、教育行业“双减”政策冲击等因素影响平台企业利润。三是对平台经济领域反垄断监管问题研究不足，对大数据杀熟、平台封禁等行为认定，相关市场界定，市场力量评估等问题还需进一步探讨。案件办理效率、执法人员业务素质有待进一步提升。

（二）大宗商品价格仍处高位，工业企业成本持续攀升

一是“缺芯”对汽车行业影响进一步显现，2021年12月当月汽车制造业增加值下降26.8%，全年累计下降12%。二是大宗商品价格持续走高导致企业成本压力增大。美油、布油创下近三年来新高，现货价格累计涨幅超过50%，铁矿石现货价格最高涨幅达250%，原材料成本上涨传导至汽车、装备制造等行业。汽车、通用设备、专用设备制造业等行业原材料资金占存

① 数据来源于2022年1月19日举行的“2021年北京市经济运行情况”新闻发布会。

货比重均有明显提高，行业利润增速大幅回落。三是全球海运不畅，价格持续走高。国际海运、陆运等运输方式成本快速上升，中国出口集装箱指数同比涨幅一度超200%，运往欧洲、美国航线的运价已同比上涨10倍，但仍一舱难求。

（三）房地产业"透支"效应显现，行业流动性风险扩散值得关注

一是北京市房地产销售面积8月首次出现负增长（-28.01%），累计增速从年初的150%逐月下降至全年的14%。市场主体不断下调市场未来预期，商品房销售的先行指标房屋新开工面积同比下降36.9%。二是"三线四档"融资管理和金融机构房地产贷款集中度管理政策对房企融资影响较大。本市城市更新项目的资金归属于房地产业，行业贷款限额限制了城市更新资金增长。三是虽然违约企业在北京的体量不大，但恒大等头部房企的违约行为将进一步影响银行放贷意愿，地产融资恐将进一步收紧。如果银行按揭贷款放款周期持续拉长，企业销售增速将放缓，回款进度不及预期，经营性现金流将会面临严峻挑战。同时，房地产行业自身体量庞大，上下游产业链条较长，违约企业存在向其他企业和相关产业扩散的风险。

（四）就业收入面临压力，民生领域仍需补短板

一是就业总量压力依然存在，结构性矛盾更加突出。由于数字化转型和疫情对行业的持续影响，批零业等人口密集型行业高失业率情况未见显著改善。国家发布"双减"意见后，原从事教育行业的城镇失业人口占比有所提升，需要关注行业就业稳定性。二是适应当前生育政策的托育体系有待完善。托育服务供给不足、托育费用较高等问题依然存在，本市纯商业全日托托育机构平均收费（含餐费）超7000元，远高于幼儿园平均收费。三是居民社区服务设施建设与深圳、上海等差距较大。9月贝壳研究院发布的"2021城市生活圈活力指数"显示，以社区为中心的15分钟步行圈内，深圳市在交通、商业、娱乐、教育、医疗等方面配置完善，在全国各城市中排

名第一，其次为上海，而北京排名第十，服务可达性、业态丰富度、环境品质度等方面差距均较大。

三 2022年北京市经济社会发展环境更加复杂多变

（一）国际经济分化加剧，美国加速围堵中国产业链

2021 年以来，受疫苗获得能力和政策支持力度差异等因素影响，各经济体经济前景出现分化，发达国家经济复苏早于发展中国家，美国的经济复苏又在发达国家中遥遥领先。10 月国际货币基金组织（IMF）发布的《世界经济展望报告》显示，发达经济体在供应链中断影响下经济增速放缓以及低收入发展中经济体疫情形势恶化导致经济增幅收窄，2021 年全球经济增速预期下调 0.1 个百分点至 5.9%，预测 2022 年经济增速为 4.9%。中美关系仍然存在极大不确定性，拜登极力拉拢盟友构建“基于共同价值观”的产业链。随着疫情形势趋缓，拜登加紧实施围堵中国战略，号召日欧等盟友构建排华产业链，同时拉拢东盟打造“遏华包围圈”，预计将对我国产业链形成冲击。

（二）国内经济延续平稳恢复的总基调

2022 年将召开中国共产党第二十次全国代表大会，是党和国家事业发展中具有重大意义的一年。多数研究机构认为我国经济仍然能保持平稳增长，国际货币基金组织（IMF）、经济合作与发展组织（OECD）和世界银行分别预测 2022 年我国经济增速为 5.6%、5.8%、5.4%。经济运行中不确定性、不稳定性因素依然较多，需求下行带动经济短期下行，地产行业债务风险暴露，能源供求矛盾突出，产业链重组增加生产成本。整体来看，2022 年我国经济运行将真正迈入“后疫情时代”，在对外开放不断扩大、产业结构转型升级、新旧动能加速转换、营商环境持续优化的基础上，将继续加快建设现代化经济体系，加快构建以国内大循环为主体、国内国际双循环

相互促进的新发展格局，加快推进共同富裕，为开启新一轮中高速经济增长周期提供坚实支撑。

（三）北京市经济发展将持续提质增效

2022 年，北京市在稳增长的同时，将继续落实“五子”联动，深化供给侧结构性改革，加速经济结构调整，在平稳运行中推动北京市经济高质量发展。一是推动共同富裕一系列举措将切实提升人民群众共享发展成果，城乡、区域、收入三大差距将明显缩小，本市基本公共服务标准逐步明确，城市更新和老旧小区改造提速，人居环境持续改善。二是《北京市“十四五”时期国际科技创新中心建设规划》发布，统筹数字技术创新和智慧城市建设，着力打造全球数字经济发展新高地。三是北京证券交易所的建立将有效发挥“龙头”撬动和“反哺”作用，在加强与沪深交易所、区域性股权市场互联互通中，不断完善服务中小企业的全链条制度体系，形成层层递进的中小企业成长路径和良好的多层次市场发展生态。四是“两区”建设将取得更多成果，贸易数字化和数字贸易化将得到大力推动，营商环境改革攻坚战取得显著成效。五是国际消费中心城市建设将不断加快，“双枢纽”国际消费桥头堡实施方案将公布并实施，国内大循环不断畅通。

四　2022年北京市经济形势展望

2022 年，北京市经济将延续稳步恢复态势，消费对于经济增长的引擎作用将持续加强，服务业压舱石作用日益显现，工业或将出现负增长。预计北京市全年经济增长 5% 左右，对主要领域展望如下。

（一）总需求将出现分化

1. 固定资产投资增速将放缓

2022 年，全市固定资产投资增速受基础设施项目建设滞后、房地产投资不振、冬奥保障期开工周期缩短等影响，增速将有所放缓，预计全年增长3%左右。一是基础设施投资将有所恢复。2018～2021年本市基础设施投资分别下降10.7%、3.8%、12.3%、8.9%。2022年，重大项目征地拆迁进度缓慢、投资受用地不足、缺乏新项目接续等问题将有所缓解，基础设施投资增速有望由负转正。二是房地产开发投资增速可能出现零增长或负增长。占全市投资“半壁江山”的房地产开发投资增速已由年初的27.7%回落至全年的5.1%。受部分项目拿地未开工影响，新开项目数量自2021年12月以来持续下降，在“三线四档”等一系列房地产调控政策下，房地产企业定金及预收款同比增速较上半年大幅下降，资金回笼速度和商品房销售持续下滑影响2022年投资，预计2022年房地产投资下行态势难以扭转。三是产业投资拉动作用将持续显现。全年高技术制造业投资增长99.6%，《北京市关于促进高精尖产业投资推进制造业高端智能绿色发展的若干措施》发布，产业投资促进力度不断加大，小米汽车、理想汽车、京东方生命科学产业基地等项目加快释放，预计产业投资仍可保持高速增长。

2. 消费对经济增长的引擎作用将持续加强

2022年，在一系列促消费政策显效、多个大型商业设施改造投用、居民就业和收入不断改善的带动下，本市消费将加快升级步伐，预计全市总消费、社零额分别增长7%左右、5%左右。一是本市发布培育建设国际消费中心城市实施方案，开展促消费十大专项行动，环球度假区等新增长点不断释放活力，全市消费能级持续提升。前三季度本市12个传统商圈和8家“一店一策”传统商场完成升级改造，首开龙湖熙悦天街等大型商业设施投用，696家首店落地，消费基础设施更加完善。二是汽车消费2021年受“芯片荒”影响有所下滑，2022年下半年“缺芯”问题缓解后，新车购置需求将会逐步恢复。同时“以电换油”进入加速期，中汽协预计未来五年国内电动汽车产销增速将保持在40%以上，本市新能源汽车消费将实现快速增长。三是2021年电子信息消费在5G手机等设备带动下实现了较快增长，4G手机出货量仍然高于5G手机，IDC预测到2022年底5G手机将会反超4G手机，还有较大增长空间。AR、VR等体验消费相关的电子信息设备呈现高速增长态势，将成为新的消费增长点。四是网络消费增长势头良好。网络消费额占全市社会消费品零售总额的比重超过两成，贡献率达到80%左右，预计2022年网络消费仍将保持两位数增长。

（二）产业端增长将趋缓

1. 工业增加值增速将出现较大幅度回落

2022年，受疫苗价格大幅下降、海外制造业复苏冲击、原材料价格上涨等因素影响，本市工业将出现负增长，预计2022年规上工业增加值下降5%左右。

分行业看，汽车制造业“缺芯”问题将在2022年下半年有所缓解，北汽集团预计2022年传统燃油车销量基本持平，主要增量来自新能源汽车，预计新能源汽车销售2022年将增长30%以上，新能源汽车在乘用车中的渗透率不断提升。预计2022年汽车制造业增长25%左右。电子信息制造业仍将保持两位数增长，中金等机构预计2022年小米智能手机全球出货量平均为2.39亿部，同比增长19.5%，中芯京城一期有望形成有效产能，每月约生产10万片12英寸晶圆。预计2022年电子信息业增长10%以上。受疫苗价格大幅下降、国际市场订单不确定、国内接种人群趋于饱和等因素影响，医药制造业增速将大幅下降。目前疫苗价格仅为2021年初的1/10，多数省份接种率已超过80%，国内疫苗需求大幅回落。2022年的疫苗增量部分主要在国内的加强针和儿童接种以及国外需求。预计2022年本市医药制造业下降超50%。燃煤电价市场化改革将进一步扩大市场交易电价的上浮范围，从原来的不超过15%上涨至不超过20%，提高了电力企业的售电价格，同时平滑电力生产成本，预计2022年电力热力行业增加值增长5%左右。

2. 服务业将继续发挥经济增长压舱石作用

2022年，本市优势服务业领域将继续保持较快增速，同时文旅、会展、广告等商务服务业也将加速回升，共同带动服务业增长7%左右。

一是信息服务业增速受监管影响虽有回落，但仍可保持两位数增长。

2021 年下半年以来，滴滴、美团、贝壳等头部平台企业普遍出现减速，仅有字节跳动等少数企业保持高速增长，2022 年国家将进一步对游戏、短视频、网络广告等领域加强监管，这些企业或将出现全线减速。但北京市加快打造全球数字经济标杆城市，千兆宽带、5G 信号等数字基础设施建设提速，道路交通、市政设施等 5G 特色应用项目和 5G + AR、VR 等新的应用需求加速释放，电信业收入仍将保持快速增长。数字产业化与产业数字化快速推进，随着智能工厂、数字化车间、京津冀联网等“新智造 100”工程加快建设，工业互联网、大数据、云平台等软件服务收入将大幅增长。预计 2022 年信息服务业增长 15% 左右。

二是金融业保持平稳增长。传统金融行业受贷款接续不足、直接融资成本下降、资管产品分流存款、偿还隐性债务等因素影响，增速将有所放缓，近五年北京存贷款平均增速较前五年平均增速低 3.9 个百分点。但证券业增长将明显加快，2021 年 11 月北京证券交易所开市，新三板市场精选层超过 68 家公司将全部平移进入北交所，预计 2022 年北京证券交易所将出现快速扩容。金融创新将为本市金融发展注入新动力，股权投资和创业投资份额转让试点平台、国际大数据交易所、北京绿色交易所等一批创新性金融市场平台完成布局，数字人民币全场景应用试点逐步推广。预计 2022 年金融业增长 5% 左右。

三是商务服务业将继续回暖。其中，传统广告业务收入有望回暖，同时互联网媒介、短视频及直播等自媒体将继续保持高速增长，带动广告业保持两位数增长。旅行社业务有望进一步恢复，环球影城开园后人气火爆，将带动全市文旅发展。人力资源服务业逐步恢复，宏观经济改善、企业招聘需求上升等因素带动人力资源服务业营收恢复，同时企业灵活用工服务有望保持增长势头。预计商务服务业增长 10% 左右。

四是房地产业增速将回落。前期购房需求大量释放，同时近期需求相对抑制，新建住房、二手住房成交量已出现下滑态势，信贷政策收紧并带来连环影响，房企“暴雷”时有发生，房地产税试点等政策也带来冲击。预计房地产业将下降 5% 左右。

（三）居民消费价格指数增速将有所回升

预计 2022 年居民消费价格指数增长 3% 左右，其中翘尾影响为 1 个百分点左右。一是在消费提振以及国家收储政策影响下，猪肉价格逐渐回暖，中金公司预测 2022 年 3 ~ 4 月生猪出栏量或达到峰值，猪价将迎来上涨周期，从而带动消费价格指数上涨。二是服务价格上涨幅度大于消费品价格，全年本市服务价格上涨 1. 2%，高于消费品价格 0. 2 个百分点，在人工、房租成本不断上涨的情况下，预计服务价格将延续刚性上涨趋势。三是上半年输入性通胀压力依然较大，但随着美联储进入加息周期，国际原油、农产品等大宗商品价格预计最晚将在 2022 年年中结束上涨态势，进一步向价格中枢回归。IMF 预测，发达经济体以及新兴市场和发展中经济体的总体通胀很可能在 2022 年中期之前回到疫情前水平。

参考文献

《2022 年政府工作报告——2022 年 1 月 6 日在北京市第十五届人民代表大会第五次会议上》，北京市人民政府网，2022 年 1 月 6 日。

《2022 年市政府工作报告重点任务清单》，北京市人民政府网，2022 年 1 月 30 日。

B.4 北京市2021年工业发展回顾和2022年展望

北京市产业经济研究中心*

摘　要： 2021年是“十四五”开局之年，北京工业在全市经济发展中发挥了引领带动作用。全市规模以上工业增加值两年平均增速自4月以来保持在两位数上，两年平均增长15.8%，居全国首位。医药产业在疫苗生产带动下、电子产业在集成电路需求旺盛带动下贡献突出。北京市高端产业增势良好，企业创新发展成果丰硕，高精尖产业体系加快构建。2022年，国内外宏观经济形势依然严峻复杂，全市工业稳增长的压力较大。为实现工业“稳增长”目标，需要加强产业经济运行调度，全力打造高精尖产业集群，推进京津冀产业一体化向纵深发展，持续优化营商环境。

关键词： 北京工业　科技创新　高精尖产业　稳增长

一　2021年北京市工业发展回顾

2021年，面对疫情反复、缺芯控能、应急管控等复杂形势，全市经信

* 执笔人：王海燕，经济学硕士，北京市产业经济研究中心，主要研究方向为产业经济、宏观经济；房珊杉，经济学博士，北京市产业经济研究中心，主要研究方向为产业经济、宏观经济。

系统努力克服困难阻碍，紧盯发展目标，加强运行调度，精准精细服务，高精尖产业体系加快构建，全市工业超高速运行，软件信息服务业持续保持两位数较快增长，实现了“十四五”首都产业发展的“开门红”。

（一）工业生产超高位运行,两年平均增速居全国首位

2021 年，在企业生产经营继续恢复以及新冠肺炎疫苗业务带动下，工业发挥引领带动作用，全市规模以上工业增加值增速自 4 月以来保持在两位数上，1～12 月同比增长 31.0%（见图 1），高于全国 21.4 个百分点。在 31 个省、自治区、直辖市中，2019 年 1～12 月北京规上工业增加值增速只有 3.1%，排名靠后。2021 年 12 月北京规上工业增加值两年平均增速为 15.8%，高于上海（6.2%）、天津（4.8%）、重庆（8.2%），以绝对优势居全国首位（见图 2）。在企业生产经营继续恢复以及新冠肺炎疫苗业务带动下，1～12 月，全市规模以上工业企业实现营业收入 28054 亿元，比上年同期增长 20.5%，两年平均增长 10.0%；实现利润总额 3664.9 亿元，比上年同期增长 1.2 倍，两年平均增长 51.9%。

信息传输、软件和信息技术服务业实现增加值 6535.3 亿元，比上年增长 11.0%；通过加强重点企业服务和中小企业培育，产业发展与财源建设形成良性互动，1～11 月，工业和软件信息服务业合计贡献财政收入 1158.8 亿元，同比增长 25.9%，占全市财政收入比重超过 1/5。

（二）六大产业“五升一降”，高端产业发展势头迅猛

2021 年，全市规模以上工业企业 2977 家，实现工业总产值 24416.3 亿元，同比增长 20.2%，六大产业增加值增速呈现“五升一降”态势。生物医药产业实现爆发式增长，增加值增长 2.5 倍。电子信息产业、基础材料产业、都市产业、智能装备产业均实现增长，增加值增速分别为 19.6%、4.0%、2.2% 和 1.7%。其中，以小米通讯、中芯国际、北方华创、联想、京东方为代表的电子信息产业实现产值 3616.6 亿元，增长 26.4%；在科兴中维和北京生物两家疫苗企业带动下，生物医药产业实现产值 3892.9

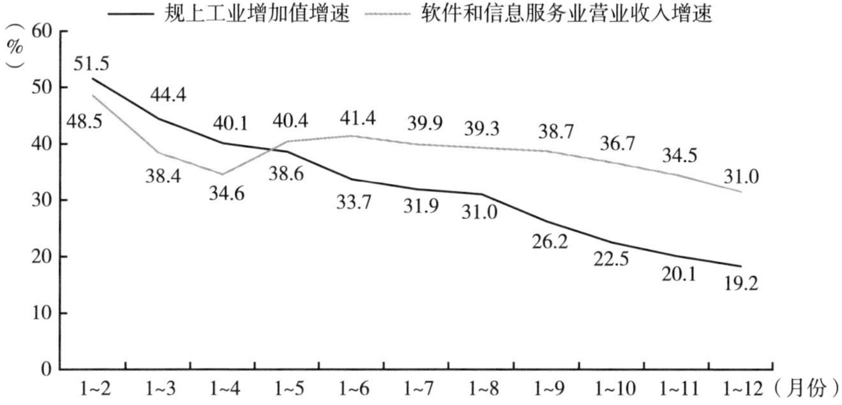

图 1　2021 年 1～12 月北京规上工业增加值与软件和信息服务业营业收入增速

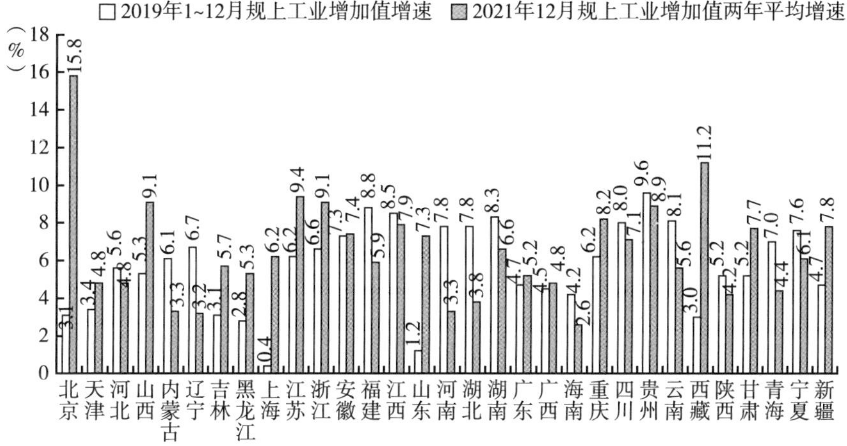

图 2　全国各省区市工业增加值增速

亿元，增长 194.9%。汽车产业从 9 月开始已连续 4 个月下滑，1～12 月增加值增速下降 10.2%（见图 3）。

高端产业增势良好。高技术制造业、战略性新兴产业增加值比上年分别增长 1.1 倍和 89.2%，两年平均增长 52.5% 和 43.7%。高端工业产品增长较快，2021 年全市生产汽车 135.5 万辆，比上年同期下降 18.2%。其中，轿车 52.2 万辆，下降 20.1%；载货汽车 52.0 万辆，下降 19.0%。生产微

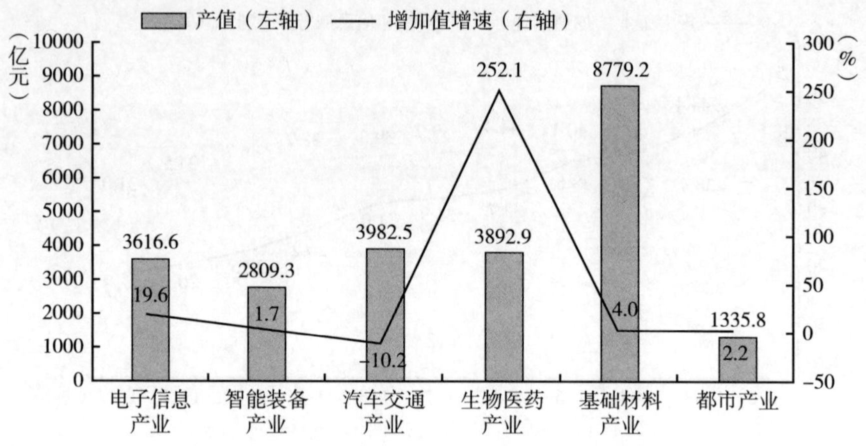

图3　2021年北京六大产业产值及增加值增速

型计算机647.3万台，增长16.9%；生产手机11624.5万台，增长17.1%；生产智能电视410.2万台，增长46.8%。工业企业产品销售率为97.7%，比上年同期回落0.9个百分点。工业企业实现销售产值23853.8亿元，比上年同期增长19.1%。

工业出口实现较快增长，实现出口交货值2793.1亿元，增长78.8%。以小米、京东方、威讯半导体、兆易创新、中芯国际等企业为代表的电子信息行业为主要出口行业，分别增长21.0%、16.3%、19.0%、95.5%、5.4%。科兴中维和北京生物疫苗企业累计实现出口交货值540亿元和340.6亿元，涨势迅猛。

（三）产业创新发展成果丰硕，高精尖产业体系加快构建

1～11月，全市大中型重点企业研究开发费用合计3030.6亿元，同比增长31.4%；期末有效发明专利16.6万件，同比增长28.1%。分行业看，工业企业研究开发费用443.8亿元，同比增长32.9%；信息传输、软件和信息技术服务业企业研究开发费用2304.8亿元，同比增长32.3%；科学研究和技术服务业企业研究开发费用282.0亿元，同比增长22.3%。截至目前，全市拥有3家国家级制造业创新中心、16家市级产业创新中心、35家国家技术创新示范企业、97家国家企业技术中心、858家市级企业技术中

心，创新体系支撑高质量发展的韧劲和活力持续显现。

北京全面完成国际科技创新中心“三城一区”相关建设任务。集成电路产业的科技创新能力、产业生态和产业链水平显著提升，北京超弦存储器研究院累计入池专利超过 1.5 万件，北方华创新研制 30 余台关键设备。2 个新冠灭活疫苗品种率先研发成功，全国首个拥有自主知识产权的新冠药物获批上市。成功攻克体外膜肺氧合系统（ECMO）技术难关，率先进入商业化运营。国家人工智能创新应用先导区获批建设，寒武纪、地平线等 AI 芯片产业化取得新突破。三一重工成为全球重工行业首家获认证的“灯塔工厂”。“北京三号”卫星促进高时空分辨率商业遥感能力大幅提升。“创客北京”创新创业大赛吸引 4000 多项项目参赛，较上年增长 50%。创新体制机制，建立国际氢能中心、北京开源芯片研究院、高端医疗器械定制研发生产外包服务平台（CDMO）等新型产业创新平台。

与此同时，北京加快构建“2441”高精尖产业新体系。发布《北京市“十四五”时期高精尖产业发展规划》，强化信息技术、生物技术对产业变革的创新引领，抢抓集成电路、智能网联汽车、区块链等新兴产业发展机遇，积极培育形成两个国际引领支柱产业、四个特色优势的“北京智造”产业、四个创新链接的“北京服务”产业以及一批未来前沿产业。配套出台“推进制造业高端智能绿色发展的若干措施”，以及“新智造 100”工程、氢能、传感器、卫星网络、工业互联网等系列实施方案。抓住两区建设的重大机遇，谋划 19 项改革开放的政策措施，为高精尖产业新发展提供制度支持。明确各区产业定位和重点培育的细分集群方向，构建“一区两带多组团”的格局。编制新版高精尖产业指数，修订新增产业的禁止和限制目录，以高精尖产业资金为主体的财政支持力度全面加大。新时期全市高精尖产业高质量发展的顶层设计基本完成，形成了紧扣目标、适度超前、市区联动与多层次、多维度、全覆盖的政策体系和工作机制。

（四）各区产业发展呈现差异化，京津冀产业协同再上台阶

从各区产值分布来看，亦庄开发区、海淀区、大兴区、昌平区、顺义区

产值占比较大，分别实现5597.9亿元、3162.9亿元、2254.4亿元、1584.3亿元、1507.2亿元，增速分别为26.7%、29.8%、148.2%、4.8%、3.6%。从四大功能区来看，2021年1~12月北京城市发展新区实现工业总产值12427.9亿元，占比50.9%，成为北京发展制造业的主力。城市功能拓展区实现产值4566.1亿元，占比18.7%。首都核心功能区实现产值637.3亿元，占比2.6%。生态涵养发展区实现产值1179.7亿元，占比4.8%。

按照“每个产业在3个区布局，每个区布局3个主导产业”的原则，明确了各区重点产业方向，鼓励各区聚焦主业深耕细作。北京经济技术开发区已形成了以新一代信息技术、新能源智能汽车、生物医药和大健康、机器人及智能制造为主导的产业集群，成为全国集成电路产业聚集度最高、技术水平最先进的区域之一，集成电路产业链完备，占全市集成电路产业规模的1/2。医药产业形成“一北一南”聚集区，规模占全市的80%，其中北部海淀区和昌平区，以生命园为核心，形成约440家企业的创新研发集群。南部以亦庄、大兴区为核心，形成约1300家企业的高端制造集群。海淀区在人工智能、集成电路设计、智能终端等领域，顺义区在新能源汽车领域，丰台区在轨道交通、航空航天领域，房山区在新材料和高端装备制造领域都已形成聚集优势。怀柔区在高端仪器仪表和传感器领域、延庆区在无人机领域、石景山区在虚拟现实等领域纷纷打造特色产业组团。

京津冀产业一体化合作进一步深化。北京市大兴区、天津市滨海新区、河北省唐山市和保定市等12个城市（区）组成城市群，获批成为国家首批燃料电池汽车示范城市群。三地经信部门签署《关于打造京津冀工业互联网协同发展示范区的框架合作协议》。发布京津冀产业链金融支持计划，设置125亿元货币政策资金额度。持续推动北京（曹妃甸）现代产业发展试验区、北京·沧州渤海新区生物医药园等一批园区建设，精雕科技、京车集团等项目发展顺利，进一步夯实“2+4+N”产业协同体系。组建副中心产业提升项目专班，推动信通院国家ICT技术产业创新基地、阳光出行等项目落地，22家企业新注册进入国家网络安全产业园通州园区。编制北京城市副中心“十四五”智慧城市规划，建成智慧生活实验室。制定引导全市产业加强与北三县协同发展工作方案，北投大厂人工智能计算与赋能平台等120余个项目签约。

（五）工业固定资产投资同比大幅增长，高精尖项目加快落地

1～12月，北京市工业固定资产投资累计完成814.5亿元，同比增长39.5%。1～11月制造业实际利用外资额同比增长67.4%；新基建完成固定资产投资652.5亿元，同比增长24.4%，占全市投资比重的8.8%，成为拉动全市投资增长的新动力。经济技术开发区、大兴区、顺义区、房山区、通州区等是主要投资承载区，占比分别为62.6%、11.0%、6.3%、5.3%、4.7%。分产业看，六大重点产业完成固定资产投资561.4亿元，其中，建安投资173.3亿元，生物医药产业、电子信息产业、装备产业占比较大，分别为39.4%、28.7%、12.3%。

为鼓励高精尖产业发展，发布实施《北京市促进高精尖制造业项目落地三年行动计划（2021—2023年）》，建立全市统一项目库，按照谋划、储备、开工、续建、竣工“五个一批”的思路，明确入库标准和分区分行业任务，提高项目谋划组织与统筹推进能力。目前全市在库高精尖重大项目510个，预计投资额4600亿元，项目数和投资额均较往年大幅提升。从项目看，全年实现61个投资过亿项目新开工，推进小米汽车、诺诚健华等一批战略性创新型项目签约。小米未来产业园通过提前预审、并联审批、容缺办理，实现84天落地开工，创造了拿地即开工的“北京速度”。中德、中日产业园获批成为国家级对外合作示范区，落地68个产业项目。

二　工业发展面临的宏观经济环境

面对百年变局叠加世纪疫情，北京市工业发展面对的外部环境更趋复杂严峻和不确定，全球经济复苏步伐整体放缓，科技创新前沿竞争加剧，数字经济正成为改变全球竞争格局的关键力量，产业链高端化转型势在必行，对出现的这些新形势、新问题、新挑战，需要正确认识和把握。

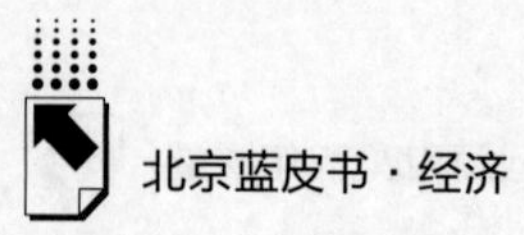

（一）国际环境更趋复杂严峻和不确定

相较于前期经济的有力反弹，受供应链受阻、能源供给不足、通胀上升和疫情反复等影响，2021 年下半年以来全球经济复苏步伐明显放缓，近期新变异毒株奥密克戎带来的潜在风险和不确定性更是加剧了经济失衡。国际货币基金组织（IMF）已将 2021 年全球经济增长预测值由 2021 年 7 月的 6.5% 下调至 5.9%。我国经济当前宏观环境总体稳定良好，经济结构加速转变，新动能加快培育，但仍面临“需求收缩、供给冲击、预期转弱”三重压力，IMF 和中国社科院分别预测 2022 年中国经济增长 5.6% 和 5.4%，低于 2021 年 2.5 ~3 个百分点。工信部初步预计 2022 年全国工业增长 5.5% 左右，低于 2021 年约 3 个百分点。当前 2022 年经济工作“稳字当头、稳中求进”的大方向已经明确。北京要抓好稳增长这一关键任务，加紧出台一系列产业支持政策，加强全市经济运行调度分析，做好招商引资工作，加快投资任务落实，压紧压实各区各部门各产业领域责任。

（二）科技创新前沿竞争加剧

新冠肺炎疫情给世界经济带来严重冲击，国际分工体系正在深度调整，劳动力、土地等传统要素的重要性正在下降，各行业价值链分配开始向技术研发与科技创新倾斜，世界各国试图从科技创新领域实现经济“突围”，全球产业竞争格局面临加速重构，科技创新发展中长期态势发生重大改变。目前，世界主要发达国家竞相在科技前沿领域加紧发力，美国、欧盟、英国、日本、韩国等国家或地区纷纷在人工智能、5G/6G、工业物联网、量子科技等领域加快布局，试图在新一轮科技竞争中抢占制高点。我国也紧抓新一轮科技革命机遇，在高性能计算机、载人航天、探月工程、5G、新能源汽车、人工智能、工业互联网等领域的创新和实践中取得了举世瞩目的成就，在世界竞争中占据有利地位。北京作为全国科技创新中心，肩负着建设世界科技强国的伟大历史使命，要坚持把创新作为引领发展的第一动力，更好地发现创新、引领创新的生态环境，面向世界科技前沿、面向经济主战场、面向国家重大需求，加快各领域科技创新，掌握全球科技竞争先机，向世界传达来自北京的创新声音。

（三）数字经济正成为改变全球竞争格局的关键力量

数字经济发展速度快、辐射范围广、影响程度深，正在成为重组全球要素资源、重塑全球经济结构、改变全球竞争格局的关键力量。无论是发达国家还是新兴经济体，都充分认识到数字经济对于国家的战略意义，大力发展大数据、云计算等新一代信息技术，推进经济结构调整和产业转型发展。尤其是近年来数字经济在疫情防控工作中表现突出，在数据共享、物资流转、资源调配、精准定位、搜索追踪、技术支撑等方面发挥了重要作用，也推动了在线医疗、网络直播、知识付费、云办公等领域网上消费需求的爆发式增长，成为经济复苏的新动能和新引擎，推动了社会生产生活的稳定发展。可见，数字化、网络化、智能化正在打破地域区位限制，对全球经济社会发展、国际贸易格局和秩序演变发挥了引领性作用，能否抓住数字经济发展浪潮，关系一国能否抓住科技革命和产业变革机遇，赢得经济发展和国际竞争主动权。北京数字技术全国领先，数字经济占 GDP 的 41.7%，数字头部企业相继涌现，要进一步把握全球数字经济发展大势，立足首都城市战略定位，用好资源禀赋，把握机遇、乘势而上，努力打造数字经济发展的“北京样板”，尽快打造成为具有国际影响力的数字经济标杆城市。

（四）产业链高端化是经济高质量发展的必经之路

世界主要经济体基本都经历了制造业产业链高端化转型。从发达国家经验看，当经济社会发展到一定阶段，产业链高端化都会成为国家战略布局重点，美国将先进制造业作为基础设施，推动关键技术发展，以保持美国在工业部门先进制造业中的领导地位。当前我国面对的国际经济发展模式、格局、结构已发生重大调整。2008 年以来，单边主义、贸易保护主义、逆全球化思潮不断蔓延，并在遭受新冠肺炎疫情后加速；中美博弈有所升温，全球技术和产业格局发生重大调整。北京作为全国率先提出高精尖产业发展构想的城市，更要大力发展集成电路、生物医药、智能网联汽车等重点领域，聚焦“链主”企业，制定高精尖产业关键领域“卡脖子”攻关清单，推动产业链上企业的供需对接，加快产业高端化转型步伐。

三　2022年工业发展趋势预判

目前，北京市高精尖产业发展新动能初步形成，恢复速度快于全国，发展动力更强、韧性更足。但受疫苗高基数效应、关键供应链受阻、市场需求收缩、成本上涨等因素影响，2022 年全市产业稳增长的难度显著大于全国，突出表现为“一大压力、两大风险、三重挑战”。一是经济下行压力持续加大。全国经济发展面临需求收缩、供给冲击、预期转弱的问题，北京市产业经济 2021 年高开低走，12 月工业产值增速回落至 10% 以下，需谨防跌入惯性下行区间。二是疫情冲击、产业链供应两大风险凸显。预计 2022 年全球疫情对需求稳定恢复及生产有序供应仍将带来扰动。北京市重点产业仍然面临着供应链“卡脖子”“掉链子”风险，北京市被美国列入实体制裁清单的企业数已达 80 家，影响汽车、电子等行业发展的“芯片荒”预计到 2022 年下半年才能得到有效缓解。三是面临基数高企、需求收缩和成本上涨三重挑战。新冠疫苗生产对 2021 年产业增长作出了重大贡献，同时也带来了超高基数，预计将下拉 2022 年增速约 15 个百分点。11 月反映需求不足和成本增加的企业占比分别为 34. 1% 和 57. 3% 。规上小型工业企业营业成本上涨 16. 2% 。要完成 2022 年规模以上工业增加值降幅控制在 8% 以内、软件和信息服务业营业收入增长 16% 左右的年度目标，存在不小挑战，需付出更加艰苦的努力。

分产业看，在电子信息产业方面，电子信息产业领域正在经历市场大年，在集成电路基础优势、小米移动互联网生态创新模式、京东方行业技术和规模领先优势的带动下，预计 2022 年北京市电子信息产业将继续保持较快增长。在智能装备产业方面，随着“新智造 100”工程的全面推进，智能装备产业或将实现较快发展。同时，三一北京制造中心等前期投资项目加快落地，也将为产业稳定发展注入动力。在汽车交通产业方面，当前奔驰新能源顺义工厂、福田氢燃料商用车正在加紧竣工投产，随着部分新项目的投产及芯片短缺等问题缓解，预计汽车产业将实现较快增长。目前已引进理想和小米两家造车新势力，未来产能的不断释放也将为北京市汽车产业带来较强发展后劲，全市汽车产业或将迎来较快发展阶段。在生物医药产业方面，面临的形势较为复杂，既有新冠疫苗降价减量、原材料等成本增速较快等不利因素影响，也有民海生物等重点新品种有望上市、诺诚健华等潜力企业或呈较快增长、疫苗国内外市场潜力仍然较大（目前世界仍有一半的人口尚未接种新冠疫苗，低收入国家仅有4%的人接种了一剂疫苗，部分国家开始接种第四剂疫苗，我国正在扩大疫苗接种范围至3周岁以上人群）等有利因素影响。综合来看，预计2022年北京市医药制造业有望实现小幅增长。在基础材料产业方面，受投资拉动影响，钢材、铁矿石、有色金属等大宗商品价格或高位波动，预计全产业仍将保持较高速度增长。在都市产业方面，随着新技术新应用快速发展，传统都市产业数字化转型步伐将持续加快，成为推动都市产业高质量发展的重要支点；但由于食品、服装、家具等行业受国外消费需求疲软、成本上升等影响，预计全产业增速或呈一定程度的放缓。在软件信息服务业方面，在应用场景、业务需求、产业生态等方面仍具备较大的发展潜力，但受头部企业增速放缓、平台企业规范整改等影响，重点细分领域面临调整转型等挑战，产业发展下行压力较大。

四　2022年主要工作

（一）稳增长，全力保持经济运行在合理区间

一是加强产业经济运行调度。结合国家工作部署以及北京产业发展特点，制定实施2022年工业和软件信息服务业稳增长工作方案。进一步健全高精尖产业运行调度机制，强化各区任务分解和责任落实。提高经济分析水平，加强形势研判和科学解读，引导社会预期，坚定发展信心。二是突出重

点稳定大局。实施“30+30”双保行动，全力抓好30家稳增长重点企业的平稳运行和30个促投资重大项目的快速推进，加强走访服务和工作调度，建立一企一策的“一对一”服务责任制和一企一账的工作落实台账，切实发挥头部企业和重点项目对稳增长的压舱石作用。三是充分把握改革开放制度红利。落实好“两区”建设各项分工任务，完善外资项目招引的统筹促进机制。中德、中日产业园加快实施三年行动计划，建设中德智能制造双跨创新中心、中日国际创新中心等双向创新载体，争取20家左右国际化“单项冠军”和“隐形冠军”企业落地。用好用足中关村新一轮先行先试改革政策，在5G行业虚拟专网等政策措施的运用上取得一批突破性成果。深化产融对接机制，加强对制造业中长期贷款、绿色金融、供应链金融贷款的贴息支持力度。加快落实与中国移动、中国电科、华为等央企和民企的战略合作，年内尽快落地一批新项目、新企业。四是提高供给能力扩大消费需求。研究制定新能源汽车推广应用方案，促进存量燃油车加速替换为新能源汽车。深入实施都市产业“增品种、提品质、创品牌”战略，加快高精尖产业设计中心建设，促进北京消费品竞争力提升。大力发展服务型制造，培育20家“共享工厂”、“无工厂制造”示范企业和平台。落实数字消费创新引领专项实施方案，推动电商企业与工业企业加强合作，建设一批信息消费体验馆，推广一批信息消费示范项目。

（二）强韧性，全力打造高精尖产业集群

一是全面落实产业集群培育计划。围绕“三城一区”完成国际科技创新中心建设的各项任务。支持各区聚焦主业开展特色产业集群培育，全面建立“一本实施方案、一套政策措施、一支产业基金、一批重大项目、一组重点承载区域”“五个一”的集群推进机制。二是加快推动关键产业链现代化。在集成电路、智能网联汽车、氢能、生物医药等高精尖产业领域，开展首批产业链现代化示范，支持核心节点上的“链主”企业提高竞争力和引导力。实施产业筑基工程，围绕产业链图谱梳理中发现的底层通用卡点技术，以“揭榜挂帅”、组建创新联合体等方式，组织技术攻关。完善首批

次、首台套、首流片、首应用等财政奖励政策，以进入产业链实际配套体系为标准，支持一批能用好用的新技术、新产品“入链进系统”。开展产业链强链补链行动，集中解决一批来源单一、配套半径长等供应链“堵点”问题。三是推动重大项目投资取得更大突破。持续用好“五个一批”的项目滚动推进机制。加强在第三代半导体、传感器、虚拟现实、新材料、机器人、轨道交通等领域重大项目谋划储备，再储备300亿元以上投资的新增项目。推进小米汽车、燕东12寸线、诺诚健华等项目尽早开工，全力推动理想汽车、中芯北方12寸线、三一智造工厂、国药北京生物新型疫苗生产基地等已开工项目提档增速，确保奔驰新能源顺义工厂、福田氢燃料商用车、中关村医疗器械产业园等一批项目早竣工早投产。出台利用工业腾退空间和老旧厂房优先发展先进制造业的鼓励措施，实施一批腾退和低效空间再利用的典型示范项目。四是推动产业绿色智能发展。制定“十四五”时期促进制造业绿色低碳发展实施方案，全面深入推进绿色制造工程。启动面向制造业企业的绿色诊断工作，支持企业对标先进开展绿色化技术改造，力争新创建25家国家级绿色工厂和绿色供应链管理企业，开展低碳企业园区建设试点示范。全面实施“新智造100”工程，出台智能制造导则，完善北京市智能制造标准体系，加快组织引导企业开展智能化、数字化技术升级改造。对200家制造业企业实施智能化发展水平诊断评估，建成各行业标杆性智能化工厂20家。

（三）促协同，推进京津冀产业一体化取得新突破

一是更加精准推进一般制造业疏解提质。持续深入实施“疏解整治促提升”专项行动，用好疏解提质动态管理台账机制，全年完成一般制造业疏解提质项目100个。开展10项以上制造业绿色发展地方标准制定和修订工作，加强对新版“新增产业禁止限制目录”和“工业污染行业工艺退出及设备淘汰目录”的宣贯、解读和严格执行，提高两个负面清单的适用性，工业和软件信息服务业能耗双控指标达到本市要求。二是推动副中心高质量发展。全面落实《关于支持北京城市副中心高质量发展的意见》。积极推进

《北京城市副中心（通州区）“十四五”时期智慧城市规划》，努力建设全球智慧城市标杆示范区。强化创新要素导入和高端产业集聚，支持通州网安园建设国家级网络安全高端产业集聚示范基地和领军人才培育基地，台马科技板块打造集成电路产业集群，建设集成电路高端制造基地，漷县医药健康产业集聚区发展智能制造新模式，提升发展能级。三是深化京津冀产业协同。统筹制定“十四五”时期京津冀产业协同发展规划，推动协同发展路径从单向疏解承接向共谋产业链布局转变。以京津冀氢燃料电池汽车示范城市群为牵引，开展京津冀氢能全产业链布局。以小米汽车等重大项目为牵引，做大京津冀智能网联汽车产业生态圈，支持整车企业开展供应商“双布点”。推进京津冀工业互联网协同发展示范区建设，用好京津冀产业链金融支持计划和协同发展投资基金，持续深化京津冀在医药、都市、装备等领域的协作。

（四）保主体，持续优化营商环境

一是着力打造公平普惠易得的政策环境。坚持对标国际一流、突出北京特色，深入落实北京市营商环境创新试点和优化营商环境5.0改革任务，在数字经济、信用监管等领域形成新突破。以打造一个App和办成“一件事”为重点，进一步强化政策统筹，推动全市中小微企业优惠政策跨部门办理，实现“免申即享”“即时支付”。二是加强企业梯度培育。落实支持专精特新企业发展的各项政策措施，出台中小企业上规的奖励支持政策。围绕“专精特新”“小巨人”“独角兽”“单项冠军”“隐形冠军”企业梯队，优化识别标准，加强发现和培育，完善入库出库管理。全力支持北交所建设，培育推动优质中小企业在新三板挂牌、二级市场上市。力争新增100家规模以上先进制造业企业、1000家专精特新企业和10家单项冠军企业。三是多措并举推进企业服务。聚焦短期纾困和高质量发展，切实抓好各项惠企政策落实，在降低经营成本、拓宽融资渠道、优化发展环境等方面研究出台更有针对性的政策措施。加大政策宣传和解读力度，加强政策触达，落实“接诉即办”，利用市、区两级“服务包”机制，及时协调解决企业诉求。汇聚专业服务资源，提升企业服务示范平台和基地的服务能力。发挥本市减轻中小企业负担联席会议机制作用，核查办理拖欠账款投诉问题。加强政策引导，因地制宜支持农产品加工企业发展，促进农民增收和农村劳动力就业。四是加大信用体系建设力度。加快推进信用立法，建立健全信用核查、承诺、评价、分级分类监管、修复等制度。加快市公共信用信息服务平台（二期）建设，推进公共信用数据开放和共享应用。深入推进“信用+地铁出行”“信用+医疗”服务，继续开展“信易贷”“信易行”“信易游”“信易租”等特色创新应用。开展“北京信用管理服务创新先导园区”试点工作，争取两个区成为国家社会信用体系建设示范城区。支持社会机构在旅游、交通等重点领域开展京津冀区域信用数据融合应用，推进区域信用服务产品互认。

（五）促活力，加快建设数字经济标杆城市

一是大力实施智慧城市发展行动纲要。以智慧城市规划为引领，统筹各部门、各区做好智慧城市专项规划与顶层设计，落实四级规划管控体系，加强政务服务、公众服务、领导决策的统一入口整合，持续推进“京办”“京通”“京智”三类智慧终端的功能完善和推广使用。二是持续推进新基建及应用。持续推动5G、千兆固网、智慧城市专网、新型算力设施深度覆盖，加快传统基建数字化改造和智慧化升级，推进存储型数据中心改造。新增5G基站6000个，制定5G规模化应用实施方案，开展5G行业虚拟专网的建设和应用。提升北斗产业创新基地资源聚合力，开展国家第二代卫星导航系统专项民用示范。三是全面推进标杆工程建设。高级别自动驾驶示范区完成2.0阶段建设，从亦庄向全市其他区扩展。完善国际大数据交易所功能，汇集全球流通数据，拓展垂直场景交易量，开展数据确权、评估、定价、交易，加速数据交易生态建设。制定城市超级算力中心建设方案，加强算力统筹，打造“云、边、端”协同融合的人工智能算力体系。四是培育数字经济发展生态。力争完成数字经济促进条例立法，制定数字经济全产业链开放方案，研究制定国际先进的数字贸易规则。以数据治理为突破口，探索数字

隐私保护基础制度与标准规范。完善数字经济标杆企业库，加强入库企业服务，遴选培育50家左右具有发展潜力的标杆企业，支持各区打造数字经济“一区一品”。

参考文献

北京市统计局、国家统计局北京调查总队：“月/季度数据”，http：//tjj. beijing. gov. cn/。

国家信息中心：《全球供给危机》，2021年12月20日。

国家信息中心：《2022年经济与政策展望》，2021年12月27日。

B.5

基于重点产业视角的北京市宏观经济形势分析与展望*

王术华　刘作丽　常　艳**

摘　要： 2021年北京市经济总体稳步恢复，同比增长8.5%，略好于全国平均水平，基本实现了“十四五”良好开局。从重点产业视角看，在医药制造支撑下，工业整体呈现十年来少有的速度快、效益好特征；信息服务业对全市经济增长的支撑作用突出，但平台企业整改效应明显；受国家脱虚向实、普惠金融等政策影响，金融业增速放缓，低于往年平均水平。展望2022年，重点产业面临的困难仍然较多，疫苗量稳价跌、汽车缺芯持续、平台整改阵痛，全市经济下行压力较大。但工业项目储备有序落地、信息服务优势依然稳固、北交所外溢效应逐步显现，全年经济有望增长5.2%左右。

关键词： 北京　经济形势　稳增长

2021年，全市科学统筹疫情防控和经济社会发展，落地落实各项政策措施，狠抓“五子”联动、协同推进，经济总体稳步恢复，发展质量继续提升。受到工业、金融、信息服务等重点产业增速放缓，需求增长乏力和疫

---

* 本报告为北京市经济社会发展研究院宏观经济形势分析组课题研究成果；执笔人：王术华、刘作丽、常艳；数据支撑：孟香君、张少雪；学术指导：徐逸智、刘秀如。

** 王术华，北京市经济社会发展研究院助理研究员，管理学博士，主要研究方向：财税政策、区域经济等；刘作丽，北京市经济社会发展研究院规划研究部部长，副研究员，理学博士，主要研究方向：城市与区域经济；常艳，北京市经济社会发展研究院副研究员，经济学博士，主要研究方向：数字经济、区域经济等。

情反复等因素影响，全年 GDP 增速较前三季度有所回落，但仍保持了 8.5% 的增长态势，略好于全国。考虑到 2021 年疫苗规模化生产快速扩张、价格高企坚挺主要集中在第二、第三季度，拉动全年基数较高且季度间不均衡，首都更高更严疫情防控要求等可能产生的影响，2022 年经济下行压力较大，其中第二、第三季度下行压力更大。必须统筹好当前与长远的关系，通过稳投资、促消费、优供给稳住经济增长基本盘，通过锻长板、强韧性、畅循环释放供给端经济增长潜力空间，确保经济增长保持在合理区间。

一　经济增长稳中有升、稳中有忧，预计2022年 GDP 增长5.2%左右

（一）经济增长态势略好于全国和上海，锻长板、补短板取得成效，但支撑首都经济持续向好的动力尚需强化

2021 年，北京实现地区生产总值 40269.6 亿元，增长态势略好于全国和上海，经济体量和上海基本相当，约为上海的 93.2%（见表 1）；自“十三五”以来，北京地区生产总值占全国的比重维持在 3.6% 左右，基本保持稳定。2021 年，在疫苗等防疫物资快速规模化生产等带动下，北京工业生产保持快速发展，全年增长 31.0%，高于全国 21.4 个百分点，高于上海 21.5 个百分点；信息服务优势继续巩固，增加值是上海的近 2 倍；但金融业作为支柱产业、现代化经济体系的血液，增速仅为 4.5%，低于上海 3.0 个百分点，也低于往年约 10% 的增长水平，需要进一步增强金融业高质量发展的动力、提升其畅通经济循环的能力。

表 1　2021 年京沪经济发展情况对比

单位：亿元，%

项目	北京		上海	
	增加值	增速	增加值	增速
地区生产总值	40269.6	8.5	43214.9	8.1

续表

项目	北京		上海	
	增加值	增速	增加值	增速
按产业分				
第一产业	111.3	2.7	100.0	-6.5
第二产业	7268.6	23.2	11449.3	9.4
第三产业	32889.6	5.7	31665.6	7.6
按行业分				
农林牧渔业	269.1	2.8		
工业	5692.5	31.0	10738.8	9.5
建筑业	1619.7	0.8	798.5	7.1
批发和零售业	3150.6	8.4	5554.0	8.4
交通运输、仓储和邮政业	942.5	5.9	1843.5	13.5
住宿和餐饮业	421.7	13.7	399.3	11.8
信息传输、软件和信息技术服务业	6535.3	11.0	3392.9	12.4
金融业	7603.7	4.5	7973.3	7.5
房地产业	2605.5	4.6	3564.5	4.8
租赁和商务服务业	2435.3	3.4	2750.7	4.9
其他行业	9149.4	3.0	—	—

注："—"表示数据未获得。

资料来源：北京市统计局网站、上海市统计局网站。

（二）2022年下行压力加大，预计经济增长5.2%左右，基本与全国保持同步

全球疫情仍在持续演变，世界经济复苏前景依然充满不确定性，复苏动能仍不稳固。据IMF预测，2022年全球经济增速为4.4%，我国经济增速有望达到4.8%（见表2）。然而，各国疫情走势和经济恢复进程分化，在疫苗普及和政策支持上的巨大差距，导致各国经济增长前景呈现"危险背离"，世界经济全面复苏仍面临诸多不确定性因素。中美关系"缓和"新迹象难改美国对我国遏制围堵态势，外部环境依然错综复杂。芯片短缺问题仍在汽车领域延续，并向其他领域蔓延，东南亚、中国台湾等地局部疫情导致一些元器件生产企业停工停产，部分行业芯片供应缺口可能仍将持续较长时间。

伴随全球经济逐步复苏，外需的拉动作用更为明显，我国经济率先恢复的相对优势有所减弱，疫苗等防疫物资“偶然性因素”作用也将逐步消退；制约内需潜力释放的因素较多，非首都功能疏解向纵深推进，重点产业、传统基建等重大项目储备减少，冬奥会等重大活动保障任务艰巨，疫情防控标准更高更严，2022 年北京经济面临较大下行压力。综合考虑国内外经济形势、北京与全国经济增长关系、经济增长惯性和2021 年初高基数等影响因素，如果稳增长措施有效有力，全年经济增速有望达到 5% 以上，预计为 5.2% 左右，基本与全国经济增速保持同步。

表 2　国内外机构对 2022 年中国经济增速的预测

单位：%

机构	经济增速	发布时间
IMF	4.8	2022 年 1 月
WB	5.1	2022 年 1 月
OECD	5.1	2021 年 12 月
高盛集团	4.3	2022 年 1 月
中信建投	5.9	2021 年 11 月
申万宏源	5.3	2021 年 12 月
中信证券	5.4	2021 年 11 月
瑞银证券	5.4	2021 年 11 月
中金公司	5.3	2021 年 11 月
华创证券	5.0～5.5	2021 年 11 月
华泰证券	4.6	2021 年 11 月

资料来源：根据互联网相关资料整理。

二　重点行业支撑出现分化，稳基础、锻长板、强动力成为支撑经济持续稳定增长的关键

从供给端看，受疫苗生产带动效应锐减和高基数影响，2022 年工业负增长是大概率事件。因此，经济增长的主要支撑点在占 GDP 比重超过 80%

的服务业，按照底线思维，要保证2022年经济增长不低于5%，服务业需要保持8%以上的增速，实现难度较大，需要深入挖掘支柱产业的增长潜力。2021年，工业，金融业，信息传输、计算机服务和软件业三大行业贡献了全市69.3%的经济增量，是当之无愧的支柱产业。通过历史数据发现，相对于工业的波动变化，金融业与信息传输、计算机服务和软件业一直表现稳定，是北京经济增长中贡献最大、最为稳定的两大行业；占GDP比重稳步提升（见图1），对经济增长的贡献稳居前两位（见表3）。因此，确保经济增长保持在合理区间，金融业与信息传输、计算机服务和软件业的稳定持续增长是重中之重。

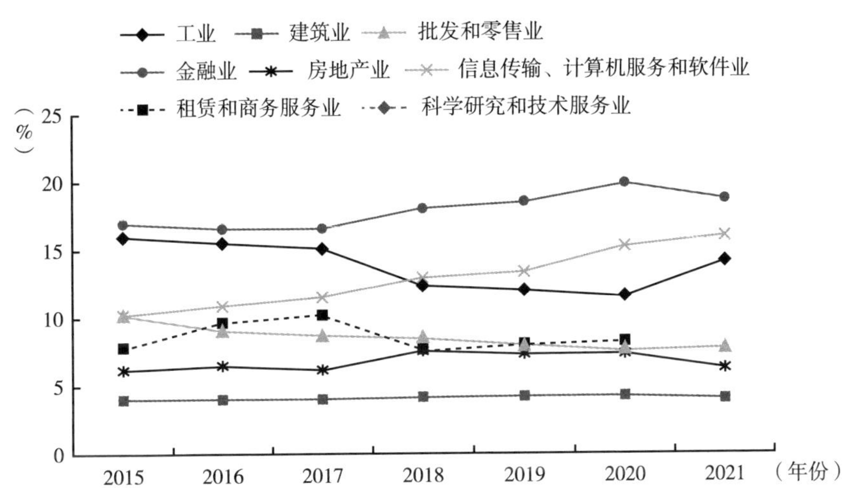

图1　2015～2021年北京分行业占GDP比重变化情况

资料来源：北京市统计局网站。

表3　2015～2021年北京分行业对GDP的贡献率

单位：%

年份	工业	建筑业	金融业	房地产业	信息传输、计算机服务和软件业	租赁和商务服务业	科学研究和技术服务业
2015	-2.13	3.52	33.77	6.49	31.95	17.04	6.10
2016	11.90	2.40	12.98	8.82	15.22	3.49	8.08

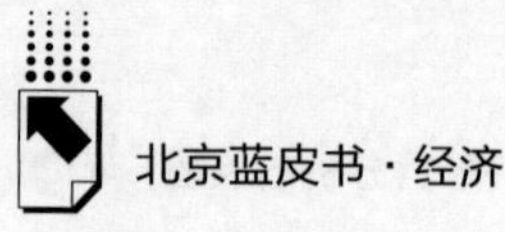

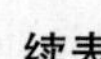
续表

年份	工业	建筑业	金融业	房地产业	信息传输、计算机服务和软件业	租赁和商务服务业	科学研究和技术服务业
2017	10.54	4.91	16.39	3.99	21.50	6.25	11.96
2018	-2.63	4.85	25.46	14.05	15.36	3.82	6.24
2019	4.47	5.56	26.20	6.15	21.80	7.19	10.95
2020	-3.36	3.57	87.96	3.20	103.46	-52.83	21.69
2021	35.40	1.92	9.98	-0.93	23.87	5.70	—

注："—"表示数据未获得。

资料来源：根据北京市统计局网站数据测算。

（一）工业增速放缓趋势明显，发展形势严峻，持续稳定增长需要长期稳定投资和项目支撑

近年来工业对北京经济发展贡献呈现减弱趋势，增加值占 GDP 比重从 2014 年的 17.6% 下降到 2020 年的 11.7%，比上海低 13.3 个百分点，比全国低 19.1 个百分点。2021 年，因疫情期间疫苗生产"一枝独秀"，工业经济呈现十多年来少有的速度快、效益好的特征。

1. 工业高起点开局后波动下行

2021 年，在低基数效应、疫苗生产等因素综合影响下，北京工业增加值增速保持高位，全年同比增长 31.0%（可比价），高于上海 21.5 个百分点，高于全国 21.4 个百分点，呈现可喜发展态势。

2. 重点支撑行业分化明显，医药制造增长"一枝独秀"

北京制造业结构不断优化，由汽车行业"一家独大"向汽车、医药、电子信息①、装备②等行业"多点支撑"转变，2020 年四大重点行业总产值占工业总产值的 50.3%。一方面，靠疫苗生产拉动，医药制造业增加值增速迅猛提升，全年为 252.1%，是拉动工业增长的主要力量；发展效益也十

① 主要对应计算机、通信和其他电子设备制造业。

② 主要对应通用设备制造业、专用设备制造业、电气机械和器材制造业。

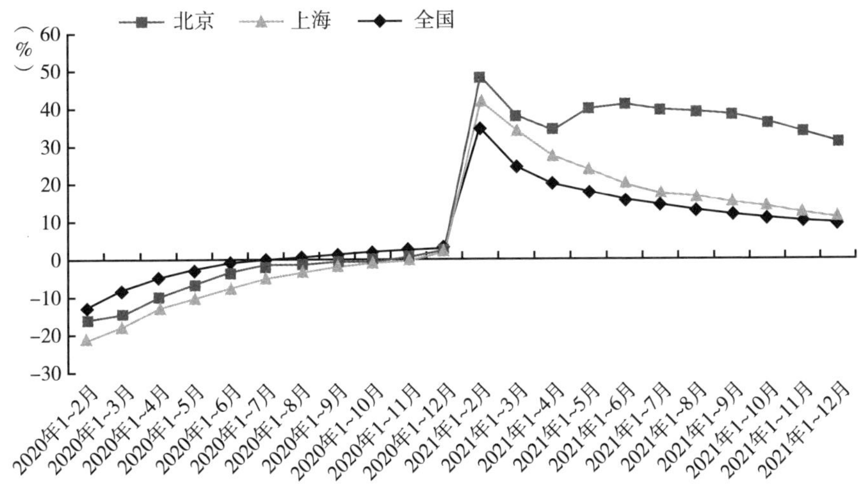

图2　2020～2021年规上工业增加值累计增速

资料来源：国家统计局网站、北京市统计局网站、上海市统计局网站。

分突出，规模以上医药制造企业1～11月实现利润1877.2亿元，同比增长1035.1%。另一方面，受市场需求疲软、原材料短缺、竞争力不足等因素影响，汽车制造业、电气机械和器材制造业、专用设备制造业等重点行业2021年均发展缓慢，分别下降12.0%、下降6.4%和增长1.1%，且这些行业利润也呈现逐季回落趋势（见图3）。

3. 低基数效应减弱、发展后劲不足，工业可持续增长存在较大隐忧

2021年工业高起点开局后增长呈下行趋势，全年增加值增速比上半年回落10.4个百分点，1～11月规模以上工业企业实现利润比上半年回落76.7个百分点。北京市工业仍处于结构调整和增速换挡期，结构性矛盾和瓶颈性问题日益凸显，存量萎缩、增量不足、效益下降等问题导致下行压力不断加大，工业平稳增长存在较大隐忧。医药制造业方面，疫苗生产的支撑作用强劲，但随着价格下降，后续持续增长乏力。汽车制造业方面，缺芯叠加创新不足，下滑趋势恐将持续，但随着理想汽车、小米汽车等项目建设，新能源汽车仍将是引领汽车制造业增长的重点。电子信息制造业增幅收窄态势明显，2021年全年增长19.6%，比上半年回落6.1个百分点，实体制裁

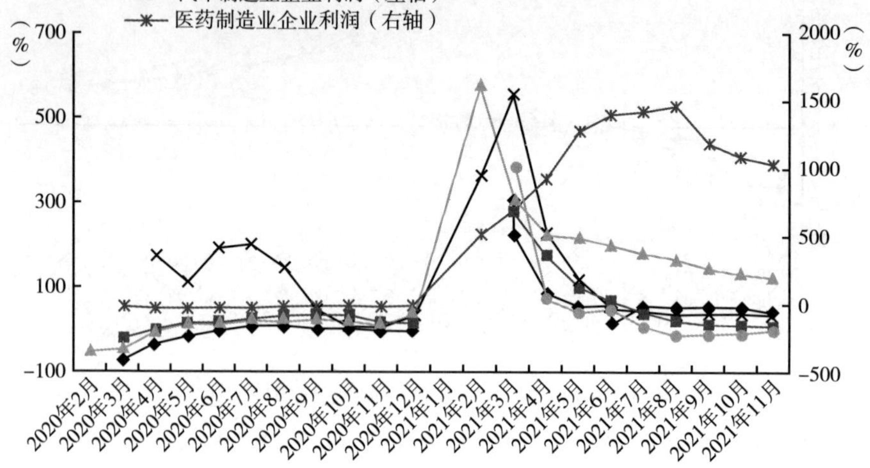

图3　2020年2月至2021年11月北京规上工业企业利润累计增速

资料来源：北京市统计局网站。

清单、疫情以及全球产业链紧缺等不可控因素带来的不确定性依然较大。

初步判断，2022年实体经济面临的困难仍然较多，疫苗量稳价跌①，使其对经济增长的拉动作用减弱，汽车制造缺芯、需求回落等情况或将持续至上半年，工业出现负增长的概率增加。多措并举稳住制造业基本盘，修炼内功提升能力储备，最大限度地减轻疫苗生产等"偶然性因素"对经济增长的下拉影响，将是2022年工业发展的重中之重。

（二）平台企业整改效应显现，信息服务业增速放缓，但产业发展生态优势明显，对全市经济平稳运行的支撑作用仍有潜力可发挥

以信息产业为核心的数字经济成为拉动北京市经济增长和引领高质量发

① 目前发达经济体中完全接种疫苗者占总人口比例已达60%，部分人群甚至已开始接受加强剂注射。与此形成鲜明对比的是，在低收入国家中仍有96%的人口没有接种疫苗。

展的重要引擎，在引领产业转型升级、推动疫后经济恢复方面发挥了重要作用，是拉动经济增长的最大亮点。

1. 发展优势明显，对全市经济增长的支撑作用突出

2015 年以来，北京市信息服务业增加值占全国的比重接近 15%，年均增速超过 18%，2021 年增加值达 6535.3 亿元，接近上海的 2 倍，表现出“规模领先、增速较高”的总体发展特征。尤其是在疫情期间，在服务业受到较大冲击的情况下，信息服务业显示出较强的抗风险能力，2020 年和 2021 年对全市 GDP 的贡献率分别达到 103.5% 和 23.9%。

2. 信息服务业增速放缓，平台企业整改效应明显

随着平台经济整改效应的显现，2021 年信息服务业全年增速比上半年下滑 6.2 个百分点，增速由上半年比上海高 1.1 个百分点回落至全年比上海低 1.4 个百分点。头部平台企业受影响较大，2021 年 1 ~8 月全市出行、生活两类平台企业营收较 1 ~7 月分别回落 3 个和 5.3 个百分点，重点监测平台企业地方级财政收入增速由 6 月的 75.3% 下降至 9 月的 27%。

3. 软件业全国领先，是信息产业和经济增长的重要支撑

软件业是信息服务业中体量最大、研发投入最集中、创新最活跃、辐射带动作用最强的行业之一，是北京加强科技创新中心建设、数字经济标杆城市建设的基础性支撑力量。2021 年，北京市软件业发展全国遥遥领先（见图 4），呈现“体量最大、增速较高”的总体发展特征；实现营收 1.9 万亿元，是上海的 2.4 倍，同比增速高达 19.4%，比上海高 0.3 个百分点。从全球发展态势看，软件业在数字化、智能化转型深化过程中作用突出。① 在平台企业整改阵痛中，要进一步发挥好软件业的底座支撑作用，加快形成软件业与互联网相关服务业良性互促的发展格局。

4. 信息产业生态多元丰富，新基建加快布局，信息消费亮点突出

从新基建看，2021 年前三季度新基建投资同比增长 31.4%，快于全市

① 专利数据显示，2021 年上半年，美国发明专利中 63% 与软件相关，欧洲专利局（EPO）授权的专利中 48.9% 与软件相关，中国授权专利中 40.1% 与软件相关。

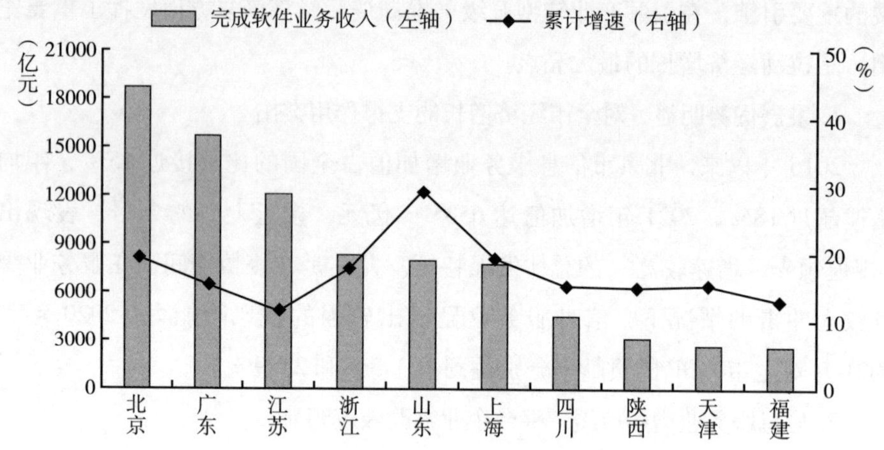

图4　2021 年软件业务收入前十省市增长情况

资料来源：2021 年软件和信息技术服务业统计公报。

投资 23.5 个百分点，5G 建设、车联网、数据中心等领域加快布局。从信息消费看，2021 年全年，在限额以上批发和零售业商品类值中，通信器材类商品实现零售额同比增长 16.7%，与上半年相比增速放缓了 14.6 个百分点，但仍然处于消费商品类目增速前列。此外，在线文化内容消费增势较好，疫情期间文化消费习惯改变态势明显，网络视听、数字音乐、云展览等备受关注，文化产业与科技深度融合，带动文化领域新业态快速发展。2021 年上半年，“文化 + 互联网”① 领域实现收入 4615.3 亿元，同比增长 35.9%，比 2020 年同期提高了 14 个百分点。

初步判断，在软件业的主力支撑作用和新基建加快布局等有利因素带动下，北京信息服务业发展基础依然稳固、生态优势明显。考虑到平台企业整改阵痛周期、缺芯问题短期难以缓解、新基建及软件等基础优势发挥周期较长等多方面因素影响，2022 年第一季度信息服务业增速仍将进一步回落，但随着国家平台经济监管政策明朗、平台企业经营转型、新基建投资建设提

① 具体包括文化产业中的互联网搜索服务、互联网其他信息服务、互联网游戏服务、互联网广告服务、互联网文化娱乐平台、动漫和游戏数字内容服务，以及多媒体、游戏动漫和数字出版软件开发等 7 个领域小类。

速，以及数字化智能化转型对智能制造、软件业的拉动作用显现，全年增速预计能达到15%以上，将拉动GDP增长约2.5个百分点。

（三）金融业波动较大，发展稳中有忧，支撑经济持续稳定增长面临挑战，北京证券交易所成为推动经济高质量发展的契机

金融业对北京市经济发展贡献突出，增加值占GDP比重从2017年的16.6%增加到2020年的19.9%，已成为首都经济的第一大支柱产业。2021年，北京市金融运行总体保持平稳，全年实现增加值7603.7亿元，同比增长4.5%，占GDP比重为18.9%，增速和占比与2020年和2021年上半年相比均有所下降。

1. 传统金融行业增长乏力，货币市场利润空间收窄

2019年北京货币金融服务增加值占金融业整体增加值的77.2%，是金融业的主体。在国家脱虚向实、普惠金融等政策引导下，存贷息差收入不断下降，以此为主要来源的银行业利润空间不断压缩，给北京金融业发展带来严峻挑战。货币金融服务利润自2020年6月呈持续下降状态，虽然已于2021年6月由负转正，但前三季度利润总额2338.8亿元，仍比2019年同期低990.4亿元。2021年1～11月，北京金融机构人民币存贷款余额同比增长8.4%，低于上海的10.7%，低于2020年同期的8.6%。此外，不良贷款余额、不良贷款率呈“双升”趋势（见图7），防范金融风险压力增大。

2. 社会融资新增规模有所下降，直接融资能力显著增强

2021年前三季度北京地区社会融资规模增加9686.5亿元，同比减少2911.5亿元，可喜的是，其对实体经济的支撑作用增强，发放的人民币贷款占地区社会融资规模增量的53.4%，较2020年同期增加6个百分点；直接融资能力显著增强，2021年1～11月上市公司募集资金4546亿元，比2020年同期募集资金增加1048亿元，同比增长29.96%。北京证券交易所的开市，将更好地解决科技创新型企业发展中融资需求多元化与金融供给不足的问题，进一步提高北京市直接融资能力；同时也将稳步提升资本服务在

金融业中的地位。① 但要在短期内转化为实实在在的金融业增加值，还十分困难。

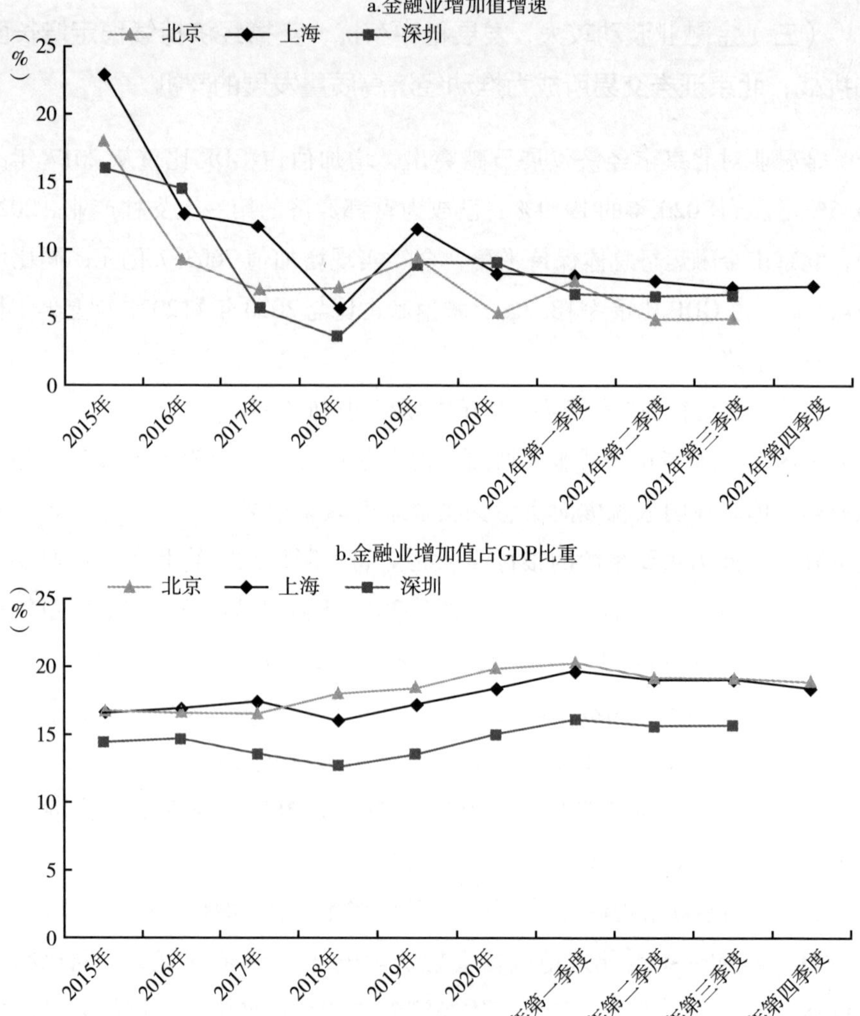

图5　京沪深金融业增加值增速和占比对比

资料来源：北京市统计局网站、上海市统计局网站、深圳市统计局网站。

① 2019年资本市场服务增加值仅占金融业整体增加值的8.9%，营业收入规模仅为上海的47%。北京证券交易所的成立将给首都资本市场发展带来前所未有的重大机遇。

图6　北京市人民币存贷款余额增速

资料来源：Wind。

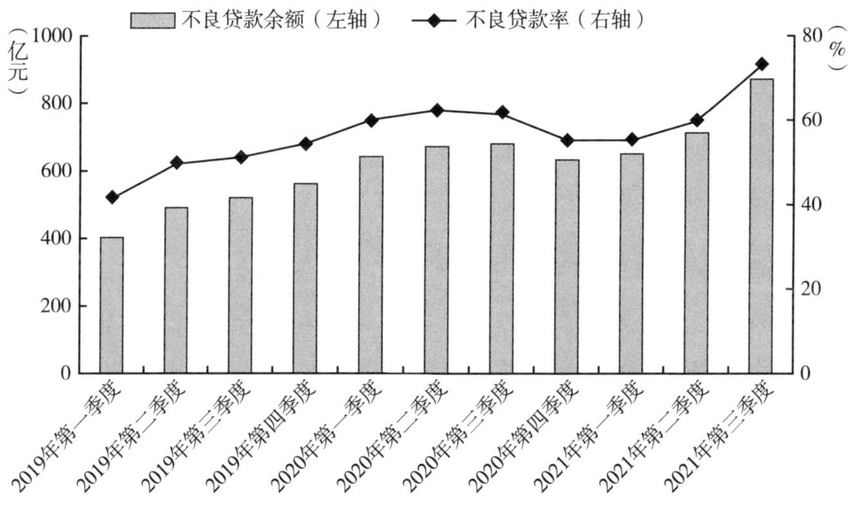

图7　北京市银行业金融机构不良贷款余额及不良贷款率

资料来源：中国银行保险监督管理委员会网站。

3. 2021年地方政府新增债券发行节奏前松后紧

2021 年上半年处于疫后经济复苏的高点，“稳增长”压力不大，在加强债务管控和防风险背景下专项债审批趋严，一定程度上使上半年地方债发行节奏放缓，但第四季度有所提速。全年新增专项债券840亿元，达到预算限额；新增一般债券170.1亿元，超过预算限额12.1亿元。而地方再融资债券发行明显偏快，2021年前三季度北京市发行再融资债券540.2亿元，已超过拟发行再融资债券额度（374.5亿元），全年发行再融资债券2295.6亿元，远超拟发行额度。再融资债券更加灵活且具备一定的可调整性，主要用于偿还当年到期地方政府债券本金，有助于缓解当期偿债压力。

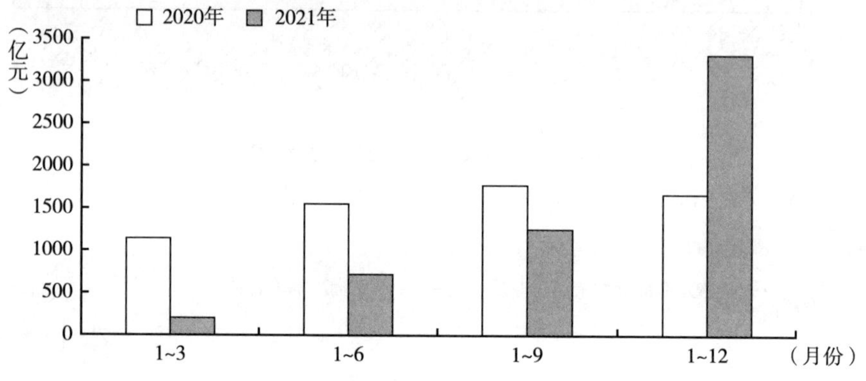

图8　2021年北京市地方债发行情况

资料来源：北京市财政局网站。

4. 绿色金融发展与碳达峰、碳中和需求相比差距较大

近年来，北京市绿色金融发展迅速，截至2021年6月末，辖区内主要中资银行绿色信贷余额1.3万亿元，同比增长9.8%。但相较于碳达峰、碳中和目标下的巨大需求而言，绿色金融发展仍任重道远。根据国家发改委价格监测中心的预测，我国要2030年实现碳达峰，每年需要资金3.1万亿~3.6万亿元，若要2060年前实现碳中和，需要在新能源发电、先进储能和绿色零碳建筑等领域新增投资至少139万亿元。

初步判断，金融业高质量发展以及支撑经济持续增长面临挑战，受国家政策和监管引导，银行信贷资源将进一步向科技创新、绿色转型、中小微企业等倾斜，存贷款余额增速2022年恐仍将在相对较低水平波动。随着北交所效应的逐步显现，金融业逐步回归多年 10% 左右增长的韧性仍在，预计 2022 年将保持 7% 以上增速，拉动 GDP 增长 1.3 个百分点以上。

除此之外，科技服务、商务服务等产业也一直是北京市经济增长中较为稳定的支撑点，伴随国际科技创新中心、国际消费中心城市建设潜力不断释放，“两区”“三平台”能级不断提升，这些产业也必将与金融、信息服务一起继续发挥好经济“压舱石”的作用，支撑北京经济增速保持在合理区间。

三　锻长板、强韧性、畅循环，释放经济增长潜力空间

面对困难和挑战，要清醒认识和准确把握国内外发展趋势，在统筹冬奥筹办和疫情防控前提下，把稳增长与构建新发展格局、落实“五子”联动结合起来，既要着眼长远进行战略谋划，又要立足当前解决现实困境，在平稳运行中推动北京经济高质量发展。

一是持续提高制造业的核心竞争力，稳住制造业基本盘，支撑首都实体经济高质量发展。发挥政府引导作用，充分挖掘社会资源潜能，推动高精尖产业项目落地。扩大和增加制造业“服务包”覆盖范围和企业数量，强化对企业的精准服务。落实好国家减税降费、市场保供稳价等政策，帮助市场主体降成本、解难题。支持疫苗生产企业开展国际合作，助力疫苗企业更好发展。推进平原新城腾笼换鸟，利用腾退工业用地通过产业转移、分工协作等形式布局高端制造业。加快健全“专精特新”中小企业、“专精特新”“小巨人”企业和制造业单项冠军企业梯度培育体系、标准体系和评价机制，引导中小企业走“专精特新”之路。依托国家工业互联网创新发展战略，着力突破工业机理模型、算法、信息物理系统等关键技术和核心产品。顺应制造业服务化和产业数字化趋势，持续推动存量优势企业向数字化、智能化、绿色化方向升级，推动融合发展，提高制造业效益。加强京津冀产业对接协作，促进城市副中心与廊坊北三县联动发展，推动产业链、供应链融合。扩大产业对外交流合作，助力企业参与共建“一带一路”，推进海外新兴技术项目在京落地。

二是强化数据赋能驱动，发挥信息产业驱动倍增效应，支撑首都经济持续稳定增长。聚焦卫生健康、交通出行、文化旅游等影响市民体验的关键领域与高频场景，加快政务数据开放，增强存量企业的本地黏性。以北京国际大数据交易所建设为抓手，推动数据资产评估交易市场发育，促进数据要素在更多行业的融通应用。依托数字贸易港建设，围绕 RCEP 和 CPTPP 框架下的跨境数据流动规则，做实做细跨境数据分级分类，探索推动数据跨境流通交易。坚持监管规范和促进发展并重，完善构建平台企业应用场景所需基础设施，支持平台企业加快元宇宙应用探索，引导平台企业健康持续发展。以冬奥召开、环球影城开业等为契机，充分挖掘线上、线下消费潜力，顺应“国潮风”“新品牌”加快崛起态势，[①] 开展“国货潮牌”“中华文化”等线上展示交易销售系列活动。加快建设 5G 和千兆光网，丰富面向产业的商业应用场景。[②] 落实好集成电路和软件等重点行业及高新技术企业税收优惠政策。

三是畅通现代金融血液循环，支撑经济持续稳定增长，服务经济高质量发展。利用好北京证券交易所政策优势，加强多层次金融市场体系建设，针对北交所开市以来交易不够活跃的问题，切实拿出增加吸引、扩大、培育境内外合格投资者的务实举措，努力形成交易活跃—上市公司增加—上市融资额扩大的良性循环。充分发挥金科新区搭建的金融科技技术提供方与金融需求方对接合作的桥梁作用，推动在支付清算、绿色金融、普惠金融等方面搭建更多的金融科技应用场景，抢占金融科技制高点。鼓励商业银行、证券服务机构等，积极探索多种形式的供应链金融合作创新，将核心企业的信用价值逐步延伸并传递至链条上的客户，扩大受益企业范围，带动整个产业链发

① 《百度 2021 国潮骄傲搜索大数据》显示，“国潮”在过去十年中关注度上升 528%。根据天猫发布的 2020 年新品牌创业地图，天猫 TOP 500 的新品牌有 90 个来自上海，占比接近两成，而根据品牌星球统计，在头部 200 家新品牌中，来自上海的有 62 家，占比超过三成。

② 整体来看，在面向个人用户方面，即便 5G 已推动商用，但当前 4G 用户数量仍在增长。5G 存在“假、哑、差”等明显问题，“机”“网”“套”匹配度仍需进一步提高，即部分用户手机上有 5G 标识，却未接入 5G 网络，还有部分用户办理了 5G 套餐，但所在区域没有 5G 网络覆盖。

展。关注民营、小微等实体经济发展，加大信贷力度，统筹用好新增支小再贷款额度，推动资金尽快落地。完善绿色金融服务体系，支持绿色信贷、绿色债券、绿色保险等发展，助推我国“双碳”目标如期实现。实施投融资服务分类管理，防范有市场需求的平台企业资金链断裂。密切关注金融风险动向，尤其是受疫情影响风险可能上升的领域，持续强化风险防范意识和防控手段，牢牢守住不发生系统性金融风险底线。

参考文献

国际货币基金组织：《世界经济展望报告》，2021 年 10 月。

国际货币基金组织：《世界经济展望报告》，2022 年 1 月。

世界银行：《全球经济展望》，2022 年 1 月。

江小涓、孟丽君：《内循环为主、外循环赋能与更高水平双循环——国际经验与中国实践》，《管理世界》2021 年第 1 期。

工业和信息化部运行监测协调局：《2021 年软件和信息技术服务业统计公报》，2022 年 1 月 21 日。

中国人民银行营业管理部货币政策分析小组：《北京市金融运行报告（2021）》，2021 年 6 月 8 日。

百度、人民网研究院：《百度 2021 国潮骄傲搜索大数据》，2021 年 5 月。

B.6

科技创新引领首都高质量发展研究

邓丽姝 何 砚*

摘 要： 首都高质量发展要求实现以科技创新为核心的全面创新。随着建设国际科技创新中心进程的深入推进，科技创新已经成为引领北京高质量发展的战略引擎，发挥了一定的引领作用。新时期，以科技创新引领高质量发展，要求坚持科技自立自强、做强高精尖产业体系、推动科技创新与经济发展深度融合。要从增强自主创新能力，巩固根基；提升产业体系质量，夯实载体；营造高水平创新创业生态，打通通道；完善创新体系，夯实组织机制保障等方面，进一步优化科技创新引领北京高质量发展的战略路径和政策举措。

关键词： 科技创新 高质量发展 首都发展

高质量发展是新时代我国经济发展的基本特征，习近平总书记阐明了我国经济高质量发展的内涵、特征和着力点，强调以提高发展质量和效益为中心，显著增强我国经济质量优势。动力变革既是高质量发展的内在要求，又是实现高质量发展的根本支撑。高质量发展是创新作为第一动力的发展，创新驱动成为高质量发展的一个定义性特征。① 以更高质量的首都

* 邓丽姝，经济学博士，北京市社会科学院经济研究所副所长、副研究员，主要研究方向为产业经济、创新经济等；何砚，金融学博士，应用经济学博士后，北京市社会科学院经济研究所助理研究员，主要研究方向为首都金融。

① 编写组：《党的十九届六中全会〈决议〉学习辅导百问》，学习出版社、党建读物出版社，2021。

发展为根基，决定了首都高质量发展具有更高的政治保障和更鲜明的价值立场，创新、协调、绿色、开放、共享、安全的发展理念更加坚定，科技创新和文化创新成为鲜明特色。新时期，首都高质量发展不平衡不充分问题，突出表现在发展质量和效益还不高、创新能力不适应高质量发展要求等方面。“五子”联动为高质量发展夯实了底座，进一步来说，国际科技创新中心建设的功能定位，既凸显了高质量发展的科技创新驱动特征，又为高质量发展起到引领带动作用。首都高质量发展必须以创新为核心动力，实现以科技创新为核心，产业创新、制度创新协同推进的全面创新格局。

一　科技创新已经成为引领首都高质量发展的战略引擎

（一）为科技自立自强贡献首都力量

一是持续推进关键技术和核心产品突破，自主创新能力不断提升。2016～2020 年，北京研发经费支出占地区生产总值的比重由 5.49% 上升到 6.44%，稳居全国各省区市首位；PCT 国际专利申请量由 6651 件上升至 8283 件，年均增长 5.6%；国内发明专利有效量和万人发明专利拥有量均增长了 1 倍，年均增速达到 19%（见表 1）。以“三城一区”为引领，强化基础前沿布局，发挥新型研发机构等战略性科技力量作用，建设重大科技平台，持续攻关底层技术和关键核心技术，抢占科技制高点，取得了马约拉纳任意子、新型基因编辑技术、“天机芯”、量子直接通信样机等一批重大原创成果。基础研究和应用基础研究为技术突破夯实根基，在新一代信息技术、医药健康等重点产业领域培育原始创新优势，实现从“0 到 1”的突破，打造数字经济、医药健康等创新策源地，加速推动相关产业进入“首创”时代，每万人发明专利拥有量远远超出全国平均水平。把区块链作为核心技术自主创新的重要突破口，基于自主创新的底层技术框架和关键技术模块，构建自主可控的长安链技术体系，培育长安链创新与产业生态。

二是产业科技创新和产业技术攻关能力在全国处于领先地位，建立在创新基础上的核心竞争力初步形成。2016～2020年，科技服务研发机构研发经费支出从301.5亿元增加到509.2亿元，年均增长14%；其中从事基础研究经费支出所占比重从36.2%上升到40.5%，提高了4.3个百分点；来自企业资金占比从5.3%上升到6.7%，产业创新与科技创新的融合进一步深化（见表2）。从创新投入、创新组织、创新活动效率效益等方面来看，企业在首都创新体系中的地位和作用不断提升和增强。中关村科学城持续实施研发投入倍增计划，引导企业加大研发投入，推动形成以企业为主体的研发体系。与中关村科学城融合发展，2021年海淀区拥有国家级高新技术企业10604家，国家级专精特新企业58家，分别占全国的37%和54%，为实现科技自立自强，壮大企业创新主体。

表1　2016～2020年北京科技创新与专利情况

项目	2016年	2017年	2018年	2019年	2020年
研究与试验发展人员折合全时当量(人年)	253337	269835	267338	313986	336280
研究与试验发展经费支出(亿元)	1484.6	1579.7	1870.8	2233.6	2326.6
研究与试验发展经费支出占地区生产总值的比重(%)	5.49	5.29	5.65	6.3	6.44
PCT国际专利申请量(件)	6651	5069	6527	7165	8283
国内发明专利有效量(件)	166722	205320	241282	284288	335575
万人发明专利拥有量(件)	77	95	112	132	156

资料来源：《北京统计年鉴2021》。

表2　2016～2020年北京科技服务研发机构研发活动情况

单位：亿元，%

项目	2016年	2017年	2018年	2019年	2020年
R&D经费支出	301.5	329.1	373.0	505.2	509.2
按活动类型分内部结构					
基础研究	36.2	39.6	42.1	39.7	40.5

续表

项目	2016年	2017年	2018年	2019年	2020年
按活动类型分内部结构					
应用研究	43.5	44.5	42.3	44.1	44.8
试验发展	20.3	16.0	15.6	16.3	14.7
按资金来源分内部结构					
政府资金	86.9	88.0	85.2	87.2	86.9
企业资金	5.3	5.1	6.1	4.9	6.7
境外和其他资金	7.7	6.9	8.7	7.9	6.4

资料来源：根据《北京统计年鉴2021》相关数据计算。

（二）高精尖产业创新发展优势凸显

一是产业体系持续优化，结构效益明显。北京产业结构的创新驱动特征突出，2020年，新经济产值在北京地区生产总值中占比达到37.8%，成为支撑创新发展的主导力量；战略性新兴产业和高技术产业占比分别达到24.8%和25.6%，比2016年增加近4个百分点；生产性服务业在GDP中占比已超过50%，价值链高端发展的基础不断巩固（见表3）。工业，信息传输、软件和信息技术服务业，科学研究和技术服务业成为产业创新发展的支柱力量，2021年1~11月，大中型重点企业的研发经费支出和期末有效发明专利数中，信息传输、软件和信息技术服务业分别占到76%、57%，新产品销售收入中工业占到88%。[①] 高端创新型产品成为产业发展的重要增长极，2021年，高技术制造业增加值同比增长1.1倍，工业机器人、集成电路产量分别同比增长56.0%、21.7%。[②] 创新驱动下产业发展质量和效益明显提升，2021年1~11月，规模以上工业企业和服务业企业实现利润分别

① 北京市统计局、国家统计局北京调查总队：“月/季度数据”，http://tjj.beijing.gov.cn/tjsj_31433/yjdsj_31440/gdp_31750/2022/index.html。

② 北京市统计局、国家统计局北京调查总队：《2021年北京经济平稳恢复　高质量发展取得新成效》，2022年1月19日。

同比增长1.2倍和16.4%，收入利润率分别达到13.2%和17.3%，同比分别提高6个和0.2个百分点。①

表3　2016~2020年北京新兴产业增加值情况

单位：亿元，%

项目	2016年	2017年	2018年	2019年	2020年
地区生产总值	27041.2	29883.0	33106.0	35445.1	36102.6
新经济	9226.5	10366.0	11875.5	12850.4	13654.0
新经济占比	34.1	34.7	35.9	36.3	37.8
战略性新兴产业	5654.7	6619.8	7831.5	8441.9	8965.4
战略性新兴产业占比	20.9	22.2	23.7	23.8	24.8
高技术产业	5888.8	6834.5	7996.0	8689.4	9242.3
高技术产业占比	21.8	22.9	24.2	24.5	25.6
生产性服务业	13032.2	14549.2	16449.9	17806.1	—
生产性服务业占比	48.2	48.7	49.7	50.2	—

资料来源：根据《北京统计年鉴2021》相关数据计算。

二是高精尖产业集群创新发展优势突出。紧抓新一轮科技革命与产业变革的历史机遇，以构建高精尖经济结构和产业新体系为引擎，依靠技术创新和规模经济打造新的竞争优势，培育高精尖产业集群。完善顶层设计和配套政策，加强规划引领和项目推进，推动实现关键核心技术突破和服务模式创新，聚焦高端环节，培育核心品牌企业，建设拥有技术主导权的高精尖产业集群。高精尖产业链条完整，创新实力突出，带动产业经济实现全面技术升级和发展模式创新，形成支撑首都经济高质量发展的重要力量。“十四五”时期，北京将继续打造4~5个万亿级产业集群，力争到2025年高精尖产业占GDP比重达到30%以上。同时，积极布局未来产业。例如，精准扶持氢能产业，预计到“十四五”时期末，形成龙头企业引领、关键环节技术与应用达到国际先进水平的氢能产业链。

① 北京市统计局：《全市经济持续恢复　发展优势积蓄拓展——2021年北京经济运行情况解读》，2022年1月19日。

（三）国际科技创新中心建设形成系统布局

国际科技创新中心建设依托“三城一区”主平台和中关村自主创新示范区主阵地形成系统布局。一是“三城一区”成为创新引领高质量发展的战略高地。聚焦中关村科学城、突破怀柔科学城、搞活未来科学城、升级北京经济技术开发区，促进“三城一区”融合发展。中关村科学城围绕科技创新出发地、原始创新策源地、自主创新主阵地功能定位，优化创新服务体系，培育高精尖产业融合创新集聚区；怀柔科学城加快建设综合性国家科学中心，打造世界级原始创新承载区，培育各类创新主体协同发展的创新创业生态；未来科学城积极布局各类科技创新平台，推进创新链各环节协同联动，企业、科研院所、高校协同创新，构建开放合作的创新创业生态系统；北京经济技术开发区加强与三大科学城的创新联动发展战略合作，建立合作对接机制，共同搭建高水平建设平台，与“三城”合作不断深化。围绕主导产业承接“三城”科技成果落地转化，挂牌首批6家中关村科技成果产业化先导基地加速区，成为主要产业转化基地和高精尖产业培育主阵地。“三城一区”基于创新链和产业链内在关联，相互衔接、有效互动，成为基础设施、基础研究、应用研究、技术创新、成果转化、高精尖产业发展一体化的科技创新体系主要载体，持续协同推动创新成果转化应用和产业化发展，实现技术突破、产品研发、市场模式、产业发展深度融合，经济总量占全市比重已超过30%。

二是中关村自主创新示范区创新发展优势凸显。中关村示范区聚焦电子信息、生物工程和新医药、新材料等高精尖产业，加大研发力度，创新发展效率和效益不断提升。2020年，中关村示范区实现总收入72276.4亿元，其中技术收入占比达到22.2%，比2016年提高了5.7个百分点；利润率达到8.8%，实现持续稳定增长；期末有效发明专利数、当年专利授权数分别是2016年的2.3倍和2倍，增速显著（见表4）。疫情期间，中关村示范区更加注重创新发展，创新主阵地功能更加突出。2021年1～11月，规模（限额）以上企业研发费用同比增长33.6%，总收入同比增长

22.5%；前三季度，中关村示范区规模以上法人单位达到8751家，实现收入59424.9亿元，分别占北京六大高端产业功能区总数的62%和72%。①

表4 2016～2020年中关村示范区创新活动与企业发展情况

项目	2016年	2017年	2018年	2019年	2020年
总收入(亿元)	46047.6	53025.8	58830.9	66422.2	72276.4
技术收入(亿元)	7580.4	9369.6	11174.3	13450.8	16027.4
技术收入占总收入比重(%)	16.5	17.7	19.0	20.3	22.2
利润率(%)	8.1	8.1	7.5	6.3	8.8
期末有效发明专利数(件)	82890	114469	141486	170772	186511
当年专利授权数(件)	37629	46046	56374	61221	74928

资料来源：根据《北京统计年鉴2021》相关数据计算。

同时，科技创新引领高质量发展的作用尚待提升，科技创新驱动发展中不平衡不充分的问题仍然突出，主要表现在科技创新与产业创新、创新链与产业链的融合对接不畅通，科技服务驱动协同创新的潜能没有充分发挥，产业链、供应链、创新链存在薄弱环节，创新型中小企业的发展后劲不足，科技成果应用与产业化转化为新兴产业引擎的动力不够等方面，这对新时期科技创新引领高质量发展的战略和路径创新提出了更高的要求。

二　科技创新引领首都经济高质量发展的定量分析

已有文献主要从创新对（区域）经济增长的乘数作用，进一步实证检验了创新对（区域）经济高质量发展的重要作用。但是，已有文献较少选择城市经济发展为研究对象，对城市层面创新能力与城市经济高质量发展的之间的耦合机制缺少相关实证研究，并且对（区域）创新能力的测度采用

① 北京市统计局、国家统计局北京调查总队："月/季度数据"，http://tjj.beijing.gov.cn/tjsj_31433/yjdsj_31440/zgcsfq_31994/2022/index.html。

主客观相结合的打分型综合评价法，这在一定程度上忽视了创新的效率。为此，本报告选取北京为研究对象，采用超效率 CCR－DEA 模型，实证检验创新对北京经济高质量发展的作用。

（一）效率视角下北京经济创新发展质量的综合评价

1. 指标选取和数据来源

（1）评价指标的选取

本研究借鉴中国城市发展研究会推出的“中国城市创新能力科学评价”和中国创新城市评价课题推出的《中国创新城市评价指标体系》，通过分析比较将创新投入、创新产出等指标纳入城市创新能力评价指标体系，具体指标有 11 个，在此基础上形成效率视角下北京创新能力评价指标体系（见表 5）。

表 5　效率视角下北京创新能力评价指标体系

单位：%

	投入—产出	指标层	具体指标
创新能力评价指标体系	创新投入指标	经济投入	全社会 R&D 投入占 GDP 比重（%）
			北京财政科技支出占地方财政支出比重（%）
			企业 R&D 经费支出占产品销售收入比重（%）
		人才资源	大专以上学历人口占 6 岁以上人口比重（%）
			知识密集型服务业就业人员占全社会就业人员比重（%）
		企业创新	开展创新活动的企业占比（%）
			企业 R&D 研究人员占企业就业人员比重（%）
	创新产出指标	创新成果	百万人口发明专利拥有量（件）
			百万人口技术市场成交额（亿元）
			百万人驰名商标拥有量（个）
			高技术产业劳动生产率（万元/人）

（2）数据的来源与处理

表 5 中指标数据均来自 2015～2020 年《中国城市统计年鉴》和《中国创新城市评价指标体系》。由于 DEA 模型目标函数为“效率比值”，数据不

再需要进行无纲量化处理。

2. 北京创新能力超效率 CCR - DEA 模型的实证结果及分析

用 DPS（Data Processing System）统计软件 16.05 求解超效率 CCR - DEA 模型，得到效率视角下样本期北京创新能力实证结果（见表 6），并且对应各年每个 DUM 均为非弱 DEA 有效。

表 6　2014～2019 年效率视角下北京创新能力评价结果（北京创新能力发展效率）

城市	2014 年	2015 年	2016 年	2017 年	2018 年	2019 年
北京	7.513	6.587	7.479	8.016	12.46	16.98

由表 6 可绘制北京创新能力发展趋势，如图 1 所示。

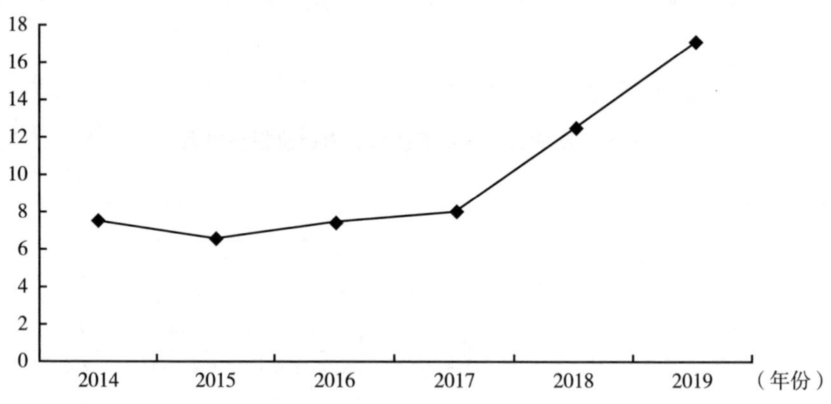

图 1　2014～2019 年北京创新能力发展趋势

（二）效率视角下北京经济高质量发展评价

1. 指标设计和数据来源

（1）评价指标设计

基于投入—产出原则，构建效率视角下北京经济高质量发展评价指标体系（见表 7）。

表 7　效率视角下北京经济高质量发展指标体系

<table>
<tr><th></th><th>投入—产出</th><th>指标层</th><th>具体指标</th></tr>
<tr><td rowspan="14">北京经济高质量发展指标体系</td><td rowspan="10">投入指标</td><td rowspan="2">生产要素投入指标</td><td>年末从业人员数</td></tr>
<tr><td>固定资产投资额</td></tr>
<tr><td rowspan="5">资源消耗指标</td><td>供水总量</td></tr>
<tr><td>全社会用电量</td></tr>
<tr><td>天然气供气总量</td></tr>
<tr><td>液化石油气供气总量</td></tr>
<tr><td>市辖区建设用地</td></tr>
<tr><td rowspan="3">生态环境损耗指标</td><td>工业废水排放量</td></tr>
<tr><td>工业二氧化硫产生量</td></tr>
<tr><td>工业烟(粉)尘排放量</td></tr>
<tr><td rowspan="4">产出指标</td><td rowspan="4">居民个体发展与福祉指标</td><td>城市人均生产总值</td></tr>
<tr><td>城市公共财政支出额</td></tr>
<tr><td>城市高等院校专任教师数</td></tr>
<tr><td>城市拥有医生数</td></tr>
</table>

（2）数据的来源与处理

表 7 中全部具体指标的数据均来自 2015～2020 年的《中国城市统计年鉴》、北京市统计公报。由于 DEA 模型目标函数为“效率比值”，数据不再进行无纲量化处理。

2. 北京经济高质量发展超效率 CCR－DEA 模型的实证结果

本报告利用 DPS（Data Processing System）统计软件 16.05 求解超效率 CCR－DEA 模型，得到效率视角下的样本期首都经济高质量发展实证结果（见表 8），并且对应各年每个 DUM 均为非弱 DEA 有效。

表 8　2014～2019 年效率视角下北京经济高质量发展评价结果（北京经济高质量发展效率）

城市	2014 年	2015 年	2016 年	2017 年	2018 年	2019 年
北京	1.211	1.498	1.502	2.005	2.253	2.288

由表 8 可绘制北京经济高质量发展趋势，如图 2 所示。

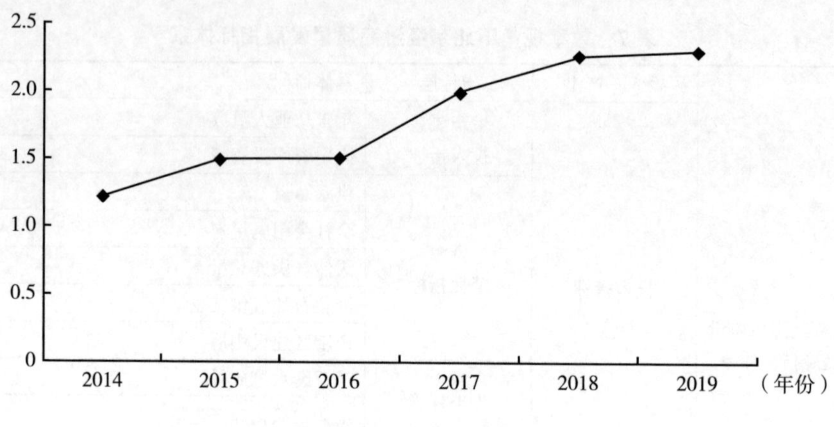

图2　北京经济高质量发展趋势

（三）科技创新与首都经济高质量发展协整关系的实证检验

通过构建协整方程实证研究科技创新的波动如何长期影响北京经济高质量发展。

1. 变量的选取与数据来源

（1）变量的选取

为使协整方程更能捕捉科技创新与北京经济高质量发展之间的长期协整关系，本报告引入北京金融业增加值和北京规模以上工业增加值作为控制变量。

表9　变量的含义和符号

变量名称	北京经济高质量发展效率	创新能力效率	北京金融业增加值	北京规模以上工业增加值
变量类型	被解释变量	解释变量	控制变量	控制变量
变量符号	ED	INN	FI	IND

（2）数据来源

北京经济高质量发展效率和创新能力效率由前文计算而来，北京金融业增加值和北京规模以上工业增加值数据来自历年北京统计公报。

2. 科技创新与北京经济高质量发展协整方程的构建

（1）协整关系的检验

4 个时间序列变量即 ED、INN、FI 和 IND 的 ADF 值均大于其 10% 置信水平下的 ADF 检验临界值，而一阶差分值的 ADF 值均小于其 1% 置信水平下的 ADF 检验临界值，所以能够确定这 4 个时间序列变量都是单整过程，即 I（0），为原序列平稳，可以进行 Johansen 协整关系检验，结果如表 10 所示。

表 10　4 个时间序列变量的 Johansen 协整检验结果

假设的协整方程数	特征值	迹统计量	5% 的临界值	P 值
None *	0.475161	60.03120	47.85613	0.0024
At most 1 *	0.262400	30.37667	29.79707	0.0428
At most 2 *	0.227234	16.37638	15.49471	0.0368
At most 3 *	0.093559	4.518548	3.841466	0.0335

由表 10 可知，ED、INN、FI 和 IND 之间至少存在 3 个协整关系，据此可以建立表明变量之间存在长期均衡的协整关系方程。

（2）科技创新与北京经济高质量发展的协整回归方程

ED、INN、FI 和 IND 四者之间的长期协整稳定关系为：

$$ED = 0.05053^{***} INN + 0.027^{**} FI + 0.0077^{***} IND - 53.69^{***} \quad (1)$$

$$(-2.895) \qquad (-1.953) \quad (3.01) \qquad (2.963)$$

$\bar{R}^2 = 0.534$，F = 14.19，DW = 1.912，AIC = 3.781，SC = 3.977，其中“***”“**”“*”分别表示在 1%、5%、10% 统计量水平下显著，括号内数字代表回归系数的 t 统计量。

观察式（1）能够发现：创新能力效率、北京金融业增加值、北京规模以上工业增加值的协整回归方程系数为正。

通过构建科技创新与北京经济高质量发展的协整回归方程进行计量分析，其中，科技创新和北京经济高质量基于投入—产出的效率视角采用超效率 CCR - DEA 模型予以度量，实证分析结果表明，创新能力效率能够推动北京经济高质量发展效率的提升。

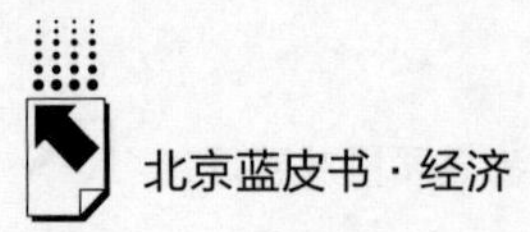

三　科技创新引领首都高质量发展的总体要求

（一）坚持科技自立自强

国际科技创新中心的功能和地位使北京成为引领我国实现科技自立自强的关键力量，科技自立自强增强了北京高质量发展的创新动力。高质量发展首先要建立在安全基础上，是发展与安全的有机统一。实现高质量发展，要求提高抵御各种冲击的能力和韧性，有效防范化解各类重大风险，推动经济行稳致远。[①] 当前因为存在诸多“卡脖子”问题，科技自立自强成为决定我国生存和发展的基础能力。[②] 科技创新中心建设与高质量发展相辅相成，以国际科技创新中心为重要依托，充分发挥北京在科技创新、原始创新、自主创新上的优势，为实现更高水平、更加安全的高质量发展夯实了根基。高质量发展与具有国际竞争力的创新能级相匹配，形成具有更强创新力的首都特色。

同时，科技自立自强是北京率先融入新发展格局、辐射带动全国实现高质量发展的关键。科技创新在畅通国内大循环、塑造在国际大循环中的主动地位上发挥着关键作用。[③] 新发展阶段，首都发展只有充分实现科技自立自强，整合发展“三城一区”主平台，充分发挥中关村国家自主创新示范区主阵地作用，加强京津冀协同创新共同体建设，加强与科技创新中心的科技合作与协同，才能率先融入新发展格局，辐射带动全国实现建立在科技自立自强基础上的高质量发展。

---

① 编写组：《〈中共中央关于制定国民经济和社会发展第十四个五年规划和二〇三五年远景目标的建议〉辅导读本》，人民出版社，2020。

② 习近平：《把握新发展阶段，贯彻新发展理念，构建新发展格局》，《求是》2021 年第 9 期。

③ 编写组：《〈中共中央关于制定国民经济和社会发展第十四个五年规划和二〇三五年远景目标的建议〉辅导读本》，人民出版社，2020。

（二）做强高精尖产业体系

科技创新引领高质量发展，要通过科技成果产业化与产业体系的建设来实现，创新驱动的高精尖产业体系成为高质量发展的主要载体。实现高质量发展的质量变革、效率变革、动力变革，与创新型高精尖产业体系建设和产业结构优化升级具有内在统一性。只有培育创新驱动的产业结构和产业体系，高效率、效益的高精尖产业发展成为主导产业，并与其他产业实现融合互动，形成协同创新合力，才能推动经济体系实现好的质量、结构、效益。在实现创新驱动发展过程中，培育更多依靠技术、人才、数据等创新要素的新动能，提高投入产出效率，促进全要素生产率不断提高，有效提升供给质量，增强经济增长的内生动力。在以创新型产业体系为主体的现代化经济体系基础上，以《北京市“十四五”时期高精尖产业发展规划》实施为契机，积极推进一系列战略部署，有效支撑高质量发展。实现实体经济、科技创新、现代金融、人力资源协同发展，推动科技创新赋能产业发展，提升科技创新贡献率；提升产业链、供应链现代化水平，实施产业基础再造工程，打造新兴产业链，锻造长板，补齐短板；发展战略性新兴产业集群，以智能制造为突破口带动先进制造业集群发展，培育新优势；建设融合创新型产业体系，推动生产性服务业向价值链高端升级，实现现代服务业主导的产业融合；加快数字产业化与产业数字化发展，推动以互联网、大数据、人工智能、区块链等为代表的数字技术同实体经济深度融合。切实打造以新一代信息技术产业、医药健康产业为支柱，集成电路等“北京智造”产业、科技服务业等“北京服务”产业为主导，未来前沿产业有机结合的高精尖产业体系，为高质量发展夯实基础。

（三）推动科技创新与经济发展深度融合

在科技自立自强的支撑下，只有科技与经济实现深度融合，才能将创新动力转化为高质量发展的现实能力，将创新动力导入经济高质量发展实践。在新一轮科技革命和产业变革条件下，创新源头转移到科学研究领域，科学发现迅速转化为新技术，科技创新与产业应用几乎是同步进行，基础研究只有进入创新体系并与新技术的孵化相融合产生原创性、颠覆性技术，才能真正实现其价值。[①] 习近平总书记强调，始终将科技和经济紧密结合、推动科技成果向现实生产力转化作为实施创新驱动发展战略最紧迫的问题。[②] 科技创新引领下高质量经济的根本特质就在于实现科技与经济的深度融合。北京以促进各类创新主体、创新要素、创新环节融合互动、协同创新为切入点，加强科技创新统筹协调，建设具有较强辐射引领作用的创新体系，实现科技创新与经济产业融合互促。加强先行先试科技体制机制改革，消除科技向经济产业转移转化的障碍，加强创新成果市场化应用与产业化实现的制度保障；充分发挥企业作为“科技和经济紧密结合的重要力量”的作用，健全各类创新主体创新环节融合创新、协同创新的市场机制，形成产学研、产业链上中下游、大中小企业融通创新良好格局；加强科技经济融合的组织机制保障，推动科技服务业发展，完善创新服务体系，围绕创新链与产业链融合互动贯通科技创新服务链，夯实各创新主体、创新环节、创新领域有机整合和协同共生的制度基础。

四 科技创新引领首都高质量发展的战略路径

（一）增强自主创新能力，巩固科技创新引领首都高质量发展的根基

一是加强国家战略科技力量的体系化布局。依托“三城一区”主平台和中关村国家自主创新示范区，加强布局国家重点实验室，推进国家重点实验室体系重组。加快怀柔综合性国家科学中心的战略科技力量布局，以重大科技任务攻关为主线，推动建设跨学科、跨领域、跨主体的协同创新网络。加强新型研发机构建设，持续推动量子信息、脑科学、人工智能、区块链等

① 洪银兴：《科技创新阶段及其创新价值链分析》，《经济学家》2017年第4期。

② 中共中央文献研究室：《习近平关于社会主义经济建设论述摘编》，中央文献出版社，2017。

领域新型研发机构发展，面向未来产业领域新建一批新型研发机构，打造科技创新体制机制优势，实现前沿科技创新和未来产业培育有机融合。围绕高精尖产业领域，支持领军企业充分发挥龙头带动和资源整合作用，与各类创新主体和上下游企业协同创新，联合承担重大科技项目，共同推动重大科技创新，推动科技领军企业成为国家战略科技力量的主导性创新主体。

二是完善社会主义市场经济条件下关键核心技术攻关的新型举国体制。加强战略科技力量的体系化布局与协同创新攻关，为关键核心技术突破提供源头创新供给。在信息技术、生命健康、智能制造等重点领域，围绕基础研究、应用研究、成果转化、高精尖产业全链条，探索大纵深、跨领域、跨学科的研发模式，重构组织模式和治理机制，强化关键核心技术攻关。聚焦主导产业细分产业链，制定关键核心领域技术路线图，明确基于问题导向和需求驱动的产业创新图谱，支持新型研发机构、高校、科研院所、科技领军企业开展协同创新和联合攻关，加快底层技术和通用技术突破。

三是畅通创新价值链关键环节。促进科技基础设施与区域战略性新兴产业创新发展形成有效对接和互动，加强科技设施对新兴产业发展的辐射带动和技术扩散作用。在物质、材料、生命科学等前沿领域，围绕重大科技基础设施加快突破关键核心技术，构建相关技术标准，建设中试基地、产业化促进中心及控股公司，促进原创科技成果本地转移转化和产业化。加强怀柔综合性国家科学中心科技成果转化服务体系建设，聚焦“源头创新—技术开发—成果转化—创新创业—新兴产业”的创新链条，建设科技成果转化服务体系，完善专业科技服务和技术转移机构网络，加强创新服务支撑，打通从基础研究到产业创新的通道。

（二）提升产业体系质量，夯实科技创新引领首都高质量发展的载体

一是做优创新驱动、协同发展的产业体系。培育具有核心竞争力的“高精尖”企业集群，发展壮大一批具有全球影响力的原创成果的创新型领军企业，以平台经济模式推动龙头企业发挥辐射带动作用，主导形成产业创

新生态圈，带动培育一批创新型中小微企业。持续推动现代制造业转型升级，以智能制造为主攻方向，促进制造业构建服务融合型产业链和产业体系，以服务输出带动产业协同发展，实现产业模式和企业形态优化，提升产业辐射能级。加强服务创新，推进服务业的数字化、网络化、智能化转型，以高精尖经济增长点带动服务业向价值链高端升级，促进服务业高质量发展。

二是提升北京产业链、供应链现代化水平。促进创新链与产业链供应链融合对接，补齐产业链、供应链短板。聚焦受制于人的集成电路、关键软件、重大装备、关键新材料等领域，增强关键技术、关键环节、关键产品的保障能力，在产业链、供应链关键环节实现创新突破与自主可控。打造战略性新兴产业集群，锻造产业链、供应链长板。进一步优化战略性新兴产业集群生态，聚焦新一代信息技术产业等重点领域，提升集群创新引领力和集聚发展能力。培育企业集群，优化产业链、供应链治理结构。加强产业生态主导企业培育，推动领军企业通过前沿性技术创新和系统集成创新成为“链主”，带动形成根植于区域的“高精尖”产业链、供应链集群。培育产业链“专精特新”企业，鼓励企业聚焦基础零部件、关键材料等产业基础领域和关键环节，实现专业化发展，推动“专精特新”企业成长为产业链上游的“隐形冠军”，掌握产业链关键环节的主动权。

（三）营造高水平创新创业生态，打通科技创新引领首都高质量发展的通道

一是完善科技服务业体系。围绕基础研究、应用研究、试验发展、产业培育各创新链环节，推动各类创新主体形成研发服务体系，加强关键核心技术突破和产业共性技术研发。健全技术转移服务链条，培育专业化市场化技术转移机构，承担技术转移和创新企业孵化、投资功能，[①] 开展涵盖项目发

① 秦斐、温珂：《构建有效的高校创新创业生态系统——制度安排与动力机制》，《科学学研究》2018 年第 4 期。

现、风险投资、技术评估、企业孵化等环节的全方位服务。完善创业孵化服务，加强专业孵化器和众创空间等服务机构建设，推动“众创空间—孵化器—加速器—企业培育”协同对接，优化“技术孵化—项目孵化—企业孵化—产业孵化”链条。

二是优化产业创新生态。加强产业融合创新，建设涵盖操作系统、关键核心零部件、整机和应用服务的创新生态，提升软硬件、前后端、上下游的协同创新能力。面向“三城一区”和“两区”建设、城市副中心建设、京津冀协同发展、智慧城市建设等战略部署，深度拓展新技术、新产业、新业态、新模式的应用场景，为创新型企业发展营造高效协同的专业应用生态。重点围绕“人工智能+”“区块链+”“互联网+”等“智能+”的示范应用，在金融、制造等领域打造一批深度应用场景，形成数字技术应用典型案例，支持数字化智能化产品和解决方案的研发和产业化。积极对接央企应用场景需求，凝练一批具有较强示范带动作用的重大应用场景，实施高级别自动驾驶示范、跨体系数字医疗、智能制造等全方位立体化重大场景项目，促进应用场景示范和标杆企业培育相得益彰。

（四）完善创新体系，夯实科技创新引领首都高质量发展的组织机制保障

一是提升企业创新主体地位和创新能力。引导企业加大应用基础研究和技术创新投入，促进企业成为重大产业创新的决策者、组织者、投资者，融会贯通应用基础研究、关键核心技术研发、产品创新、科技成果转移转化。加强对行业龙头企业的创新服务，精准施策，增强龙头企业创新能力和带动力，培育具有产业链、创新链带动作用的“链主”企业。优化中小创新企业的创新创业环境，培育孵化产业独角兽企业的生态链，支持中小企业加强颠覆性创新和商业模式创新，培育“专精特新”企业，促进其成长为掌握产业链创新关键核心环节的“隐形冠军”企业。

二是健全产业创新组织机制。完善高精尖产业领域关键共性技术创新组织机制和模式，培育多层次、跨领域的政产学研用协同创新体系。以中关村

先行先试改革为牵引，持续深化科技体制机制改革，以科技体制机制改革引领全面创新改革，优化产业创新治理，为创新成果行业应用和高效率转化加强组织机制保障。优化新兴产业发展的制度机制与环境，完善政策支持、要素投入、激励保障、服务监管、应用牵引等长效机制，促进各类政策协调配合，形成与产业链、创新链有机融合的政策体系。

参考文献

编写组：《党的十九届六中全会〈决议〉学习辅导百问》，学习出版社、党建读物出版社，2021。

编写组：《〈中共中央关于制定国民经济和社会发展第十四个五年规划和二〇三五年远景目标的建议〉辅导读本》，人民出版社，2020。

习近平：《把握新发展阶段，贯彻新发展理念，构建新发展格局》，《求是》2021 年第 9 期。

洪银兴：《科技创新阶段及其创新价值链分析》，《经济学家》2017 年第 4 期。

中共中央文献研究室：《习近平关于社会主义经济建设论述摘编》，中央文献出版社，2017。

秦斐、温珂：《构建有效的高校创新创业生态系统——制度安排与动力机制》，《科学学研究》2018 年第 4 期。

张军扩等：《高质量发展的目标要求和战略路径》，《管理世界》2019 年第 7 期。

文魁：《创新驱动　塑造现代化新优势》，《前线》2021 年第 1 期。

张杰：《首都高质量发展改革的突破口》，《前线》2020 年第 10 期。

章文光等：《融合创新及其对中国创新驱动发展的意义》，《管理世界》2016 年第 6 期。

中共中央文献研究室：《习近平关于科技创新论述摘编》，中央文献出版社，2015。

战略分析篇

Strategic Analysis

B.7

国际消费中心城市背景下王府井商业步行街转型升级研究*

杨 松**

摘 要： 商业步行街是以城市街区为依托、以步行系统为优先交通系统、商业和服务设施高度聚集高度发达的城市品质商业活动空间。王府井商业步行街历经五次升级改造，但仍存在商业业态结构不够合理，购物业态占比仍然较大；核心竞争力不强，销售额占比不高；产权关系复杂，统筹机制还不完善；历史文化资源挖掘利用不够，文商旅融合度不高等问题。推动王府井商业步行街转型升级，需要科学制定王府井商业步行街整体规划，明确新时代发展的新思路；进一步调整和优化商业业态结构，提高商业街区的核心竞争力；扩大消费场景供给，不断创

* 本报告为2021年11月北京市社会科学院承担的市领导交办重点调研任务的阶段性成果，在实地调研和报告撰写过程中得到王府井地区管理委员会和课题组的大力协助，谨致谢忱。

** 杨松，北京市社会科学院经济研究所所长、研究员，主要研究方向为首都经济、城市经济、贸易经济等。

造和满足消费新需求；彰显历史资源和人文特色，推动文商旅有机融合。

关键词： 国际消费中心城市　商业步行街　商业业态　北京

推动商业步行街转型升级，是近年来党中央、国务院着眼于新时代我国经济高质量发展、构建国内国际双循环发展新格局、形成强大国内市场、实施消费升级的战略部署，是一项具有“小切口、大成效”作用和特点的重要工作。2018 年，中共中央、国务院印发《关于完善促进消费体制机制进一步激发居民消费潜力的若干意见》，要求“通过改造提升推动形成一批高品位步行街，促进商圈建设与繁荣”。2019 年 12 月，国务院常务会议专题部署推进步行街改造提升工作，提出要在一些城市开展试点的基础上，合理有序地推进步行街改造提升，促进形成一批人气旺、特色强、有文化底蕴的步行街。王府井商业步行街在首都乃至全国具有重要的影响和示范作用，因此，推动王府井商业步行街转型升级和高质量发展、更好地发挥王府井商业步行街在建设国际消费中心城市中的引领作用，尤为迫切。

一　文献综述及商业步行街定义

（一）文献综述

近年来，我国各地商业步行街如火如荼的发展态势引起了理论界的广泛关注，形成了一些重要的研究成果。国内理论界对商业步行街的研究大体上可以分为五个方面。一是关于商业步行街的起源、设置、发展目标及其对经济社会发展的作用等方面的研究。甄明霞认为现代商业步行街起源于西方 20 世纪五六十年代，并将现代商业步行街发展目标界定为功能目标、商业目标和环境目标三个方面。[①] 陈丽芬也认为，商业步行街源于欧洲，为复兴中心城区商业、改善中心区交通环境而建立“无车辆交通区”（Traffic Free Zone），商业步行街应运而生。[②] 芮晶较早地从规划角度对王府井步行街设置、建设进行了研究，强调要从交通环境、空间环境和历史与文化环境重塑角度对王府井商业大街进行规划，并明确提出“将王府井大街开辟为中心商业区步行主轴”。[③] 二是从商业业态视角对商业步行街转型升级进行分析。赖阳、韩凝春认为步行街改造提升“重在业态升级”。“步行街业态发展应着眼于餐饮、娱乐、购物等业态体系的整体优化，形成业态类型比例适度、品牌特色鲜明、大中小微店铺配比适度的结构”。[④] 李欣等运用空间句法理论，对商业街区的业态分布与空间匹配性进行了分析，解释了商业步行街的空间形态设计对商业业态分布的影响。[⑤] 廖文睿强调商业步行街改造提升的三点核心策略，即避免同质化、保证连续性和体现专业度。[⑥] 三是对商业步行街空间形态物理要素的分析与研究。孙烨、陆伟、孙佩锦系统地梳理了国内外相关文献，将商业步行街空间形态物理要素划分为基本物理要素（长度、宽度、高度）、空间比例关系（宽高比、街道网络宽高关系、面宽比）和空间界面（界面密度、贴线率、近线率、界面透明度与开敞度）等几种要素类型，强调要注意空间形态对消费者心理和消费行为的影响。[⑦] 林宏晓、孙晖对商业步行街广场空间设计、交通空间设计、景观空间设计、侧界面空间设计、底界面空间设计、创意景观空间设计等进行了分析和研究，分

---

① 甄明霞：《商业步行街设置刍议》，《上海经济》2001 年第 3 期。

② 陈丽芬：《国际著名步行街的建设经验》，《时代经贸》2018 年第 31 期。

③ 芮晶：《城市商业中心环境塑造初议——以王府井商业中心改建规划为例》，《城市规划》1998 年第 4 期。

④ 赖阳、韩凝春：《云消费时代城市步行街改造提升的新思路》，《时代经贸》2021 年第 8 期。

⑤ 李欣、张沛琪、陈婧慧、周林：《商业步行街区的业态分布与匹配性研究》，《建筑与文化》2018 年第 8 期。

⑥ 廖文睿：《城市改造更新背景下商业步行街改造提升对策研究》，《中国经贸导刊（中）》2019 年第 11 期。

⑦ 孙烨、陆伟、孙佩锦：《商业步行街区空间形态量化研究综述》，《城市建筑》2021 年 11 月。

析了各空间设计的主要构成要素。[①] 李婧比较了王府井步行街与天津市和平路的空间构成要素，强调网状的步行系统对步行街的重要性。[②] 四是从历史文化保护与传承视角对步行街进行研究。朱蕾认为，古往今来的步行街大多是以经济为导向，往往忽略了商业步行街的历史文化与建筑保护，要通过文化的塑造、城市历史脉络的延续和城市文化遗产的保护与复兴来实现文化空间的重塑，文化与历史才是商业步行街的灵魂与核心。[③] 张芳、吕秋菊强调我国商业步行街改造思路之一便是商旅文跨界融合发展，“以商业为引擎、以旅游为载体、以文化为灵魂，提高商业步行街全产业链的生存能力和竞争能力”。[④] 五是对国外商业步行街的经验总结和借鉴研究。王岩等对日本步行街特征和基本经验进行了总结，强调我国步行街发展应在加强统一规划管理的基础上，提升服务水平，优化步行街消费环境，凸显文化特色，差异化发展，推动步行街业态创新，逐步将步行街打造成为促进形成强大国内市场的有效载体。[⑤] 丁绍莲对欧美商业步行街的发展演变轨迹进行了研究，揭示了欧美步行街背后的社会文化机制、经济机制、政治机制及技术机制，强调在借鉴欧美步行街经验的同时，寻求我国商业步行街发展的本土化模式。[⑥]

（二）商业步行街定义

由于商业步行街的投资、建设和运营主体多元复杂，关于商业步行街的定义，一直存在不同的说法和争议。比如，胡兆量认为，步行街经历了漫长的发展过程，人们对它的认识也经历了从“商业街”到“综合街”再到“文化街”的认识过程。[⑦] 张美轮认为，城市商业步行街主要以户外街区形

---

① 林宏晓、孙晖：《城市商业步行街的空间设计》，《建筑经济》2020 年第 44 期。
② 李婧：《商业步行街建设的演进与发展》，《山西建筑》2005 年第 16 期。
③ 朱蕾：《基于历史建筑保护的商业步行街提升改造研究》，《居舍》2021 年第 17 期。
④ 张芳、吕秋菊：《商旅文跨界融合视角下商业步行街改造提升路径分析》，《商业经济研究》2020 年第 16 期。
⑤ 王岩、董超、路红艳：《日本步行街发展经验及其对中国的启示》，《国际贸易》2019 年第 12 期。
⑥ 丁绍莲：《欧美商业步行街发展演变轨迹及启示》，《城市问题》2007 年第 3 期。
⑦ 胡兆量：《步行街的演变及建设原则》，《城市问题》2019 年第 3 期。

式为载体，以步行系统为优先交通系统，一般由步行距离内的多个商业项目及沿街连续的街铺共同组成。商业步行街可分为地标类、传统类和新兴类三大类。地标类位于城市核心地标区域，是经过交通管制或改造形成的商业步行街区；传统类位于城市传统商圈区域，是人车不分流但以步行交通优先的商业街区；新兴类位于城市更新区或新城区，是按人车分流的原则全新设计的商业步行街区。[①] 鲁睿等认为，商业步行街是指城市中以服务业和零售业为主体、商业活动集中在一定地区的步行街。[②]

2020 年 11 月 26 日，中国城市商业网点建设管理联合会发布了我国商业步行街第一个团体标准《商业街分类指导规范》（T/CUCO 2-2020），将商业街和步行街分列定义，商业街（commercial street）是指“能够满足人们对商业的综合性或专业性消费需求，商业及服务设施高度集聚，以街道建筑形态为主体并可适度延展，统一运营管理，具有较高知名度或特色化的商业活动空间”。步行街（walking street）是指“在能负担相应停车量的条件下，地上仅允许步行，禁止或限制车辆通行的城市品质商业活动空间，是商业街充分体现步行者优先的一种形态”。该团体标准将商业街划分为综合型商业街、专业型商业街、融合型商业街、智慧型商业街、国际型商业街和乡土型商业街 6 种类型，并强调“实施名街、名店、名品三名战略，打造历史有根、文化有脉、商业有魂、经营有道、品牌有名”的“五有”商业街。[③]

2021 年 8 月，商务部发布《步行街高质量发展工作指引（征求意见稿)》，将我国商业步行街划分为综合型步行街和特色型步行街两种。综合型步行街，是指商业属性突出，经营业态包括购物餐饮、休闲娱乐、文化体验等多个方面，品牌种类丰富，能够满足多样性消费需求的街区。特色型步行街，是指传统文化、地域特色鲜明，经营业态专业化、集聚度较高，商旅

① 张美轮：《城市商业步行街改造升级分析》，《安徽建筑》2021 年第 6 期。

② 鲁睿、耿华雄、李致、胡一可：《投影遮挡分析优化公共坐具布局研究——以北京王府井步行街为例》，《中国园林》2021 年第 11 期。

③ 中国城市商业网点建设管理联合会：《商业街分类指导规范》（T/CUCO 2-2020)》。

文融合程度高，以满足休闲体验类消费需求为主的街区。①

综合《商业街分类指导规范》（T/CUCO 2-2020）和商务部《步行街高质量发展工作指引（征求意见稿）》等规范性文件精神及业内专家主流观点，笔者认为，商业步行街是以城市街区为依托、以步行系统为优先交通系统、商业和服务设施高度聚集高度发达的城市品质商业活动空间。

二　王府井商业步行街升级改造历程及经验总结

目前，王府井商业步行街四至范围为南起长安街、北至五四大街，全长1818米，其中，东单三条至灯市口大街段长892米为现状步行街（含2019年北延344米）。改革开放以来，为不断适应新的经济形势变化和消费升级的需要，王府井步行街先后历经五次改造升级，现已形成集购物、商务、餐饮、文化、娱乐、旅游、休闲于一体，以步行街为核心、“金十字”为骨干、辐射1.66平方公里的街区式发展格局，是北京的一张“金名片”，享有“金街”美誉。

第一次升级改造：始于20世纪90年代初期，1999年9月11日竣工开街。1993年老东安市场拆除，京港合资建设新东安市场，拉开第一次升级改造序幕。此后，东方广场、工美大厦、利生体育用品等一批新商业建筑和设施建成并投入使用。这次升级改造的突出亮点：一是着重于王府井商业大街市政管线等基础设施、园林绿化、灯光照明、街道设施、商业设施的建设，使得王府井商业大街面貌焕然一新；二是率先在全国探索把王府井商业街区作为一个整体进行统一规划、统一建设和统一运营管理，1992年建立了北京王府井地区建设管理办公室，推动了全国第一轮商业街区升级改造工作；三是整体提升了王府井商业街在首都流通和消费格局中的地位，王府井商业街区被纳入市级商业中心，成为首都商业的重要组成部分；四是在全国率先建成了仅有公交车通行的半步行街，王府井商业步行街形成雏形。

① 商务部：《步行街高质量发展工作指引（征求意见稿）》，2021年8月。

第二次升级改造：始于2000年初，当年9月11日竣工完成。本次升级改造主要是推动王府井大街向北拓展，实现与朝阳门大街市政联结，修建西辅路，对大阮府胡同进行改造，使王府井大街西侧市政管线铺设到位；打通金宝大街，使得东部地区条件得到改善。第二次升级改造时间虽短，但成效显著，主要是形成了北延、西进、东扩的“金十字”框架，在金鱼胡同口以南首次建成了没有公交车通行的真正的商业步行街。

第三次升级改造：2001～2008年实施了第三次升级改造。2001年制定了《王府井商业街三期整治工程规划》，三期整治规划方案提出要打通和拓宽王府井西街、校尉胡同，建立交通引导系统，缓解步行街设立以来不断增长的交通压力；同时，以中国美术馆、金帆音乐厅、人民艺术剧院、商务印书馆、中华书局等节点的环境整治为依托，突出文化功能，促进王府井商业街的升级。[①] 2006年，为筹办北京奥运会，对王府井步行街秩序进行了一系列整顿工作。

第四次升级改造：2009年启动第四次升级改造，主要内容是实施“王府井升级战略”，即全面促进王府井商业街区硬件设施、管理水平、结构调整、经营理念、经营者素质、信息化程度等的提升，最终把王府井建设成为聚集国内外著名品牌，功能齐全，业态丰富，集购物、旅游、休闲、餐饮、文化、娱乐于一体，体现现代文明、彰显传统文化、富有时尚魅力的国际大都市知名商业街区。[②] 改造升级的重点是通过新增项目，实现王府井商业街区规模控制、结构调整、质量优化和效益提升。本轮升级改造的亮点是，建成以澳门中心为代表的王府井第二商业集群和一批重点项目，拓宽了王府井商业街区空间规模。

第五次升级改造：2016年以来实施第五次升级改造。2018年6月，王府井商业步行街被纳入全国商业步行街改造试点名单，主要内容是顺应首

① 郭婧、林泷嵚、吴克捷：《王府井地区发展规划与实施历程回顾》，http：//news. sohu. com/a/509291725_ 121123713，2021年12月17日。

② 张旭：《王府井升级“中国商业第一金街”的华丽转身》，《经济参考报》2007年10月29日。

都城市功能转型发展的要求，落实核心区功能定位，坚持城市更新理念，积极探索“减量发展”背景下传统商业街区转型升级的新模式和新路径。在强化政府引导、不断提升服务效能的同时，更加注重调动市场主体的积极性，着力构建多元参与、共建共享的发展格局，实现街区品质的明显提升。2020 年 8 月，中央对核心区控规的批复中，提出了王府井要成为展示“新时代首都改革开放成果的窗口”的要求。北京市在推动“两区”建设方案中，提出王府井要积极探索打造国际化消费区域的目标任务。本轮升级改造的亮点是，先后编制形成了街区控制性详细规划和业态规划、交通规划、景观规划，以及广告牌匾、夜景照明、街区 VI 等“1 + 3 + N”规划体系，制定了王府井商业步行街的总体定位、功能定位、空间布局和发展战略。

王府井商业步行街的五次升级改造历程，深刻反映了我国对商业步行街发展规律的探索和认识不断深化，集中表现在：一是对商业步行街整体把握从重视基础设施等硬件投入转向更加重视购物环境和人文关怀体验。前三次升级改造主要是集中于街区市政和商业基础设施，补齐历史欠账。后两次升级改造主要集中于商业街区环境营造、服务品质提升等。二是从单纯重视步行街本身的发展转向基于核心区功能和城市总体规划来审视王府井步行街的功能定位和发展战略。三是对发展目标的定位从国内一流商街转向对标国际打造国际化的消费区域，进一步强化了王府井商业步行街在建设国际消费中心城市中的引领地位。

三　王府井商业步行街区位优势和存在的主要问题

（一）区位优势

王府井商业步行街拥有独一无二的区位优势，突出特点如下。

一是历史悠久，资源丰富。王府井大街始建于元代，距今已有 700 多年的建成史和 100 多年的商业街史。街区内历史文化资源众多，积淀形成了“厚重多元、包容创新”的街区文化。拥有东堂、协和医院旧址等文物31处，首都剧场、中国儿童艺术剧院、王府井书店等文化设施10余处，非物质文化遗产17项，东来顺、吴裕泰、盛锡福等老字号品牌35个。

二是设施发达，开放度高。街区设施总建筑面积254.6万平方米，其中商业设施112万平方米，包括东方广场、百货大楼等大型商业设施18家（其中年销售额10亿元以上的有4家），北京饭店等五星级酒店4家，豪华型精品酒店5家，大型综合型写字楼11座。设施产权多元，外资、国有、私营产权占比分别为55%、38%、7%。

三是客流量大，商业繁荣。街区拥有企业3902家，商业品牌1615个，其中，总店、旗舰店、首店、网红特色店152家；年销售亿元以上品牌店20家。2019年，日均客流量20万人次，节假日高峰达60万人次，全年销售收入近180亿元（含酒店），形成全口径税收收入41亿元。商业设施首层平均每日租金57元/米^2，商业坪效为2.8万元。①

（二）主要问题

1. 商业业态结构不够合理，购物业态占比仍然较大

从世界著名商业步行街业态发展和业态分布情况看，普遍形成了购物、餐饮、娱乐、酒店、文化休闲等多元业态比例适度、品牌特色鲜明、大中小微店铺配比适度的商业业态结构，以百货店为代表的购物业态占比一般保持在25%～30%，最高不超过40%，另外餐饮休闲和文化娱乐业态占比一般在30%以上，金融服务占比也达到10%以上（见表1）。而王府井商业步行街业态结构不尽合理，长期以来，以百货大楼、新东安市场为代表的购物业态“一枝独大”。据一项研究，王府井商业街区70%的商业设施为购物业态，文化、休闲、娱乐业态欠缺；购物中心和传统百货业态占主导地位，两项合计占全部购物店铺面积的75%。王府井商业街区品牌

① 数据来源：北京市东城区王府井地区管理委员会。

重复率高达70%，各商业企业之间因同质化而没有形成自身特色，同业态店铺未形成差异化经营。① 经过近年来的努力调整，王府井商业街区业态结构有所变化，但购物业态仍占较大比重。据统计数据，截至2020年10月，王府井商业步行街购物业态门店数量虽然较改造前降低4.4个百分点，但购物业态占比仍高达69.5%，而文化体验和休闲娱乐业态门店占比分别仅提高1个和5.5个百分点。②

表1　世界著名商业步行街功能定位和业态类型比较

名称	功能定位	业态类型	主要品牌	历史文化
纽约 第五大道	“梦之街”、纽约最繁华的商业街区、全球商业标杆、美国文化和品位的象征 街长约1500米	大型百货业态占比约25%，品牌专卖业态占比约30%，酒店业占比约15%，银行等金融商务业占比约13.5%，其他休闲餐饮业占比约10%，娱乐业占比约6.5%	·百货店：Bergdorf Goodman、Saks Fifth Avenue、Barneys New York ·奢侈品牌餐饮：Tiffany 餐厅、Armani ·精品店里的意大利餐厅酒店：The Plaza Hotel（五星）、Hilton（五星）、The Ritz CarLton（五星）、The langham	·地标建筑：帝国大厦、洛克菲勒中心、Trump Tower ·教堂：圣帕特里克教堂、圣托马斯教堂 ·博物馆：大都会艺术博物馆、纽约城市博物馆、所罗门·古根海姆美术馆、·犹太人博物馆等 ·公共设施：中央公园、纽约公共图书馆
巴黎香榭 丽舍大街	巴黎的标志性街道，是“世界上最美丽的大街”，典雅、浪漫、迷人、时尚是其标签 街长约1200米	百货业态占比约31%，精品专卖占比约33%，文化休闲娱乐业态占比约20%，金融与贸易等商务业态占比约11%，酒店业占比约6%	·百货店：Galeries La fayette ·米其林餐厅：Épicure（三星）、Pavillon Led oyen（三星）、L'Atelier de Joël Robuchon-Étoile（一星）	·地标建筑：凯旋门、协和广场、戴高乐广场 ·剧院：香榭丽舍剧院

① 王成荣、黄爱光等著《北京国际商贸中心建设研究》，中国经济出版社，2012，第87页。

② 数据来源：北京市东城区王府井地区管理委员会。

续表

名称	功能定位	业态类型	主要品牌	历史文化
伦敦牛津街	“时尚大熔炉”、全球大型商场密集度最高的商业街区 街长约2000米	中型以上百货业占比达41%，精品专卖业态占比31%左右，餐饮和休闲业态约占12%，文化娱乐业约占8%，金融贸易等商务服务业约占8%	·百货店：Selfridges、Debenhams、House of Fraser、Marks & Spencer ·国际大牌：Prada、Burberry、Cartier、Chanel、Hermes、Celine、Jimmy Choo ·特色餐厅：BELLA ITALIA、GOLDEN UNION、Chi Kitchen、ethos、La Tasca、Maroush、The Real Greek	沿街共13栋二级保护建筑，英伦古典建筑，其中Selfridge百货是地标建筑
东京银座	“日本最具代表性的繁华商圈”、日本现代化的标志和橱窗分段步行街 由8个街区组成，25万平方米	主力百货店、品牌专卖店和餐饮休闲娱乐业态等主要业态约各占1/3	·百货店：GINZA SIX（艺术地标）、东急Plaza银座、银座三越百货、银座和光百货、松屋银座百货、春天百货银座店	·艺术画廊：资生堂画廊、丽人社画廊、银座柳画廊、靖山画廊、装置艺术画廊、图形艺术画廊、多媒体艺术画廊、Pola艺术馆等100多家艺术画廊/展览馆 ·歌舞伎院：歌舞伎座、新桥演舞场
北京王府井商业步行街	建设大国风范和人文风采的展示窗口、国际交往和扩大开放的服务窗口、国际化高品位市民休闲目的地	以百货店为代表的购物业态占69.5%，酒店、餐饮占30%，休闲文化占10%	百货大楼、新东安市场以及以全聚德、东来顺、内联升等为代表的一批老字号	历史悠久，资源丰富，积淀形成了“厚重多元、包容创新”的街区文化

资料来源：根据陈丽芬《国际著名步行街的建设经验》（《时代经贸》2018年第31期）等相关资料整理。

2. 核心竞争力不强，销售额占比不高

从近十几年王府井商业步行街销售情况看，由于受到线上销售冲击较大，销售额呈下降趋势。2019 年，王府井商业步行街全年销售总额接近 180 亿元（含酒店业），占当年东城区社会商品零售总额的 13.6%，占当年全市社会商品零售总额的 1.19%。2020 年新冠肺炎疫情突袭而至，王府井商业步行街的销售额进一步下滑明显。如何发挥王府井商业步行街在建设国际消费中心城市中的标杆和引领作用，需要进一步加强引导。

3. 产权关系复杂，统筹机制还不完善

王府井商业步行街经营主体多元、产权较为复杂，经营较为分散，外资、国有、私营产权占比分别为 55%、38%、7%，绝大多数设施涉及多个产权主体，只有不到 5% 的产权属于东城区政府，统筹运营管理的难度较大。以 277 号院片区改造为例，片区涉及 4 家中央单位、9 家主要经营单位及百余家商户，各家在经营理念、改造方向、实施节奏方面存在巨大差异，造成运营管理低效化，也增加了步行街改造提升的综合成本。

复杂的产权关系导致产权单位层层转租，终端经营者面临的租金价格畸高，对升级改造带来较大的阻力。以丹耀大厦为例，楼宇内有 40 多家产权人，由于层层转租，场地租金价格畸高，只能吸引以小吃、旅游纪念品等为代表的“挣快钱”业态，而真正符合街区功能升级的新型消费业态却难以进入。

王府井地区管委会是东城区政府派出机构，主要职能包括：研究制定王府井地区建设、管理和发展的有关规划、规定和措施，并负责组织实施；负责协调王府井地区项目开发建设有关事宜；统筹协调相关部门开展街区运行、综合治理、服务保障等工作。从实际运行情况看，管委会的职能职权有限，面对复杂的产权主体统筹协调难度较大。

4. 历史文化资源挖掘利用不够，文商旅融合度不高

近年来，王府井在戏剧、书店等文化内容供给和公共空间文化体验方面进行了一定的探索。但街区整体的文化辨识度仍然不高，文化氛围不够浓厚，商业内容、建筑形态和街道肌理的人文体验不足，体现街区文化特色的

标识性符号不强，导致街区活力不足、体验兴趣不高。街区文化资源的保护和展示利用仍不足，文化展示和体验互动场所不足，集聚的大量文化资源尚未很好地转化为可消费、可体验的文化旅游产品。由首都剧场、商务印书馆、外文书店、中华书局等提供的文化消费场景仍然不够多元和现代；人民日报等“红色报业文化”、百货大楼“一团火”商业文化精神等背后的历史故事有待挖掘展示，老字号的非物质文化遗产有待强化开发；“故宫—王府井—隆福寺”“文化金三角”仍处于实施初级阶段，“金三角”的文化资源 IP 尚未充分挖掘和转化，文化创新创作、文化展示消费的联动融合发展态势尚未形成。

四　王府井商业步行街转型升级对策建议

王府井商业步行街转型升级要着眼于新时代经济高质量发展的大背景，着眼于北京建设国际消费中心城市的总体要求，科学谋划王府井商业步行街的转型升级问题。

（一）科学制定王府井商业步行街整体规划，明确新时代发展的新思路

2018 年，王府井商业步行街被纳入全国首批 11 家步行街升级改造试点名单。近年来，东城区和王府井地区管委会加强了对王府井商业步行街的升级改造工作，初步编制了王府井街区整体规划，进一步明确了街区发展的总体定位、功能定位、发展战略、空间布局和实施策略。总体定位：建设独具人文魅力的国际一流步行商业街区。功能定位：建设大国风范和人文风采的展示窗口、国际交往和扩大开放的服务窗口、国际化高品位市民休闲目的地。发展战略：坚持文化引领，实施“商业 +”发展战略，即“商业 + 文化，打造韵味王府井；商业 + 时尚，打造动感王府井；商业 + 生态，打造品质王府井；商业 + 科技，打造智慧王府井”。空间布局：构建打造“一核四区”功能布局，以步行街区域为核心区，在强化商业功能的同时，向四周辐射拓展。实施策略：通过系统化实施业态升级、景观提质、交通优化、科

技赋能、管理精细等五大策略，实现街区整体转型升级。[①] 该总体规划较好地体现了国家对步行街改造提升的总体要求，也是总结多年来王府井商业街区五次升级改造实践经验的结果。从新时代高质量发展要求出发，科学编制王府井商业街区规划，需要进一步强调以下几个方面。

一是规划编制中要突出高质量发展要求，坚定走品质提升之路。经中央审定的北京城市总体规划提出，要调整优化王府井商业区业态，突出文化特征与地方特色，促进其向高品质、综合化发展。2020 年 8 月，中央对核心区控规的批复中提出了王府井要成为展示“新时代首都改革开放成果的窗口”的要求。北京市在推动“两区”建设方案中，提出王府井要积极探索打造国际化消费区域的目标任务。进一步坚定了王府井商业步行街高质量发展方向，必须将提质增效置于商业步行街转型升级和进一步发展的首位。

二是规划要突出推动王府井商业街区发展成为现代交易聚集区，发挥其引擎带动和辐射带动作用。要充分发挥王府井商业步行街的区位优势、突出特点和良好形象，推动王府井商业街区成为品牌商品（服务）的交易聚集区。从世界知名步行街来看，它们都是品牌商品云集的交易中心。为此，要进一步引进首店和旗舰店，推动王府井商业步行街品牌国际化、时尚化。

三是编制王府井商业步行街发展规划要按照城市总体规划和核心区控制性规划的要求，处理好整体与专项、硬件与软件、主街与小巷、步行与车辆、地上与地下、空间与环境等各种关系。进一步完善业态规划、交通规划、景观规划以及广告牌匾、夜间照明等规划体系。制定专项导则、技术图则等，建立责任规划师团队，将整体规划要求贯穿于改造目标、任务确定、方案审定、组织实施等全过程。

（二）进一步调整和优化商业业态结构，提高商业街区的核心竞争力

需要进一步调整和优化王府井步行街的商业业态结构，实施业态创新、模式创新和经营方式创新，加强考评管理，以便提升其核心竞争能力，推动

① 资料来源：北京市东城区王府井地区管理委员会。

步行街高质量发展。

一是继续调整购物、餐饮、酒店、文化、休闲等业态比例。2019 年 8 月一个月内，商务部办公厅先后印发《步行街改造提升评价指标（2019 版)》（商办流通函〔2019〕271 号）和《推动步行街改造提升工作方案》（商流通字〔2019〕8 号）两个文件，271 号文对综合型步行街和专业型步行街的业态考评分别提出了“业态多样”和“业态聚集”的要求，并没有明确商业步行街的业态比例及结构。8 号文要求“丰富步行街业态结构，提升购物、餐饮等传统业态，布局体验式、互动式新兴业态”，笔者认为这是针对全国商业步行街改造升级而言的。对王府井商业步行街的商业业态布局而言，则需要参考国际国内知名步行街业态配比，进一步降低购物类业态比重，提升文化休闲类业态比例，使得购物、餐饮、休闲娱乐业比例保持为 4∶3∶3 的合理结构。

二是推动百货店向购物中心方向发展，促进百货业态与购物中心业态融合发展。当前，国际零售巨头在业态上不断创新优化，传统的百货店呈现购物中心化的趋势。购物中心在规模、功能、环境、店铺、营销等方面对百货店形成竞争压力，百货店、购物中心业态两种业态融合化特征十分明显。王府井百货大楼和新东安市场作为百货店业态的典型代表，面临购物中心巨大的竞争压力，需要进一步转型，实现百货业态与购物中心业态融合发展。

三是要推动步行街的商业模式创新，构建以目标顾客群为核心的经营系统，推动更多的门店成为对目标顾客有吸引力的终端门店。要解决“年轻人不愿去、老年人不想去、本地人不常去、外地人也不去”的问题，就是要确定有价值的目标顾客群；要为顾客提供更加舒适的购物体验，多层面培育消费者的忠诚度，培育和设立对目标顾客有吸引力的终端门店。

四是积极发展创新型在线零售，实现经营方式多元化。在互联网迅猛发展和平台经济迅速崛起的背景下，加之疫情的影响，王府井商业步行街同样面临实体店经营受阻状况。因此，步行街店铺要加快在线零售业务发展，使得在线界面不仅仅是选择商品的接口，也能成为消费者了解促销信息、管理家庭消费计划、获取生活资讯的窗口。

五是要加强对步行街转型升级的考评工作。商务部271号文对商业步行街升级改造提出了一整套考核评价指标体系。该指标体系从规划布局、环境设施、功能品质、智慧水平、文化特色、管理机制和综合效益等七个方面对步行街展开评价。考评的目的在于提升步行街的核心竞争力。同时，加强和完善王府井地区管委会的统筹协调职能，推动王府井步行街整体高质量发展。

（三）扩大消费场景供给，不断创造和满足消费新需求

近年来，在政府和社会各界的共同努力下，王府井街区加速基础设施布局，率先实现了5G全覆盖。街区商家纷纷推出智能触屏、AR导购、AR试衣镜、送货机器人等智慧场景应用，打造便利化、场景化、科技化的消费新体验，不断推动新模式、新应用、新场景在王府井街区落地。

一是要积极开展便利化、场景化、科技化的消费新体验。推动开展8K连线视频互动、直播，引导商家开展直播带货、“云逛街”等新型消费体验活动。2020年6月6日，北京消费季启动仪式当日，王府井4小时直播带货创下13.9亿元的销售业绩。2021年2月试点推出“数字货币”应用场景，激发新消费潜力。今后还要进一步扩大消费场景供给，更好地满足消费新需求。

二是大力发展夜间经济。引入小剧场、电影院、电玩城等夜间高客流量消费形态，丰富餐酒吧、茶室、清吧、智能便利店等夜经济新业态，构建夜间经济活力生态，打造特色夜经济地标。

三是争取市内免税店政策先行先试。推动市内免税店政策在王府井试点落地，探索市内免税店的建设路径。积极发展离境退税商店，提高退税商店覆盖率和退税便利性，有序发展跨境电子商务展示店，促进境外游客消费。

（四）彰显历史资源和人文特色，推动文商旅有机融合

努力打造历史有根、文化有脉、商业有魂、经营有道、品牌有名的“五有”商街，是《商业街分类指导规范》（T/CUCO 2-2020）标准中提出

的基本要求，也是全国商业步行街行业共识和改造升级的方向。王府井商业步行街改造提升，要处理好文、商、旅三者的关系。商业街区是载体，旅游购物是行为，历史文化才是灵魂。要将王府井商业步行街提升发展与历史文化传播、旅游购物消费结合起来，加强文化、商业、历史、科技的有机融合，实现以商承文、以文促旅、以旅兴商，将王府井商业步行街塑造为有“历史记忆、文化脉络、中国特色、首都特点”的现代商业步行街。

一是要深入挖掘和弘扬王府井商业街区的历史文化资源。王府井地区积淀了厚重的传统文化和近现代文化，既有戏院、茶楼、剧场、剧院、美术馆、艺术中心等文化娱乐设施，也有出版社、书店、名人故居等现代文化场馆，还有宗教教堂、学校、医院等文化建筑设施。因此，挖掘独特文化魅力、强化历史文化传承、激发文化消费应成为王府井步行街区别于国内外其他商业步行街的最大特点，实现文化—商业一体化发展。

二是借鉴世界知名商业街的发展经验，强化体验业态。增加休闲娱乐、亲子体验、生活服务、文创艺术、文化展演等体验业态。推动美术馆、博物馆、展览馆等文化设施与国际接轨，引入国际展览，举办特色国际文化交流活动，提升步行街对国际消费群体的吸引力。

三是改善公共环境景观，提升消费者舒适度。为进一步营造王府井商业步行街的景观环境，要强化面向北部美术馆的文化界面、面向西侧遗址公园的绿色界面、面向东侧崇雍大街的生活界面和面向南部长安街的政务界面的精细刻画和有机融入。同时，在王府井商业街区要设置充足的休息座椅、坐凳等休憩设施，休憩设施的外观应与街区整体风貌相协调，并体现街区独特的文化特质。

参考文献

赖阳、韩凝春：《云消费时代城市步行街改造提升的新思路》，《时代经贸》2021 年第 8 期。

王佃俐、徐静冉:《基于城市触媒理论的城市步行街更新策略》,《山东行政学院学报》2021 年第 3 期。

胡兆量:《步行街的演变及建设原则》,《城市问题》2019 年第 3 期。

廖文睿:《城市改造更新背景下商业步行街改造提升对策》,《中国经贸导刊(中)》2019 年第 11 期。

丁绍莲:《欧美商业步行街发展演变轨迹及启示》,《城市问题》2007 年第 3 期。

王岩、董超、路红艳:《日本步行街发展经验及其对中国的启示》,《国际贸易》2019 年第 12 期。

李欣、张沛琪、陈婧慧、周林:《商业步行街区的业态分布与匹配性研究》,《建筑与文化》2018 年第 8 期。

鲁睿、耿华雄、李致、胡一可:《投影遮挡分析优化公共坐具布局研究——以北京王府井步行街为例》,《中国园林》2021 年第 11 期。

芮晶:《城市商业中心环境塑造初议——以王府井商业中心改建规划为例》,《城市规划》1998 年第 4 期。

陈丽芬:《国际著名步行街的建设经验》,《时代经贸》2018 年第 31 期。

张芳、吕秋菊:《商旅文跨界融合视角下商业步行街改造提升路径分析》,《商业经济研究》2020 年第 16 期。

张美轮:《城市商业步行街改造升级分析》,《安徽建筑》2021 年第 6 期。

林宏晓、孙晖:《城市商业步行街的空间设计》,《建筑经济》2020 年第 44 期。

甄明霞:《商业步行街设置刍议》,《上海经济》2001 年第 3 期。

李婧:《商业步行街建设的演进与发展》,《山西建筑》2005 年第 16 期。

王成荣、黄爱光等著《北京国际商贸中心建设研究》,中国经济出版社,2012。

商务部:《步行街高质量发展工作指引(征求意见稿)》,2021 年 8 月。

B.8 出口产品质量对收入不平等的影响及对北京的启示

刘 薇　昌忠泽　张 溪*

摘　要：　当今世界处于百年未有之大变局的历史转折时期，站在历史高度前瞻国际贸易高质量发展，应深刻认识中国对外贸易的潜在优势和发展机遇。出口产品质量提高是否有助于缓解收入不平等，针对这一问题的研究有助于进一步厘清中国贸易出口推动收入差距缩小的内在机理，成为实现共同富裕的内在动力。本报告基于2000～2018年中国海关统计数据，评估了出口产品质量对收入不平等的因果效应，并识别了潜在的影响机制，研究结果表明：①出口产品质量每提高1单位，收入不平等就上升0.12～0.14个百分点，即出口产品质量上升加剧了收入不平等；②考虑内生性问题的研究结果表明上述结果具有稳健性；③在影响机制方面，一方面通过模仿与创新，掌握不同技术水平的劳动群体所获工资不同，从而扩大收入差距，加剧收入不平等；另一方面在贸易放开与市场竞争环境下，劳动力要素流动是影响部门间收入差距的重要影响因素。

关键词：　出口产品质量　收入分配　收入不平等　技术赶超

---

* 刘薇，博士，北京市社会科学院经济研究所研究员，研究方向为区域经济等；昌忠泽，中央财经大学财经研究院研究员，研究方向为宏观经济分析；张溪，中央财经大学博士研究生。

习近平总书记关于世界局势百年未有之大变局的重要论断为我国国际贸易领域的高质量发展提出了新的研究命题，也是中国经济双循环发展格局下改善人民生活、缩小差距、实现共同富的基本依据。然而世界供应链结构调整，中国对外贸易面对新环境、新格局，中国对外贸易是否要延续之前的贸易模式？中国出口产品质量变化是否会对收入不平等产生影响？针对这些问题的研究，将有助于进一步理解中国贸易出口的微观经济影响，并对推动中国经济高质量发展、实现共同富裕的改革实践具有重要参考价值。

我国出口贸易的一个重要特点是传统比较优势呈动态变化，国际贸易发展经历了20世纪70年代之前的最终产品贸易、20世纪70年代前后开始的供应链贸易，以及当代在5G通信、物联网、人工智能背景下的数字贸易。国际贸易发展史表明，一方面，技术革新是贸易发展的重要推动力，每一次的技术变革对贸易产品、贸易方式的改变，重塑了每个国家的比较优势，推动了各国贸易结构演变。通过模仿与创新，不同的质量的贸易出口产品所蕴含的技术密度不同，不同技能的劳动力对产品的投入不同，其工资水平也不同，最终可能对收入不平等产生影响。另一方面，在不同的贸易开放和市场竞争条件下，面临相同的技术水平，劳动力要素是否充分流动也是影响不同群体间收入的重要因素。对于上述问题将微观层面和宏观层面的问题结合起来进行实证分析，既有助于深入了解我国贸易出口中的产品竞争优势、促进产品质量提升，也能为深化供给侧结构性改革提供动力机制和经验依据。

一　文献综述

国内学术界对我国出口贸易一直比较关注，研究主要集中于出口对经济增长的影响。近年来，随着微观层面国际贸易数据的广泛使用，对出口产品质量的研究成为当前经济学领域的热点和前沿。首先，从出口产品质量的经济效应角度，已有文献主要从政府补贴、技术研发、市场竞争、空间分布等方面考察了出口产品质量的影响因素①；也有学者在前人研究的基础上从贸易开放、企业管理②、研发水平和物质资本存量③、最低工资标准④、贸易摩擦⑤、异质性贸易成本⑥、管理质量和技术复杂度⑦等方面对出口产品质量的影响或者经济效应进行了研究。其次，从收入不平等的影响的角度，研究主要集中在区域经济发展⑧、收入不平等的测算⑨、流动性约束与家庭储蓄率⑩、环境污染的影响⑪等。再次，从收入分配与出口产品质量的关系的角度，Falm 和 Helpman⑫ 是最早将收入分配问题引入国际贸易研究的，Adam 等⑬在其研究的基础上，从产品垂直差异探讨了收入分配对出口产品质量的

① 施炳展、邵文波：《中国企业出口产品质量测算及其决定因素——培育出口竞争新优势的微观视角》，《管理世界》2014 年第 9 期，第 90 ~ 106 页；张杰、翟福昕、周晓艳：《政府补贴、市场竞争与出口产品质量》，《数量经济技术经济研究》2015 年第 4 期，第 71 ~ 87 页。

② Fan H. , Li Y. A. , Yeaple S. R. , "Trade Liberalization, Quality, and Export Prices," *Review of Economics and Stats*, 2015, 97(5); Bloom N. , Manova K. , R. Ee Nen J. V. , et al. , "Managing Trade: Evidence from China and the US," *SSRN Electronic Journal*, 2018.

③ 李怀建、沈坤荣：《出口产品质量的影响因素分析——基于跨国面板数据的检验》，《产业经济研究》2015 年第 6 期，第 62 ~ 72 页。

④ 许和连、王海成：《最低工资标准对企业出口产品质量的影响研究》，《世界经济》2016 年第 7 期，第 73 ~ 96 页。

⑤ 张先锋、陈永安、吴飞飞：《出口产品质量升级能否缓解中国对外贸易摩擦》，《中国工业经济》2018 年第 7 期，第 43 ~ 61 页。

⑥ 黄先海、卿陶：《异质性贸易成本与企业出口产品质量：机理与事实》，《南方经济》2020 年第 5 期。

⑦ 祝树金、汤超：《企业上市对出口产品质量升级的影响——基于中国制造业企业的实证研究》，《中国工业经济》2020 年第 2 期。

⑧ 许明、刘长庚：《区域经济发展水平与城乡收入不平等——基于我国 29 省际面板数据的实证分析》，《经济问题探索》2015 年第 1 期，第 89 ~ 95 页。

⑨ 刘穷志、罗秦：《中国家庭收入不平等水平估算——基于分组数据下隐性收入的测算与收入分布函数的选择》，《中南财经政法大学学报》2015 年第 1 期。

⑩ 甘犁、赵乃宝、孙永智：《收入不平等、流动性约束与中国家庭储蓄率》，《经济研究》2018 年第 12 期。

⑪ 周安华：《环境污染对收入不平等的影响研究》，湖南师范大学博士学位论文，2020。

⑫ Flam H. , Helpman E. , "Vertical Product Differentiation and North - South Trade," *American Economic Review*, 1987, 77 (5) .

⑬ Adam A. , Moutos T. , "Inequality and The Import Demand Function," *Cesifo Working Paper*, 2008, 64 (4) .

影响，文洋[①]以我国数据为基础，研究了收入分配对出口产品质量的影响，随后拓展至收入分配不均对进口的非线性门限效应[②]以及不同收入国家收入分配恶化对出口的影响等内容[③]。尽管大量的研究从多种角度对出口的经济效应进行了研究，但是鲜少研究出口产品质量对收入分配的影响，本报告开创性地基于模仿与创新、贸易开放与市场竞争机制研究了出口产品质量对收入不平等的影响。

二　出口贸易品影响收入不平等的机制分析

根据出口产品质量的宏微观效应理论，提出出口贸易品可能影响收入分配的作用机制，即高质量出口贸易品需要高技能劳动力，在不考虑其他条件的基础上，出口产品质量升级将提高高技能人员的收入水平，反之，低质量出口贸易品需要低技能劳动力，出口产品质量升级将降低低技能人员的收入水平，进而出口产品涉及的技术水平对技术人员的工资产生影响，最终对收入分配产生影响。

本研究从两个可能的角度总结了出口贸易品对收入分配的影响机制。其一，通过创新与模仿机制产生影响。将高质量出口产品定位为高研发技术密集型产品，生产单位主要雇用高技能劳动力来负责技术的研发与创新，生产高技术含量的出口贸易品，并能在一定时间内形成市场优势；将较低质量出口产品定位为低研发技术密集型产品，生产单位主要雇用低技能劳动力来负责技术的模仿、转化、利用，生产低技术含量的出口贸易品，有可能会凭借低成本的优势打破市场垄断，占据一定市场份额。不同的劳动群体掌握的技能不同，生产不同技术含量出口贸易品所得收入也不同，因而最终可能随着工资差距拉大，加剧收入不平等。但是，随着模仿能力增强，产品技术差距有可

① 文洋：《收入分配对中国进出口贸易的影响》，南开大学博士学位论文，2012。

② 赵锦春、谢建国：《收入分配与进口需求——基于我国省际面板数据的门限回归分析》，《国际贸易问题》2013 年第 8 期，第 13 ~24 页。

③ 周卓见：《收入分配不均衡对出口贸易影响的研究》，天津财经大学硕士学位论文，2015。

能缩小，最终缩小收入不平等。其二，通过贸易开放与市场竞争产生影响。在考虑出口贸易品质量与世界前沿水平差距的条件下，高层次的创新带来高技术含量产品与较高生产成本，低层次的创新带来的低技术含量产品与较低生产成本，而贸易开放可以通过改变经济活动的空间分布来影响劳动力要素流动，对不同国家和地区收入差距产生影响。高技术含量出口产品定价较高，低技术含量出口产品定价较低。在充分的贸易开放和市场竞争条件下，劳动力要素充分流动，生产技术含量高的产品的劳动力部门可以通过产品高定价获得高收益，生产技术含量低的产品的劳动力部门可以利用低成本优势通过扩大产量与销售规模获得高收益，因而无论是技术型还是非技术型劳动力要素部门，劳动力要素丰富的部门的工人的境况都会变得更好，部门间劳动力收入差距缩小。但是如果劳动力要素不是充分流动的，则不同出口产品因技术含量不同而吸引不同技能的劳动者到相应部门，低技术型部门劳动者无法通过扩大产量和销售规模而获得更多的收益，部门间劳动力收入差距将扩大，加剧收入不平等。

三　数据来源、变量定义和描述性统计

（一）数据来源

全球化和国际贸易被认为是造成近几十年来各国和地区收入不平等的重要原因之一。有的国家和地区得益于贸易自由化带来的经济快速发展，但是有的国家却因未抓住发展机会而陷入贫困。出口产品质量对不同行业部门、不同劳动群体、不同国家和地区的影响存在差异性。[①] 从不同行业部门角度，出口产品质量对服务业部门的收入影响更大；从不同的劳动群体角度，出口产品质量对不同年龄群体、不同性别群体、不同受教育程度群体、不同城镇化水平群体的影响不同。出口产品质量对收入不平等的影响的异质性意

① 徐杨、易思佳、高蝶、丁思琪：《出口贸易和外资对我国就业和工资的影响》，《全国流通经济》2020 年第 26 期。

味着出口产品质量会影响居民收入从而引发收入不平等。

基于国际贸易视角研究出口产品质量对收入不平等的影响，通过 2000 ~ 2018 年《中国海关数据库》《中国工业企业数据库》获取企业—产品—国家层面的进出口记录，其中贸易品出口量和单价是计算出口产品质量的关键。其他的变量数据主要来源于相关统计年鉴。

（二）变量定义

1. 出口产品质量（quality）

主要参考 Khandelwal 等①和 Fan 等②的研究对出口产品质量进行测度。早期的文献对出口产品质量的测度一般基于产品单位价值量的测算，这种测算方式的结果不够准确，一方面，忽略了出口产品单位价值量还受到成本因素制约，哪方面的影响更大则具有不确定性；另一方面，因出口产品竞争而产生的投入要素价格扭曲作用，使单位产品价值无法完全反映产品质量情况。但是基于需求端来测算出口产品质量，提高了估计的准确性。该方法的出发点是，出口产品质量和价格共同决定出口销量，出口产品的销量和价格因素数据都可以观测到，因而可以根据出口产品销量和价格共同推算出口产品质量，具体而言，利用出口产品销量对价格进行回归，剔除价格因素，得到的残差因素就是出口产品质量。并且在价格相同的条件下，销量越大的产品，出口产品质量就越高。本研究的测算方法：通过设置价格替代弹性避免了价格和与出口产品质量相关的因素引起的内生性问题，避免了估计偏误，保证了需求残差估计质量的准确性。本研究构造的质量测算方程为：

$$\ln(x_{ijtc}) + \sigma\ln(p_{ijtc}) = \phi_c + \phi_{jt} + \varepsilon_{ijtc} \tag{1}$$

其中，x_{ijtc} 和 p_{ijtc} 分别表示地区 i 在 t 年出口到目的国 j 的商品 c 的数量和

① Khandelwal A., Schott P., Wei S. J., "Trade liberalization and Embedded Institutional Reform: Evidence from Chinese Exporters," 2018.

② Fan H., Li Y. A., Yeaple S. R., "Trade Liberalization, Quality, and Export Prices," *Review of Economics and Stats*, 2015, 97 (5).

价格，ϕ_c 表示出口产品固定效应，ϕ_{jt} 表示时间层面的固定效应，ε_{ijtc} 代表包含出口产品质量的残差，对式（1）进行 OLS 估计得到残差估计值，进一步可得到企业国家产品时间层面的出口产品质量：

$$q_{ijtc} = \ln(\hat{q}_{ijtc}) = \frac{\hat{\varepsilon}_{ijtc}}{\sigma - 1} \tag{2}$$

这种估计方法比起传统的单位价值测量方式更加简洁精确，可操作性强，使用 HS8 位码产品替代弹性估计，使出口产品质量估计更加准确。

2. 基尼系数（gn）

本研究通过基尼系数来表示收入不平等，并且还需要采取统一的标准或者口径来表示基尼系数，这样得到的数据才更有意义。本研究采用的基尼系数是根据标准化的世界不平等数据库测度的、按照可支配收入标准测度的基尼系数指标。按照可支配收入测度的基尼系数有一定的优势：使用净收入测度的收入不平等可以剔除税收、转移支付和政府管制措施等的影响。

3. 其他变量

国内生产总值对数形式。国内生产总值数据来源于世界发展指标数据库，并且按照统一的标准美元来衡量各国和地区的生产总值更具有客观性，计算也更加方便。选用国内生产总值也避免了内生性问题带来的影响，人均收入、产品质量与基尼系数都是显著的正相关关系，并且主要控制市场规模（*size*）对收入不平等的影响。其他变量包括：女性就业人数占比（*female*）；不同受教育程度人员占比，即技能熟练度（*skill*）；城市化水平（*urban*）；政府财政支出占比（*gover*）；人均 GDP（*pgdp*）；人均耕地面积（*land*）。

（三）描述性统计

表 1　各变量的基本统计信息

解释变量	含义	均值	标准差	最小值	最大值
gn	基尼系数	0.2871	0.0421	0.1539	0.4216
size	市场规模	1.5246	2.0146	0.01598	8.0212

续表

解释变量	含义	均值	标准差	最小值	最大值
female	女性就业人数占比	0.2473	0.1893	0.1592	0.9265
skill	技能熟练度	0.1294	0.1536	0.0076	1.3672
urban	城市化水平	0.1536	0.1129	0.0014	0.6374
gover	政府财政支出占比	0.2135	0.1598	0.0672	1.3547
pgdp	人均 GDP	11934.5	6239.7	3359.4	47281.5
land	人均耕地面积	0.2347	0.0859	0.0082	0.4238

（四）基准回归及稳健性检验

在面板回归中出口产品质量和收入不平等之间可能存在内生性问题，一方面出口产品质量因本身所含技术水平不同，与一般贸易品存在技术差异，会通过劳动技能影响居民收入水平，导致收入不平等；另一方面收入水平较高居民所在地区，技术型贸易出口更加活跃。

1. 出口产品质量影响收入不平等基准回归

为了检验出口产品质量对收入不平等的影响，本研究设计了基本回归方程：

$$gn_{it} = \alpha + \beta quality_{ijtc} + \lambda X_{it} + \delta_{ijc} + \gamma_t + \varepsilon_{ijtc} \tag{3}$$

在式（3）中，i 表示企业，j 表示出口国，t 表示年份，c 表示出口商品，因而 $quality_{ijtc}$ 表示企业 i 在 t 年出口到目的国 j 的商品 c 的出口产品质量，gn_{it} 代表基尼系数，X_{it} 为所有的控制变量，δ_{ijc} 为产品固定效应，γ_t 为时间固定效应，ε_{ijtc} 为误差项。

用 OLS 法估计基准方程，其中 β 为国家出口产品质量对收入不平等的影响程度。表 2 报告了基准回归结果，其中，（1）列为出口产品质量（*quality*）与收入不平等的（*gn*）单独进行的回归；（2）列加入了市场规模（*size*）；（3）列加入了女性就业人数占比（*female*）和技能熟练度（*skill*）；（4）列加入了其他的特征变量城市化水平（*urban*）、政府财政支出占比（*gover*）、人均 GDP（*pgdp*）、人均耕地面积（*land*）。通过逐步加入控制变量，回归结果显示，出口产品质量系数在 1% 和 5% 的水平下显著为正，说明出口产品质量的提升显著增加了收入不平等。技能熟练度代表劳动力受教育程度不同，用专科及以上学历就业人数比高中及以下就业人数来表示，该回归结果表明出口产品质量（*quality*）对收入不平等有显著的正向影响，且影响系数的大小基本稳定。在未加入任何控制变量前，出口产品质量每上升 1 个百分点，收入不平等就上升 0.1434 个百分点；在加入所有变量后，出口产品质量每上升 1 个百分点，收入不平等就下降 0.1237 个百分点。出口产品质量的提升对技术水平要求提高，更多的生产和出口技术密集型产品，对劳动力技能要求提高，因而市场对技能熟练劳动力比技能非熟练劳动力需求更大，技能更高的劳动力工资增加，拉大了不同技能劳动者之间的收入差距，表现为基尼系数增大、收入不平等加剧。(4) 列加入所有变量后的基准回归结果表明，市场规模、女性就业人数占比、技能熟练度、政府财政支出占比对收入不平等的影响更加显著。

市场规模（*size*）的系数显著为正，说明扩大的市场规模对高质量出口产品的需求增加，从而增加了对高技能劳动力的需求，进而对不同地区和收入阶层的影响不同。从地区差异来讲，劳动力从内陆地区流向沿海地区，创造更高的价值，其收入水平也随之提高，从而拉大了地区间劳动力之间的收入差距，加剧了地区收入不平等；从收入阶层差异来讲，高收入阶层掌握更高的劳动技能，不同收入阶层的技能差异导致收入不平等加剧。女性就业人数占比（*female*）的系数显著为负，说明提高女性就业率有助于缩小性别收入差距，减少收入不平等。技能熟练度（*skill*）系数显著为正，说明相对技能的提高无法缓解收入不平等问题，增加教育投入，提高劳动者技能和熟练度是缓解收入不平等问题的迫切之举。城市化水平（*urban*）对收入不平等的影响不显著。该指数通过城镇就业人数比农村就业人数表示，其回归结果不显著可能是因为城镇劳动力受教育程度更高、劳动力技能更高，且高质量出口产品对劳动者技能要求更高，但是农村地区劳动力技能更低、熟练度更差，因而城乡收入不平等加剧，但是随着城镇化进程加快，低技能劳动力水平提高，城乡收入不平等问题得以改善。政府财政支出占比（*gover*）显著为负，说明政府干预在一定程度上可缓解收入不平等问题。人均 GDP（*pgdp*）和人均耕地面积（*land*）的影响不太显著。

表 2　出口产品质量对收入不平等影响的回归结果

变量	(1)	(2)	(3)	(4)
quality	0.1434*** (0.0451)	0.1367*** (0.0454)	0.1341** (0.0452)	0.1237** (0.0456)
size		0.0369** (0.0035)	0.0382** (0.0037)	0.0357* (0.0031)
female			-0.0172** (0.0063)	-0.0186*** (0.0065)
skill			0.0523*** (1.5324)	0.0635** (1.8572)
urban				0.0267 (0.0522)
gover				-0.0862* (0.1363)
pgdp				0.0253 (0.0151)
land				0.0062 (0.0021)
产品固定效应	yes	yes	yes	yes
时间固定效应	yes	yes	yes	yes
R^2	0.7836	0.7921	0.8234	0.8651
观测值个数	451	451	451	451

注："***""**""*"分别表示在1%、5%、10%显著性水平。

2. 稳健性检验

(1) 以出口产品价格作为核心解释变量

以出口产品价格替换出口产品质量作为核心解释变量。表3的回归结果显示，回归系数仍然显著为正，表明出口产品质量提升加剧了收入不平等。

表 3　出口产品价格对收入不平等的结果回归

变量	(1)	(2)	(3)	(4)
price	0.1346** (0.0521)	0.1371*** (0.0547)	0.1284* (0.0552)	0.1251** (0.0542)

续表

变量	(1)	(2)	(3)	(4)
size		0.0456 ** (0.0147)	0.0437 ** (0.0145)	0.0354 *** (0.0142)
female			-0.0132 ** (0.0153)	-0.0156 * (0.0145)
skill			0.0423 ** (1.6423)	0.0535 ** (1.6531)
urban				0.0351 (0.0462)
gover				-0.0783 * (0.1594)
wage				0.0376 (0.0231)
land				0.0057 (0.0043)
产品固定效应	yes	yes	yes	yes
时间固定效应	yes	yes	yes	yes
R^2	0.7932	0.7854	0.7825	0.8126
观测值个数	451	451	451	451

注："***""**""*"分别表示在1%、5%、10%显著性水平。

(2) 以不同收入分位数比值作为因变量

使用不同收入分位数比值对数作为因变量用以衡量地区收入不平等。表4的回归结果显示，回归系数仍然显著为正，(1) 列显示出口产品质量每提高1个百分点，90/10分位数收入比值上升8.7%，加入其他控制变量后，效果略微下降到7.2%，75/25分位数收入比值以及60/40分位数收入比值分别为7.6%和5.7%，在加入控制变量后，效果分别略微下降到5.9%和5.1%。表4结果表明出口产品质量提升加剧收入不平等这一回归结果是稳健的。

表4　出口产品质量对不同收入分位数影响的回归分析

项目	因变量：收入比值对数					
	90/10		75/25		60/40	
	(1)	(2)	(3)	(4)	(5)	(6)
出口产品质量	0.087 *** (0.156)	0.072 *** (0.171)	0.076 *** (0.162)	0.059 *** (0.113)	0.057 *** (0.354)	0.051 *** (0.216)

续表

因变量:收入比值对数						
项目	90/10		75/25		60/40	
	(1)	(2)	(3)	(4)	(5)	(6)
控制变量	否	是	否	是会	否	是
观测值	476	476	476	476	476	476
R^2	0.356	0.332	0.153	0.383	0.089	0.187

注:"***""**""*"分别表示在1%、5%、10%显著性水平。

四 影响机制检验

前文研究表明出口产品质量提升会加剧收入不平等，本部分基于前文理论分析对出口产品质量影响收入不平等的内在机制进行检验。这里通过分样本研究模仿与创新机制、贸易开放与市场竞争机制两种影响渠道。

（一）模仿与创新机制

出口产品质量对收入不平等的影响需要的生产技术水平不同，不同生产技术水平下产品质量不同所获得的收益不同，采用技术追赶来考察地区模仿与创新对最终对收入不平等的影响。在模型中引入技术追赶的虚拟变量，技术未追赶上取值为1，技术追赶上取值为0。技术水平（$tech_{it}$）用两个指标来表示并取对数，一是工业总产值与平均就业人数之比（$tech1_{it}$），二是专利授权数（$tech2_{it}$）。

$$gn_{it} = b_0 + b_1 quality_{ijtc} + b_2 tech_{it} + b_3 D_i \cdot tech_{it} + \delta_{ijc} + \gamma_t + e_{ijtc} \quad (4)$$

表5为模型回归结果，(1）列和（3）列表明，两种形式的技术进步表明技术差异会拉大收入差距，加剧不平等。(2）列和（4）列表明，随着技术模仿，追赶能力增强，部门间技术差距缩小，可以有效缓解收入不平等问题。

表5 模仿与创新机制检验

变量	(1)	(2)	(3)	(4)
tech1	0.3581** (3.1256)	0.2864** (3.0528)		
tech2			0.3125** (3.2241)	0.2543** (3.1246)
D·tech1		-0.0568 (-1.2674)		
D·tech2				-0.2641 (-1.2537)
控制变量	是	是	是	是
产品固定效应	是	是	是	是
年份固定效应	是	是	是	是
观测值个数	496	496	496	496
R^2	0.7556	0.7329	0.7074	0.7537

注："***""**""*"分别表示在1%、5%、10%显著性水平。

（二）贸易开放与市场竞争机制

在贸易开放机制下，分析出口产品质量对收入不平等的影响，不同技术含量的出口产品生产成本不同，劳动力要素丰富且流动的部门的工人境况都会变得更好，部门间劳动力收入差距缩小，但是若劳动力要素没有流动，则收入不平等加剧。本研究用外商直接投资（*fdi*）来代表贸易开放与竞争机制，用以研究发达国家和地区技术溢出对劳动力要素流动的作用，进而对收入不平等的影响。表6为模型回归结果，将外商直接投资分为高、低比例组，FDI高比例组主要投资于技术含量较高的贸易出口产品。FDI低比例组主要投资于技术含量较低的贸易出口产品。在FDI高比例组中，回归系数一直显著为正，在FDI低比例组中，（1）、（2）列系数为正但不显著，（3）、（4）列为负且在10%水平下显著，说明外商直接投资高技术出口产品部门，则收入不平等问题加剧，而投资较低技术出口产品部门，则收入不平等问题缓解，其原因可能在于劳动力要素流动且丰富，技术水平低部门主要获得规模效益，部门间劳动力收入差距缩小，收入不平等问题得以缓解，但是在劳动力要素不充分流动时，收入不平等问题加剧。

表 6　贸易开放与竞争机制检验

样本	(1)	(2)	(3)	(4)
FDI 高比例组	0.1872*** (0.0239)	0.1963** (0.0257)	0.2103** (0.0264)	0.2231*** (0.0271)
FDI 低比例组	0.0012 (0.0235)	0.0087 (0.0251)	-0.0322* (0.0211)	-0.0346* (0.0237)
控制变量	否	是	是	是
产品固定效应	是	是	是	是
年份固定效应	是	是	是	是
观测值	493	493	493	493

注："***""**""*"分别表示在 1%、5%、10% 显著性水平。

五　主要结论及对北京的启示

尽管近年来北京地区的贸易逆差结构基本保持稳定，但在国际形势日益变化、我国不断融入国际循环的大背景下，北京不断加强服务业扩大开放示范区和自贸试验区建设，强化对外贸易对经济增长的促进作用。因此，以经济发展服务社会发展为主线，探索经济高质量发展，[①] 探讨出口产品质量对地区收入差距扩大的作用机制，提出出口产品质量可能通过创新与模仿机制、贸易开放与市场竞争机制对收入不平等产生影响，具有重要意义。

首先，出口产品质量因技术含量不同对劳动力技能熟练度需求不同，出口产品对劳动技能要求高，则技能熟练度高的劳动者收入更高，进而拉大了其与低技能劳动者之间的收入差距，加剧了收入不平等。北京海关数据显

① 段小艳、方文：《欧洲主权债务危机的原因及启示》，《理论观察》2013 年第 1 期。

示，2021 年 1 ~9 月，北京地区进出口总值 2. 23 万亿元，其中出口 4583 亿元，实现 29. 1% 的增长。在出口的产品类别方面，成品油、手机、集成电路、钢材等出口商品分别增长 4. 5%、32. 5%、41. 3%、6. 3%。集成电路、汽车零配件单月出口增长明显，2021 年 9 月当月出口分别为 20. 5 亿元（增长 85. 7%）、14. 2 亿元（增长 49. 2%）。为提升出口产品质量，北京地区陆续创建了出口汽车产品、新型显示产品和集成电路产品质量安全示范区。北京要继续积极提高出口产品质量，增加产品技术含量，优化商品结构，提升消费质量。

其次，劳动者技能影响收入差距，但是从长期来看，通过技术模仿与创新，能缩小产品技术含量方面的差距，进而缓解收入不平等问题。要顺应技术进步和产业升级对劳动者技能水平的要求，持续推进劳动者职业技能培训。据北京市人力资源与社会保障局发布的信息，2019 年，北京市技能劳动者达到 338 万人，高技能人才达到近 100 万人。同时，劳动者收入与经济增长同步，2018 年北京市法人单位从业人员平均工资达 12. 7 万元，近十年年均工资增长 10% 左右。[①] 因此，要不断开展全职业生涯的技能培训，培养创新型和技能型劳动者；要围绕重点出口产品，特别是高技术密集型产品培养技能人才。

最后，贸易开放和市场竞争会影响出口贸易品生产成本，产品定价不同，在劳动力要素不充分流动下，会拉大部门间劳动力收入差距，加剧收入不平等，但是劳动力要素充分流动可以提高低技能劳动收入，缩小收入差距，缓解收入不平等。实现首都发展的战略目标，需要不断提高要素质量，在国际贸易发展新阶段和实现共同富裕的背景下，深入分析出口产品质量对收入不平等的影响，从长远来看，应提升就业能力，优化消费结构，改善市场环境，进一步促进经济高质量发展，增进社会福利，最终实现共同富裕。

① 《2021 年全国各省平均工资》，https：//www. lawtime. cn/zs_ 26550/，2019 年 10 月 21 日。

B.9

北京迈向碳中和的机遇、挑战及政策建议

陈 楠*

摘 要： 北京经过多年努力，能源消费结构逐渐优化，万元能耗和万元碳排放表现在全国处于领先水平，是全国首个正式宣布碳排放达峰的城市，但分析发现居民生活、交通、建筑等领域的能源消费增长较快。北京要在全国率先实现碳中和目标，有着显著的优势，也面临着经济高质量发展、能源瓶颈、技术突破和协同性等方面的挑战。为此，本报告提出加强顶层设计，系统落位；以科技助力，打造全球新能源示范中心；建立健全绿色低碳循环发展的经济体系；充分发挥市场机制作用，高水平建设北京绿色交易所；对外深化国际合作，对内多维度协同推进等政策建议。

关键词： 碳中和 能源消费 碳排放

一 北京能源消费及碳排放现状

（一）能源消费总量和结构

2010～2020年北京市能源消费总量从6359.5万tce增加到6762.1万tce，年均增速为0.62%，远低于全国平均水平；万元能耗水平从2010年的0.52tce减少到2020年的0.21tce，年均减少8.67%，如图1所示，低能耗水平在全国名列前茅。按行业结构来看，2010～2020年，第二产业能源消费从2364.1万

* 陈楠，博士，北京市社会科学院经济研究所副研究员，主要研究方向：生态经济和可持续发展等。

tce 下降至 1751.5 万 tce，第三产业和居民生活所使用的能源消费分别从 2654.4 万 tce、1242.5 万 tce 增加至 3246.9 万 tce、1712.8 万 tce（见图2）。从结构来看，2010 年全市第二产业能源消费占 37.12%，第三产业能源消费占 41.74%，居民生活消费占 19.54%；2020 年全市第二产业能源消费占比下降至 25.90%，居民生活消费占比上升至 25.33%，基本与第二产业持平，第三产业能源消费占比 48.02%，反映出未来北京的居民生活能源消费将持续走高。

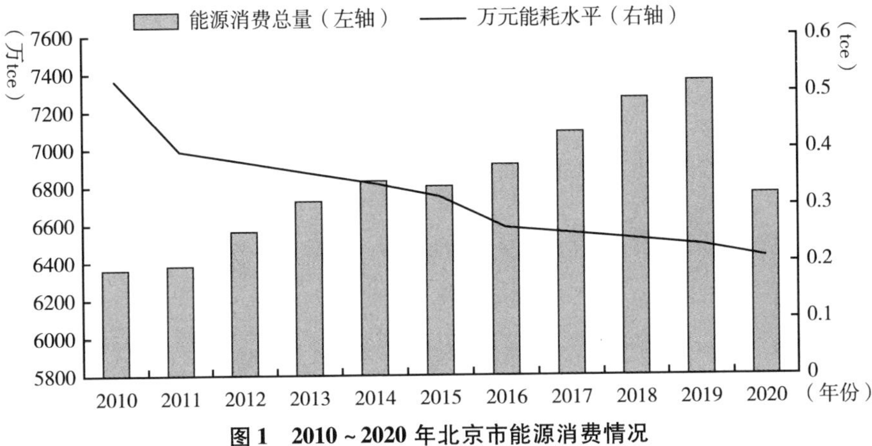

图 1　2010～2020 年北京市能源消费情况

资料来源：根据《北京统计年鉴 2021》绘制。

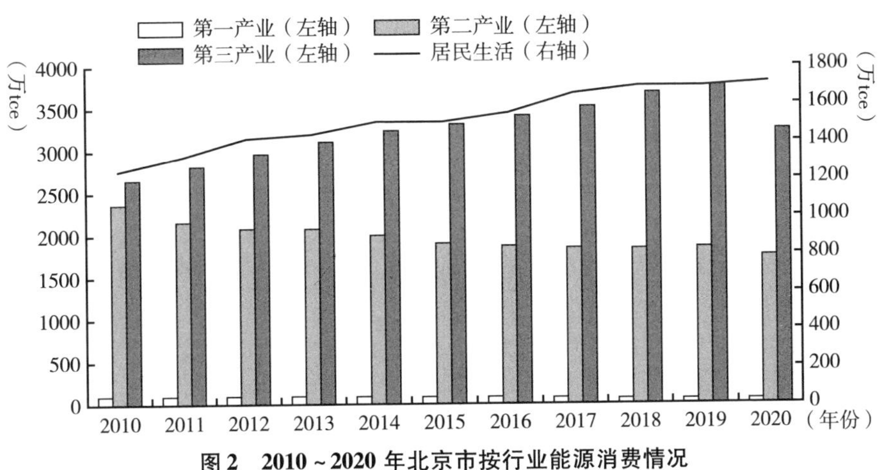

图 2　2010～2020 年北京市按行业能源消费情况

资料来源：根据《北京统计年鉴 2021》绘制。

分析北京市主要行业的能源消费发现，排前三位的行业分别是居民生活，制造业，交通运输、仓储和邮政业；其后是电力、燃气及水生产和供应业，房地产业，以及不同技术水平的服务业、公共事业和建筑业（见表1）。保障老百姓高质量的生活离不开能源的支持，随着老百姓生活水平日益提升，居民生活的能源消费会有较大增幅；经过减量发展，北京低端制造业已相对较少。目前制造业中能源消费量较大的为石油、煤炭及其他燃料加工业，非金属矿物制品业，计算机、通信和其他电子设备制造业，汽车制造业等。其中，石化行业需要进一步降低能源消费，而高新技术行业是未来能源消费大户（见图3）。电力、燃气及水生产和供应业，教育，水利、环境和公共设施管理业，卫生和社会工作等都是保障民生领域，其能源消费也会持续增加。建筑业（涉及建筑设计、施工、运维以及房地产）与交通等是北京未来需要重点节能降碳的领域。

表1　2020年北京市主要行业能源消费情况

单位：万 tce

排名	行业	能耗	排名	行业	能耗
1	居民生活	1712.83	10	文化、体育和娱乐业	152.87
2	制造业	1146.77	11	公共管理、社会保障和社会组织	152.87
3	交通运输、仓储和邮政业	1068.78	12	科学研究和技术服务业	151.59
4	电力、燃气及水生产和供应业	495.34	13	建筑业	108.92
5	房地产业	452.18	14	卫生和社会工作	100.87
6	信息传输、软件和信息技术服务业	274.47	15	水利、环境和公共设施管理业	74.2
7	教育	225.09	16	金融业	66.78
8	租赁和商务服务业	179.28	17	农、林、牧、渔业	50.88
9	住宿和餐饮业	174.46	18	采矿业	5.06

资料来源：根据《北京统计年鉴2021》计算。

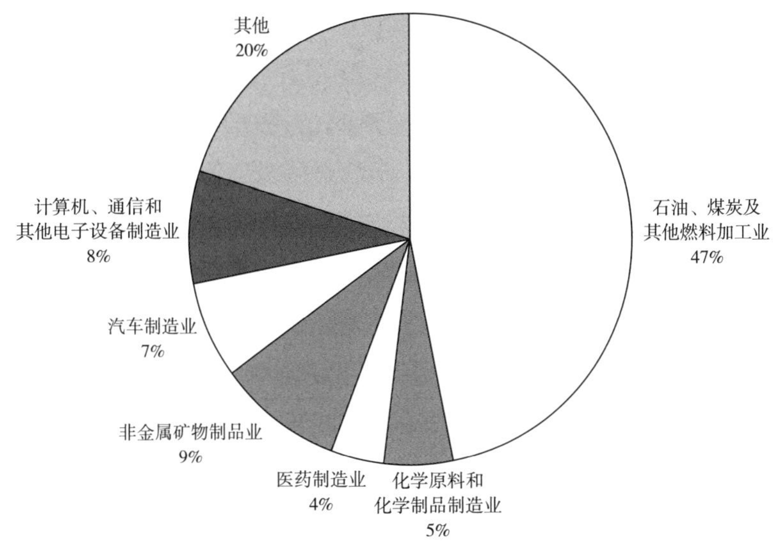

图 3　2020 年主要制造业能源消费结构

资料来源：根据《北京统计年鉴 2021》绘制。

（二）碳排放总量和结构

2010～2020 年北京市碳排放总量以年均 0.52% 的速度减少，这得益于直接碳排放以年均 1.83% 的速度减少，但间接碳排放保持了年均 2.12% 的增速，也说明北京调入电力或进口能源逐年增加，能源对外依存度逐年升高（见图 4）。分领域，交通碳排放已经成为最大的排放源，2019 年相对 2010 年增长 45.08%，特别是航空交通和道路交通碳排放 2019 年相对 2010 年分别增长 77.78% 和 26.15%，水运和铁路交通碳排放 2019 年基本与 2010 年持平；2019 年城镇生活碳排放下降到 330.53 万 t，特别是农村生活的碳排放仅为 149.63 万 t，相比 2010 年减少 64.81%；2019 年服务业的碳排放相比 2010 年也减少 29.85%（见图 5）。这一方面充分说明压煤减碳工作取得了积极成效，另一方面也说明新能源的替代水平稳步提高。

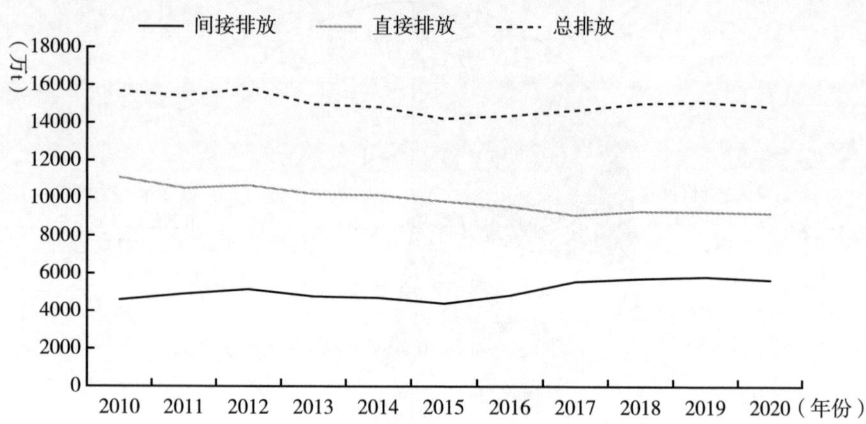

图 4　2010～2020 年北京碳排放情况

资料来源：参见生态环境部环境规划院碳达峰碳中和研究中心“中国分省能源消费和二氧化碳排放数据集（2005～2020）”，2021。

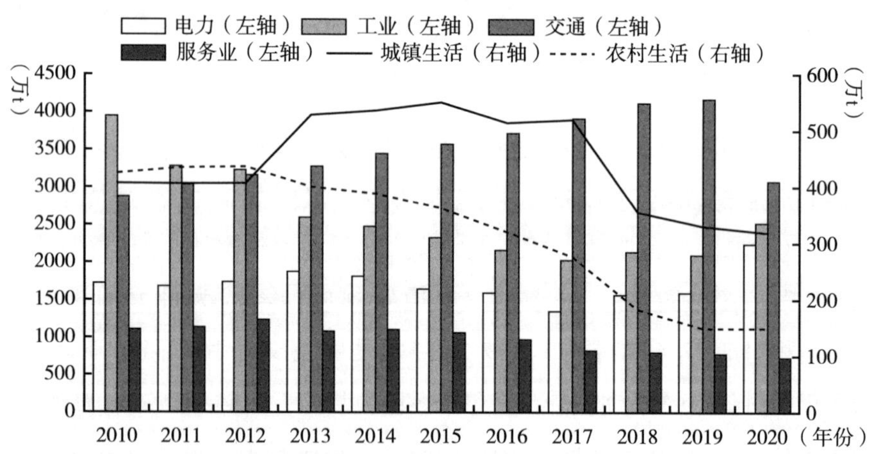

图 5　2010～2020 年北京主要领域碳排放情况

资料来源：参见生态环境部环境规划院碳达峰碳中和研究中心“中国分省能源消费和二氧化碳排放数据集（2005～2020）”，2021。

二 主要机遇和挑战

（一）主要机遇

1. 国际科技创新中心建设

碳中和最为关键的部分在于创新技术的开发与大范围的推广应用，特别是颠覆性技术往往可以使新能源、数字技术等新兴行业在国际上“弯道超车”或长期处于领先地位，从而顺利实现“双碳”目标。在新一轮科技革命中，国内科技创新要素和国际科技创新要素叠加，为建设“三城一区”、打造中关村国家自主创新示范区、促进国际科技创新中心建设提供了良好的条件。“十三五”时期中关村国家自主创新示范区企业总收入较“十二五”期末增长 80%，对全市经济增长贡献率近 40%，[①] 科技创新对高质量发展的支撑作用加强。目前北京正在打造以国家实验室、新型研发机构、高校及科技领军企业为主体的战略科技力量，布局了一批原创性、重点领域的前沿技术，推动碳中和的绿色技术应用场景建设，包括在“三城一区”、城市副中心和生态涵养区开展碳中和综合示范试点。

2. 数字经济引领全国

北京发展数字经济有良好的基础，2020 年北京数字经济增加值达到 1.44 万亿元，占 GDP 比重达 40%。2021 年，北京数字经济竞争力居全球第八，涌现了一大批数字经济标杆企业，人工智能、区块链企业数居全球第一。未来以“数字 +”为依托，北京将加快向绿色制造、零碳社会转型。数字技术注入能源行业，可以加快智能电网、绿色智能终端系统等的建设，加快产业、建筑、交通、消费等重要领域的节能降碳，提高废弃物利用水平，并可以吸引可再生能源投资。数字技术也可以催生很多绿色低碳的新产

---

① 《中共北京市委　北京市人民政府关于印发〈北京市“十四五”时期国际科技创新中心建设规划〉的通知》，https://baijiahao.baidu.com/s?id=1717261559119302689&wfr=spider&for=pc.，2021 年 11 月 3 日。

业、新模式、新业态。

3. 京津冀绿色协同深入推进

京津冀绿色发展成效显著，2021 年 1 ~ 8 月，京津冀及周边“2 + 26”城市 $PM_{2.5}$平均浓度为 42 微克/米^3，同比下降 17.6%。京津冀区域发展指数显示，京津冀区域绿色发展指数呈现快速提升势头，2020 年为 140.81，与 2014 年相比，年均提高 6.8 个点。其中，节能减排、空气质量改善成效明显。[①] 节能减排方面，2020 年京津冀万元能耗相对 2014 年分别下降 28.7%、25% 和 26.1%，节能环保支出占一般公共预算支出比重相对 2014 年均提高 0.4%。产业方面，北京以疏解非首都功能进行减量发展，将头部企业和优质资源注入雄安新区，津冀也定向承接了需要发展的产业，产学研一体化逐步成形。

（二）面临的挑战

1. 经济高质量发展的挑战

发展仍然是第一要务，要处理好发展和减排的关系，减排不是减生产力，也不是不排放，而是要走生态优先、绿色低碳发展道路，在经济发展中促进绿色转型、在绿色转型中实现更好发展。[②]

北京在疏解非首都功能上取得了实质性成效，未来将全面进入减量、创新、均衡和绿色低碳的新发展阶段，但对标目标仍然有较大差距。一是制造业比重下降较快，高端制造业不足。深圳和上海已成为我国制造业规模较大的城市，2020 年深圳战略性新兴产业增加值占 GDP 比重为 37.1%，北京为 24.8%，两者相差 10 个百分点以上；苏州、杭州、南京、合肥等城市高端制造业发展十分迅速，粤港澳大湾区的电子制造业引领世界。只有壮大高精尖产业才能增强城市的发展韧性，提升全球竞争力。二是不确定、不稳定因

① 《京津冀区域绿色发展成效显著》，https://baijiahao.baidu.com/s?id=1719959139692391973&wfr=spider&for=pc.，2021 年 12 月 24 日。

② 《习近平主持中共中央政治局第三十六次集体学习》，http://www.qstheory.cn/yaowen/2022-01/25/c_1128299594.htm.，2022 年 1 月 25 日。

素增多，绿色经济复苏困难。2021 年北京 GDP 增速达到 8.5%，其中以医药为主体的工业拉动了经济增长，增幅达到 23.2%，而支撑北京经济的“大头”服务业仅增长 5.7%，也就是服务业依旧疲软，特别是生活性服务业仍未恢复。三是倡导绿色生产和消费方式仍任重道远。从生产端来看，北京的产业结构逐步优化，相继公布了《北京市“十四五”时期高精尖产业发展规划》《北京市新增产业的禁止和限制目录（2021 年版）》，在建设“全球数字经济标杆城市”过程中将发展壮大一批新兴产业，其中部分新兴产业的终端能源需求并不低于传统制造业。从消费端来看，北京居民生活的能源消费增速快，据国内相关研究机构的低碳评价结果，北京已具有明显的高碳消费特征，[①] 与此同时，北京正在建设国际消费中心城市，消费潜力会进一步被释放，在以新能源为主体的新型终端电力系统没有真正发挥作用之前，消费端的化石能耗量仍会增加。

2. 能源瓶颈的挑战

北京能源自给率低，根据《北京统计年鉴 2021》，2020 年全市能源消费总量中，石油、天然气、煤炭等化石能源占比 67.93%，调入电子占 26.96%，非化石能源占比 10.40%，低于全国平均水平。[②] 虽然电力、天然气等能源长期调入和进口保障了能源供应稳定，但在长期减排过程中如遇突发性极端事件，仍然存在能源安全风险。一方面，极端气候变化或将长期伴随，地缘政治矛盾激化和贸易保护主义可能会影响区域性能源供应，从而进一步传导影响能源供需平衡。另一方面，“双碳”目标下，各地的拉闸限电影响到北京部分高新企业和外贸企业的生产经营，随着中央发布的“双碳”“1 + N”政策陆续出台，未来“运动式”“一刀切”现象有望得到缓解，但“双碳”任务对全国各地都是一场涉及经济社会发展转型的变动，多地仍将不可避免地出现新的问题，在产业链、供应链彼此交织的情形下，北京需要有能源战略性储备以对冲突发事件带来的影响。

---

① 谢伏瞻、刘雅鸣主编《应对气候变化报告（2020）》，社会科学文献出版社，2020。

② 《中国应对气候变化的政策与行动》（白皮书），http：//www.gov.cn/zhengce/2021 - 10/27/content_ 5646697.htm. 2021 年 10 月 27 日。

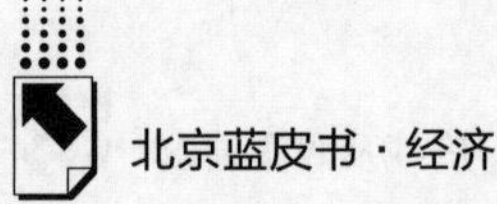

3. 技术突破的挑战

北京需要率先构建以新能源为主体的新型能源体系，其核心依然是技术支撑。现阶段北京紧抓建设国际科技创新中心契机，全力攻坚低碳、零碳、负碳等“卡脖子”技术，但效果仍未显现。一是时间紧迫性加剧，美国、欧盟、日本等发达国家和地区都致力于发展新能源，试图通过能源与气候政策一体化来重振经济，与此同时，携手采取各种手段限制中国在低碳技术等领域的发展。北京依托国际科技创新中心进行科技研发，但在零碳电力能源、零碳非电能源、燃料/原料与过程替代、CCUS/碳汇等大类下的分支技术未有显著突破，研发周期也并不明朗。二是技术研发的“溢出效应”需要培育，先进的技术需要不同能级的应用场景孵化进而辐射全国。三是氢能关键性技术未突破，成本较高。北京布局的氢能和新能源汽车产业，是未来非常具有潜力的产业，氢能源汽车的使用主要在冬奥赛区进行试点，但成效甚微，其主要原因是与发达国家相比，蓝氢与绿氢的技术路线效率低、成本太高，在制氢、运氢、储氢、用氢上均存在技术壁垒。

4. 协同性、公平性的挑战

北京已进入碳排放稳中下降阶段，2021 年全市 GDP 超过 4 万亿元，人均 GDP 约 18.4 万元，在步入第二个百年奋斗目标的征程中有能力在“共同富裕”和“碳中和”上都争当“领头羊”。中央多次强调，减碳要处理好整体与局部的关系，实际上某个地区实现碳中和也并不意味着整个区域乃至全国就可以顺利完成“双碳”目标；而共同富裕的内涵是全面共富，是物质、文化、生态、社会等多维度的共富。“双碳”与“共富”并不矛盾，都强调均衡发展，但如何协同发力存在挑战。一是全市在经济水平和碳排放方面存在城乡差异。16 个区在经济总量和人均指标上差距较大，主城区、平原新城和生态涵养区的 GDP 分别占全市 GDP 的 70.08%、18.99% 和 4.18%，在人均 GDP 方面最高的西城区与最低的大兴区相差近 9 倍。中心城区万元 GDP 能耗为 0.11 吨，生态涵养区为 0.31 吨，这意味着经济欠发达地区要进行更大力度的能源结构调整。二是京津冀甚至更大区域范围在经济水平与碳排放方面也存在不均衡。2020 年，北京、天津、河北的万元 GDP 碳排放分别为 0.41 吨、1.34 吨和 2.58 吨，天津、河北分别是北京的 3.27 倍和 6.29 倍，而北京人均 GDP 却分别是天津、河北的 1.62 倍和 3.40 倍，从京津冀协同降碳的维度来看效果并不理想。与此同时，山西、内蒙古是碳资源富集区，也长期向北京输送能源，在降碳政策实施中自身承受着缓解支柱产业收缩和调结构带来的各方面压力。从更大意义上看，北京协同天津、河北、山西、内蒙古等环北京圈的主要能源密集和重工业省份减污降碳、提质增效，可以对促进整个北方产业转型、拉动经济增长贡献力量。

三　政策建议

（一）加强顶层设计，系统落位

一是加强顶层设计，重点突出。坚持把碳中和工作纳入全市生态建设整体布局和经济发展全局，在中央陆续出台的“1 + N”政策指导下，有侧重地修改和完善市一级政策，如优化能源政策聚焦新能源体系建设，产业政策聚焦高精尖、数字化转型方面的节能降碳，绿色低碳技术、建筑和交通政策应该进行超前、适用设计。二是细化时空的路线图、施工图。增强全局观念，在全市碳中和路线图基础上，细化各区、重点行业的中长短期目标，加强政策的协同和延续性。三是系统落位，增强执行力。要把碳中和工作融入“五子联动”，明确主体责任，增强执行力。目前中央的“1 + N”政策属于指导性政策，需要将其转变为可操作性政策。

（二）以科技助力，打造全球新能源示范中心

北京的可再生能源资源总量相对较少，但是在太阳能、风能、地热能、氢能方面仍具有较大开发潜力，在科技支撑下，可以以打造全球新能源示范中心为目标进行建设。一是坚持先立后破，在保证能源安全和新能源安全可靠替代基础上，大力推动煤电节能降碳改造、灵活性改造、供热改造“三

改联动”,[①] 逐步减少非必要的化石能源消耗。二是结合城市空间规划，大力发展分布式光伏发电，积极推动建筑光伏一体化设计，实现太阳能光伏与城乡融合发展；积极推进热泵系统供热，依托项目及周边绿地空间，重点推广地源热泵、再生水热泵系统应用，结合资源条件有序发展中深层地热能。三是加强氢能与多产业化目标的衔接，集中力量对氢能全产业链中的关键技术和潜在技术进行攻关，突破市场封锁，开展氢能技术专利标准研究，提升国际竞争力。四是大量调入绿电，实现电力系统近零碳化；借鉴澳洲、美国虚拟电厂建设经验，利用北京特有的物联网、数字优势，构建虚拟电厂，促进电力的供需平衡。

（三）建立健全绿色低碳循环发展的经济体系

建立健全绿色低碳循环发展的经济体系涉及绿色建设、绿色生产、绿色生活、绿色消费、绿色流通等全过程[②]。一方面，绿色生产要求北京要有相应的绿色低碳循环产业体系；另一方面，北京的碳排放大户集中分布在建筑、交通和生活领域，意味着在绿色生活、绿色消费、绿色建设和绿色流通等方面也存在短板。针对这些问题，一是抓住新一轮科技革命和产业革命变革的机遇，推动大数据、人工智能、移动通信技术与产业深度融合，做大做强高精尖产业，并布局超前产业。中心城区以科技、金融、商务、现代服务业为主体；平原新区是新一代智能制造、生物医药、绿色环保等高端制造业的集聚地；要充分利用京北三大科学城的创新资源，在京南的经开区进行孵化、制造和示范；生态涵养区在生态保育基础上，充分挖掘生态价值，基于碳汇资源，发展精品文旅产业。二是氢能产业非常具有发展前景，虽然难度较大，但北京以及津冀就全国而言是相对有发展基础的地区，有能力突破并形成产业化，应以昌平“能源谷”为核心进行研发，在京南的多个产业进

① 《习近平主持中共中央政治局第三十六次集体学习并发表重要讲话》，http：//www.qstheory.cn/yaowen/2022－01/25/c_ 1128299594.htm.2022－1－25，2022年1月25日。

② 《国务院关于加快建立健全绿色低碳循环发展经济体系的指导意见》，http：//www.gov.cn/zhengce/content/2021－02/22/content_ 5588274.htm.，2022年2月22日。

行全景应用示范，进而辐射津冀地区，形成区域产业的优势互补、错位发展。三是依托数字和低碳环保等技术发展服务业，低碳的生产性服务业可以有效降低生产、流通、消费环节的碳排放，低碳的餐饮住宿、零售等生活性服务业可以提高人们体验感并使其养成节约的习惯。四是优化出行结构，包括公共交通优先、慢行交通的设计、新能源汽车的发展以及多种形式的绿色出行奖励等。五是建筑领域要结合新版城市更新计划加大节能绿色化改造力度，新建建筑逐步向超低能耗、近零能耗、零能耗建筑过渡，家庭用能逐步朝电气化转变。

（四）充分发挥市场机制作用，高水平建设北京绿色交易所

一是充分发挥政府的投资引导作用，完善投资政策。实现碳中和需要大量资金的投入，根据中国科学院地理科学与资源研究所的测算，北京需要投入数万亿元的资金，[①] 资金的巨大缺口需要政府尽快完善绿色金融政策体系，以市场化方式支持绿色投融资。在投资结构上，包括电力、轨道交通、充电桩与充换电在内的基础设施以及终端能效投资均具有潜力。二是高水平建设面向全球的国家级绿色交易所。需要建立绿色通道和交易机制，促进海外资金能够便利购买绿色资产、进行全球流通，要在制定全球性的标准、交易规则和吸引国际绿色资产方式等方面进行创新。三是加强市场化能源政策的组合使用，确保碳排放权交易、用能权交易、电力交易的有效衔接。

（五）对外深化国际合作，对内多维度协同推进

我国正积极参与和引领全球气候治理，北京作为国际交往中心和首善之都，可以城市联盟的形式参与国际规则制定、项目合作等，可基于中关村论坛，打造面向全球气候变化、绿色低碳交流合作的国家级平台。

---

① 《专家：北京实现碳中和需投入万亿元以上 | 新京智库》，https：//baijiahao. baidu. com/s? id = 1714839761107095384&wfr = spider&for = pc.，2021 年 10 月 28 日。

加快形成北京市各区之间、京津冀甚至更大区域范围之间、各部门之间减污降碳的协同联动发展格局。一是市区之间，按照城市总规、控规内容布局产业，加强中心城区、平原新城与生态涵养区之间的联动，特别是注重"三城一区"科技的孵化应用，支持新能源领域创新平台建设和新能源服务型制造业集聚，建议在北京经济技术开发区新扩区建设国家级智慧能源产业基地，形成昌平能源谷、经济技术开发区一南一北"双子星"的能源产业差异化协同发展新格局。二是以城市群、都市圈为依托，创新合作方式。京津冀地区以现代首都圈、天津都市圈、石家庄都市圈为重点加快建设。现代首都圈巩固和发挥北京作为创新中心的作用，加快生态环境、交通、产业与周边地区的协同发展；天津都市圈整合沿海重工业发展带，重振发展动力，提高全要素生产效率，解决滨海新区的可持续发展问题；石家庄都市圈加快增长方式转换，实现产业结构的升级和优化。三是跨区域完善能源体系，保障能源安全并带动发展。扩大储能规模，打造跨区域大型地下储气库。北京应助力津冀甚至山西、内蒙古等地区建设以大型风光电基地为基础、以周边清洁高效先进节能的煤电为支撑、以稳定安全可靠的特高压输变电线路为载体的新能源供给消纳体系，[①] 有序拓展可再生能源消纳渠道。四是协同减污降碳。针对京津冀大气污染传输通道的2+26城市，通过能源转型助力大气质量彻底好转和碳排放实质性下降，进而推动实现碳中和。

① 《习近平主持中共中央政治局第三十六次集体学习并发表重要讲话》，http：//www.qstheory.cn/yaowen/2022-01/25/c_1128299594.htm.2022-1-25，2022年1月25日。

B.10
北京市绿色金融推进经济高质量发展路径

丁　军*

摘　要： 绿色金融与经济高质量发展之间存在耦合关系，对其在北京经济高质量发展中的作用效应及发展机理予以深入探讨，明确合理化发展路径、推动绿色金融进行高效创新发展。根据北京经济高质量发展的重点领域与重点方向，提出从建设绿色资产交易平台、推动绿色技术转移中心建设、出台北京绿色企业绿色项目标准、制定绿色金融优惠政策、推动绿色基金发展等方面构建经济高质量发展路径。

关键词： 绿色金融　高质量发展　北京

新发展格局下，经济增长与生态环境建设的协同发展是高质量经济发展的重要标志之一。绿色金融通过对传统产业的绿色改造，支持建立新型绿色低碳循环产业体系。经济高质量发展不能再依靠传统的化石能源，资源利用方式也需要有重大变革，绿色金融在促进经济高质量发展中的重要作用日益受到重视。①

一　文献综述

受到环境保护与生态治理、资源保护与污染管控、全球发展环境变化等诸多因素的影响和制约，可持续发展目标出现重叠交叉问题，直接影响到学术领

* 丁军，北京市社会科学院经济研究所副研究员，主要研究方向：区域经济、生态经济等。

① 傅京燕、刘映萍：《绿色金融促进粤港澳大湾区经济高质量发展的机制分析》，《环境保护》2019 年第 24 期。

域对绿色金融内涵和外延的界定与阐释。例如，多数研究将金融对绿色发展的促进作用作为重要的理论前提，但这一前提本身并未得到充分论证。绿色金融与地区经济高质量发展之间的实证分析较为缺乏。彭路①、李晓西②将绿色金融定义为实现可持续经济发展的方法和途径；俞岚③则指出增强环保成效、实现绿色治理和绿色经济增长是绿色金融的最终实施目标。黄建欢等④将空间杜宾模型及我国省域面板数据予以综合实证研究，明确了绿色金融在资源配置及社会经济发展等方面的功能效应及内在机理，指出其空间溢出效应不明显。

总的来看，绿色金融对社会经济的积极推动作用及两者的良性互动在学术界受到了广泛关注与认可，其创新发展更是能够推动经济高质量发展。同时，可以参考借鉴国外绿色金融发展中的信息披露、法律法规、风险评价、多手段工具运用等。国内的学术研究主要是以问题为导向，聚焦绿色金融的价值意义、推动绿色经济转型发展、国际经验借鉴等内容。

二　绿色金融推进经济高质量发展评价指标体系与模型

（一）绿色金融评价指标

根据绿色金融的构成，绿色金融评价指标体系一般包括对绿色信贷、绿色保险、绿色投资、绿色债券，以及日益重要的新兴的碳金融。

表 1　绿色金融评价指标体系

一级指标	二级指标	权重
碳金融	CDM 项目交易量	0. 06
	碳排放贷款强度	0. 12

① 彭路：《产业结构调整与绿色金融发展》，《哈尔滨工业大学学报》（社会科学版）2013 第 11 期。

② 李晓西：《绿色金融营利性与公益性分析》，《金融论坛》2017 年第 5 期。

③ 俞岚：《绿色金融发展与创新研究》，《经济问题》2016 年第 1 期。

④ 黄建欢等：《金融发展影响区域绿色发展的机理——基于生态效率和空间计量的研究》，2014 年第 3 期。

续表

一级指标	二级指标	权重
绿色信贷	绿色信贷	0. 13
	高科技产业利息支出	0. 04
绿色保险	环境污染责任险规模	0. 10
	环境污染责任险赔付率	0. 17
绿色投资	环保投资	0. 09
	节能环保财政支出	0. 15
绿色债券	环保企业市值	0. 09
	高科技企业资金	0. 06

（二）经济高质量发展评价指标

1. 社会发展

在社会发展方面，选择三个评价指标，分别为城镇居民人均可支配收入、城镇登记失业率和居民消费价格指数。

2. 经济增长

以 GDP 增长率、社会消费品零售总额增长率和服务业占 GDP 比重作为主要评价指标，分别代表了经济总量的变化情况、消费总需求的变动情况以及产业结构的高端化程度。

3. 生态文明

选取单位 GDP 能耗、森林覆盖率和空气质量达到及好于二级的天数比例 3 个二级指标。①

4. 科技创新

选取万人专利授权数、R&D 经费投入强度、万人 R&D 人员数 3 个指标。

① 霍永峰：《绿色金融助推经济高质量发展》，河北师范大学硕士学位论文，2021。

表 2　经济高质量发展评价指标体系

一级指标	二级指标	权重
经济增长	GDP 增长率	0.09
	社会消费品零售总额增长率	0.14
	服务业占 GDP 比重	0.11
社会发展	城镇居民人均可支配收入	0.05
	城镇登记失业率	0.08
	居民消费价格指数	0.11
生态文明	单位 GDP 能耗	0.10
	森林覆盖率	0.11
	空气质量达到及好于二级的天数比例	0.07
科技创新	万人专利授权数	0.12
	R&D 经费投入强度	0.10
	万人 R&D 人员数	0.06

（三）数据来源与处理

数据来源于《北京统计年鉴》、《北京区域统计年鉴》、《中国科技统计年鉴》、中国 CDM 项目数据库系统项目搜索查询、《中国保险年鉴》等。指标权重依据熵值法进行测算。正、负向指标都做了标准化处理。

（四）绿色金融与经济高质量发展的耦合关系模型

假设两者之间具有相互影响、相互作用的互动耦合关系，耦合度通过式（1）计算，其中，A 为经济高质量发展与绿色金融之间的耦合度，A 的值越大代表二者间具有越强的耦合关系，∂_1 为绿色金融综合指数，∂_2 为经济高质量发展综合指数。式（2）中，H 为耦合协调度，α 和 χ 分别代表了绿色金融和经济高质量发展的相对重要程度，两者取值相同。

$$A = 2 \cdot \left[\frac{\partial_1 \partial_2}{(\partial_1 + \partial_2)^2} \right]^{\frac{1}{2}} \tag{1}$$

$$B = \alpha\partial_1 + \chi\partial_2$$
$$H = \sqrt{AB} \qquad (2)$$

表 3　绿色金融和经济高质量发展耦合评价等级划分标准

协调等级	1	2	3	4	5
H 值区间	0.0～0.2	0.2～0.4	0.4～0.6	0.6～0.8	0.8～1.0
程度	严重失调	轻度失调	初级协调	中级协调	高级协调

三　实证研究

（一）绿色金融助力北京经济高质量发展情况

2020 年 6 月，北京市出台《关于加快培育壮大新业态新模式促进北京经济高质量发展的若干意见》，明确了要积极适应绿色化发展需要，充分借助疫情防控工作背景打造全新发展业态，为北京市经济发展水平的提升提供支撑、补充动能、寻找新增长点，明确构建以新基建、新开放、新服务、新场景及新消费为核心内容的新发展体系。① 其中，绿色金融可以促进新消费，为新基建提供支持，在新开放、新服务和搭建新场景中发挥更重要的作用。同时，大力发展绿色金融也成为北京未来五年的重点目标，也是服务业扩大开放和自贸区建设中的重点。

作为国家重要的金融管理中心，北京的绿色金融发展水平全国领先。截至 2020 年末，北京的绿色信贷规模和绿色债券累计发行量均居全国首位，分别为超过 1.2 万亿元和接近 3000 亿元；碳排放权产品总成交额 19.44 亿元、总成交量 6803 万吨，位列全国第一；国内节能环保上市企业占比 10% 以上，总市值位列全国第一。② 截至 2021 年 7 月末，保险机构提供给 653 家

① 《北京：加快培育壮大新业态新模式　助力高质量发展》，https：//www.sohu.com/a/400875546_120702？_trans_=000012_uc_kz_ty，2020 年 6 月 10 日。

② 《北京副市长殷勇：做优做强现代服务业　构建高精尖经济结构》，http：//news.ifeng.com/c/81vw4ywM1oQ－2020，2020 年 12 月 5 日。

企业190亿元风险保障，让首都绿色屏障得到充分守护。10家债券发行交易所及个人绿色债券融资共发行245亿元，8家证券公司参与承销绿色债券，金额达194亿元，12家基金公司发行29只ESG公募基金。

一是积极建设绿色金融国际中心，推动绿色金融试验区发展。公布的试验区方案明确提出，加大金融对绿色技术研发、推广和产业化运用、绿色产业培育的支持力度。二是充分借助资本市场的条件优势，为绿色科技企业发展提供资金支持，对这些企业进行上市辅导培育，推动新三板积极探索构建绿色板块模式。三是充分发动养老基金、保险等多种资本力量向绿色科技行业进行责任投资，积极拓展其融资渠道。四是深入研究绿色科技发展规律，积极构建配套的管理体系和保障机制，推动专业机构对绿色项目和绿色产品进行评估认证，实现绿色产业与金融领域的融合发展。促使保险公司积极开发针对绿色创新技术及其产品的保险业务，推动融资担保体系的优化，做好知识产权融资服务工作。

（二）基于VAR模型的北京绿色金融和经济高质量发展关系的实证分析

选取2016～2020年北京绿色金融指数与经济高质量发展指数构建VAR模型，利用EVIEWS 9.0软件计算发现，两者的发展指数均一阶单整平稳，进而对模型进行稳健性以及序列相关性检验。

表4　绿色金融指数与经济高质量发展指数

年份	绿色金融指数	经济高质量发展指数
2016	35.73	45.54
2017	40.99	51.76
2018	54.11	65.24
2019	67.76	69.88
2020	68.53	71.45

表 5　ADF 单位根检验结果

检验序列	检验模型	检验统计量值	1% 临界值	5% 临界值	伴随概率	结论
X	(A,B,0)	-3.455654	-5.436552	-3.944332	0.12268	非平稳
Y	(A,B,0)	-1.550870	-4.999878	-4.109890	0.59878	非平稳
D(X)	(0,0,1)	-2.877765	-3.010567	-1.959889	0.0059	平稳
D(Y)	(0,0,1)	-3.176980	-2.666221	-1.84354	0.0077	平稳

表 6　绿色金融指数与经济高质量发展指数耦合度分析

年份	耦合度 A	耦合协调度 H	耦合协调程度
2016	0.998	0.565	基本协调
2017	0.999	0.696	基本协调
2018	0.999	0.714	基本协调
2019	0.998	0.843	较为协调
2020	0.997	0.877	较为协调

（三）主要结论

首先，近五年来，北京的绿色金融指数和经济高质量发展指数都不断增加，说明绿色节能环保项目受到全社会的高度关注，绿色金融发展有助于提升北京的绿色经济发展水平，绿色金融对北京经济高质量发展具有正向的拉动作用。同时也应当防范金融风险，避免金融过度刺激实体经济，对经济起到负面作用。其次，随着经济高质量发展，金融机构积极开展绿色金融业务，相关机构大力发行绿色债券，发展绿色保险，政府用于地方绿色发展的资金更加充足。最后，从两者的耦合度来看，2016～2020 年，北京市绿色金融与经济高质量发展的耦合度一直处于 0.99 以上的水平，说明两者的相互作用一直很强。北京市 2017 年发布《关于构建首都绿色金融体系的实施办法》，进一步明确绿色金融发展制度，并强调必须始终坚持积极引领、首善标准的绿色发展原则。绿色金融在北京市拥有着良好的政策基础和市场环境，能够获得强大的技术支持，发展成效显著，与经济高质量发展之间表现为高水平的相互促进作用。此外，两者的耦合协调度不断提升，从基本协调提升到较为协调。北京市以绿色金融为主导，推动了本市产业结构的优化和绿色产业的快速发展，形成了一定的绿色产业规模效应，如碳金融、低碳咨询等新业态纷纷涌现，推动北京市节能环保服务产业进入兴盛发展时期。① 在碳交易市场试点方面，到 2020 年履约期，被列为碳排放管理的重点对象以及一般对象企业数量分别有 843 家和 622 家，前者涉及的企业分布在热力、电力、航空等八大领域，参与企业全部实现履约，试点碳市场全年交易金额为 2.45 亿元、配额成交量为 470 万吨，呈现出供需平衡、成交价上涨的整体发展趋势，碳配额资源价值趋向得到充分体现。

四 对策建议

基于以上北京绿色金融与经济高质量发展的指标体系及协调度分析结论，绿色金融是推动高质量经济发展的有效力量，能够促使北京经济快速发展，因此在制定相应发展策略时，应注重突出绿色金融及其经济推动作用，为北京经济发展奠定良好的基础。

（一）北京绿色金融高质量发展

1. 制定务实高效的绿色金融政策体系

强化顶层规划引领，加强政策协同，加快在环境政策制定和实施方面的衔接。统筹调动金融资源，推动 ESG 投资理念在更大范畴得到认可，支持绿色基础设施项目的战略性安排，发展绿色金融创新工具，在不同层面提升绿色项目的可持续发展能力。建立健全绿色技术融资机制及其资本体系。

2. 发展具有首都特色的绿色金融市场体系

一是集聚绿色金融资源，强化示范效应，协同区内外多方力量，全力

① 《北京走出绿色低碳发展新路径》，http：//www. mee. gov. cn/ywdt/dfnews/202103/t20210317_824959. shtml -2021，2021 年 3 月 17 日。

打造绿色金融发展体系，形成涵盖基金、信贷、保险、上市等多项内容、多种品类的现代化绿色金融平台，以推动绿色金融的系统化、国际化发展，并将其作为可复制的先进金融模式进行推广。定期组织金融机构与绿色企业的金融需求对接会，全方位贴近企业需求，创新产品和实施方式，积极设立能效贷款、节能减排专项贷款等项目。探索设立专项资金，以降低企业发行债券时的第三方认证费用，降低融资成本。通过设置便捷高效的“绿色债券通”等创新做法，吸引境外资本。二是协助加强碳市场顶层设计，完善首都碳金融交易市场监管框架，对接中央及北京地方生态环境部门，明确职责分工。三是对碳金融交易主体进行良性培育，按照沙盒监管原则将准入标准合理放宽，以促进金融企业、碳资产公司及社会中介机构等力量的积极参与。四是结合碳金融业务交易活动的实际需要发展相应的专业中介机构，覆盖融资投资、资本保障及信息咨询等相关业务，促使碳市场运营管理活动变得更加健康稳定、充满生机活力。①

（二）绿色金融促进经济高质量发展

1. 大力发展绿色金融促进绿色消费

通过科学合理地引导绿色消费和绿色生活，增加可持续支出占比，从而刺激高碳企业转型。加大对绿色消费的金融支持力度，将金融资源配置到消费领域，由金融机构来甄别绿色消费过程。以绿色信贷为例，通过线上支付和绿色公益相结合的方式来实现绿色金融消费。在建筑节能领域，有些欧洲国家向采用节能装修的建筑颁发可以量化的能效证书，强制能源企业向市场采购能效证书，这样，金融机构就可以向采用节能装修的居民提供更加优惠的贷款利率，而居民则可以通过向能源企业转让能效证书的收益来弥补利差。这也是典型的政府、企业、居民、金融机构多方合作促进节能减排和绿色消费的方式。

---

① 《推进碳金融助力实现碳达峰碳中和目标》，https：//theory. gmw. cn/2021 －03/23/content_34708015. htm，2021 年 3 月 23 日。

2. 绿色金融助力绿色新基建创新发展

绿色新基建是基于环境友好、节约资源及循环利用的，是综合运用物联网技术、5G 技术、人工智能、区块链、智慧能源等开展的新型基础设施建设，需要得到绿色金融的有效助力。绿色金融要积极融入数字经济思维，对新基建融资予以支持，既要尽力满足其实际融资需求，又要兼顾政策约束、成本收益、信息披露及环境建设等，为新基建提供有效助力。具体来说，一是充分发挥绿色金融的杠杆作用及资金配置作用，促使新基建项目在设计规划及建设运行等整个流程中都体现绿色发展意识；二是全面结合定向鼓励政策，以绿色金融促进绿色技术及产品的研发和应用推广，实现设备设施等基建内容的绿色化、智能化发展；[①] 三是完善绿色发展成本共享分摊机制，以充分利用基础资源，推动基建设施的共建共享和集约化发展，从而极大地提高新基建效益。

3. 探索绿色金融开放发展路径

为实现碳达峰、碳中和目标，应充分整合北京市的金融资源、科技创新、产业多元、开放灵活等优势，积极探索绿色金融推动碳金融市场创新发展的改革路径，构建完善的碳定价中心，不断增强其国际影响力；积极研发绿色金融创新产品，通过支持绿色发展的基金信贷、保险债权等促进对碳金融创新发展；构建专业化绿色金融服务机构，在国家针对性专项资金的引导支持下，不断开展有关气候投融资试点及相关业务；针对绿色金融开展国际化专项交流合作活动，加大政策扶持力度，建立科学高效的国家级绿色金融改革创新试验区，为构建绿色金融标准体系打下坚实的基础。

① 《经济大家谈 | 新基建要注重绿色发展》，http://www.rmlt.com.cn/2020/0609/582892.shtml，2020 年 6 月 9 日。

参考文献

魏鑫跃、王超：《关于个人财务报告“框价限”的研究》，《商业经济》2020 年第 7 期。

赵晓泊：《金融服务业与经济增长关系的实证研究》，北京工业大学硕士学位论文，2007。

王伟：《我国农村政策性金融功能弱化的行为金融学分析》，《上海金融》2008 年第 11 期。

陈亚男、包慧娜：《科技金融发展对产业结构升级影响的实证分析》，《统计与决策》2017 年第 12 期。

安徽省经济研究院课题组：《安徽“三化”协调发展研究》，《经济研究参考》2013 年第 5 期。

曹杰：《环境污染责任险风险配套服务模式研究》，河南理工大学硕士学位论文，2018。

姜启波、谭清美：《新时期我国高质量发展水平测度及空间差异研究——基于熵值 G2 与灰色关联 CRITIC 的变异系数组合赋权法》，《管理现代化》2020 年第 5 期。

傅京燕、刘映萍：《绿色金融促进粤港澳大湾区经济高质量发展的机制分析》，《环境保护》2019 年第 24 期。

吴迪：《绿色信贷促进北京绿色产业发展的研究》，首都经济贸易大学硕士学位论文，2013。

霍永峰：《绿色金融助推经济高质量发展》，河北师范大学硕士学位论文，2021。

文书洋、林则夫、刘锡良：《绿色金融与经济增长质量：带有资源环境约束的一般均衡模型构建与实证检验》，《中国管理科学》2021 年第 2 期。

B.11

大兴国际机场临空商圈建设的路径研究

孙　莉*

摘　要： 拥有巨量客流和优越区位条件的机场临空地区成为承载消费升级的重要载体，临空商圈则是消费潜力挖掘的重要空间形态。在打造“双枢纽”国际消费桥头堡的要求下，大兴国际机场临空商圈基于航站楼商圈、临空经济商务服务圈、机场镇商圈、空港城市商圈四个圈层实施不同的发展策略，并不断吸引优质航线资源，提升国际中观能力，加强与“三区”的联动发展。

关键词： 大兴国际机场　临空商圈　航站楼

一　消费成为后疫情时代首都发展的新动能

“五子联动”是首都构建新发展格局的重要举措。其中，供给侧结构性改革创造新需求旨在形成更高水平的供需动态平衡。北京率先探索构建新发展格局的有效路径，就需要提升供给体系对需求变化的适应性，引领和创造新需求，促进经济循环畅通无阻。以优质供给带动消费升级，北京在建设国际消费中心城市上走在前列。

2021 年《北京培育建设国际消费中心城市实施方案（2021—2025 年）》正式印发，建设空港型国际消费“双枢纽”是重点任务之一。2022 年 3 月，北京市人民政府正式印发《打造“双枢纽”国际消费桥头堡实施方案

* 孙莉，博士，北京市社会科学院经济研究所副研究员，研究方向为区域经济。

(2021—2025年)》，指出发挥“双枢纽+双区”优势，集中力量建设国际消费功能区，打造国际消费桥头堡，对于支撑国际消费中心城市建设、巩固首都以服务业为主导的产业结构优势、主动服务和融入新发展格局、打造国家发展新动力源具有重要意义。拥有巨量客流和优越区位条件的机场临空地区成为承载消费升级的重要载体，而临空商圈则是消费潜力挖掘的重要空间形态。大兴国际机场2021年旅客吞吐量突破2500万人次，根据相关规划，到2025年旅游吞吐量达到7200万人次。流量时代的到来，加之首都巨大的消费潜力人群，如果大兴国际机场能够提供优质的国际消费供给，那么将会拥有巨大的变现空间。消费将成为拉动临空经济发展，乃至首都经济发展的重要引擎，成为后疫情时代首都发展的新动能。

二　消费升级语境下的国际临空商圈的模式与经验借鉴

消费结构的跃迁、消费层次的提升、消费品质的转变、消费行为的变迁、消费形态的演变成为消费升级的重要组成部分。在消费升级背景下，拥有巨量客流量的国际枢纽机场和临空经济区成为承载消费升级的重要空间载体。临空商圈具有临空经济的特征和商业圈的属性，根据设施和服务的客户群（航站楼—城镇组合）一般分为航站楼商圈、临空经济商务服务圈、机场镇商圈和空港城市商圈。

（一）航站楼商圈

航站楼商圈主要布局在航站楼1公里步行范围内，以商业综合体为主要载体。由于航站楼的性质，这一类商圈的服务对象是短暂停留候机登机的旅客，主要满足旅客的餐饮、购物、娱乐等需求。封闭的空间和巨大的客流量是航站楼商圈最典型的特征。

1. 新加坡星耀樟宜综合体

星耀樟宜总建筑面积为13.4万平方米，其中零售餐饮商店超过280家，占地9万平方米，为总面积的67%，最为特殊的是其室内花园及景点占地面积达到2.2万平方米，为总建筑面积的16%。在商业综合体内，建设了天空之网、迷宫世界及奇幻滑梯等游乐景点设施，还有高达约40米的中央瀑布，各种植物错落有致地分布在室内花园（星空花园），还成为新加坡规模最大的室内植物展示地之一。新加坡将星耀樟宜打造成文化旅游IP，面向世界宣传。瀑布雨漩涡、星空花园等游乐景点设施吸引了大量游客前往打卡。不少旅行社将其称为新加坡必去景点之一，并为此设计了专门的旅行线路。此外，星耀樟宜在设计上与一号、二号及三号航站楼相连接，旅客可以步行至航站楼，这使得旅客在购物途中不必担心错过航班。为了能让旅客一身轻松没有紧迫感地休闲购物，星耀樟宜一楼还提供“Early Check In”服务，可提前办理登机牌，并进行行李托运。旅客可以根据不同的航空公司提早3~24小时办理登机牌与行李托运。

2. 法兰克福 Squaire 综合体

法兰克福机场 Squaire 大型商业综合体是结合航站楼设置的高端免税商场，建筑面积约为19.8万平方米。航站楼与商业综合体通过步行廊连接。商业综合体内设休闲娱乐、餐饮酒店、高端商务等功能。其中商务办公包括毕马威总部和汉莎航空总总部。

（二）临空经济商务服务圈

临空经济商务服务圈位于航站楼的门户区域，距离航站楼3公里范围以内，一般是结合大型综合交通枢纽设置。该商务圈具有良好的交通条件，租金较高。商务圈的企业以商务服务型为主，消费客户群主要为机场商务型旅客以及驻场的企业员工，业态主要包括总部经济、机场酒店、会议会展、文化康体和机场办公等。

最典型的临空经济商务服务圈是上海虹桥商务核心区。它位于虹桥机场的西侧，是结合高铁—机场形成的综合交通枢纽在航站楼前集约化布局的总部经济与综合配套。虹桥商务核心区（一期）占地1.4万平方米，商务办公面积约为86.7万平方米，商业用地约69.7万平方米，汇聚了酒店、文化娱乐、商业、会议展览等。入驻虹桥商务区的企业包括航空公司、企业总部、航空服务业等。此外，新加坡樟宜机场、韩国仁川机场国际商贸区也属于临空经济商务服务圈。

（三）机场镇商圈

机场镇商圈属于低租金的区域，距离机场 2 ~5 公里，一般邻近地铁、高速公路等交通站点。机场镇商圈初期租金较低，服务的客户主要是机场的工作人员、当地的企业员工。随着周边产业园区的发展，机场镇商圈后期主要为专业园区提供配套服务。

典型的机场镇商圈是荷兰阿姆斯特丹的 Hoofddrop 机场镇，主要业态包括能源与物流企业研发、办公、酒店、金融服务。这主要是由于它临近专业的能源与物流园区。同样，法兰克福机场的凯尔斯巴赫机场镇，占地面积约 2.64 万平方米，由于邻近专业化工园区、物流园区，其服务人群为园区工作人员，业态为园区配套的办公、少量的保险金融企业。

（四）空港城市商圈

空港城市商圈距离航站楼 5 ~15 公里，位于机场与城市之间的主要交通廊道上。空港城市商圈位于机场边缘或者中心城区的边缘，受到中心城区和空港的双向辐射，服务的客户为城市居民和机场客流。从业态来看，与中心城区商圈业态相近，但是拥有一定的临空指向型服务业，如科技研发、会议会务、商务办公等。

虹桥机场的空港城市商圈距离机场航站楼 7 公里，位于机场东侧，是同时受到机场和城市辐射的成熟性商务中心。商圈面积为 65 公顷，其中办公及商业零售面积占 61%，会展、酒店、高级公寓分别占 11%、10%、18%。从功能来看，周围以商务办公、会务酒店、信息产业研发、涉外事务为主，以国际企业、涉外人员、商务旅客为主要客户群。法兰克福机场的 Niederrad 和 Eschborn 商务区临近主城区，距离机场5 ~7 公里，是城市边缘型商圈。商圈占地面积 62 公顷，以金融保险、机场服务企业、商业等功能为主。

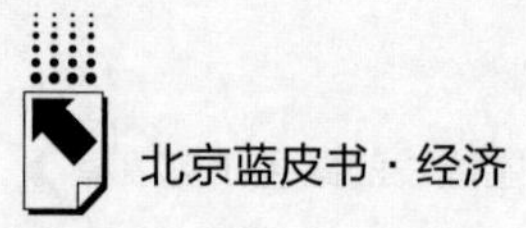

三　大兴国际机场临空商圈发展基础

（一）发展条件

2019 年 9 月，大兴国际机场正式通航，航空口岸正式对外开放。2020 年，大兴国际机场旅客吞吐量 1609 万人次，2021 年旅客吞吐量突破 2500 万人次，单日最高旅客量突破 14 万人次，全年运营国内航线 200 条，联通全国 157 个航点。机场周边商业处于起步阶段，“非航收入”和“航空收入”共同驱动大兴国际机场经济发展。大兴国际机场临空商圈具有一定的产业基础。综合保税区封关运行、各类专业园区正在建设，伴随各类园区发展的商务配套需求不断增加。不久的将来，随着临空产业、高新技术产业、生命健康产业的逐步发展，为园区配套的各类商业、商务设施也会不断增加。

（二）现状基础

大兴国际机场是首都“新国门”，航站楼商圈是指大兴国际机场综合楼，商业部分建筑面积 18 万平方米，分布在航站楼的 B1 层至四层，覆盖 300 家国内外知名品牌，约 240 家零售店铺。航站楼商圈从 2018 年起启动零售店面及餐饮项目公开招商，2021 年航站楼共十九期商业零售项目招商，2022 年零售项目继续招商。航站楼商圈包括米兰大道、香榭大街、中心岛区、千禧时代、丝绸之路、国内一线精品六大主题商业区，中西文化交融互鉴，营造了国际化的交流体验场所。其中航站楼二楼国内到达/出发混流区是旅客最集中的区域，该区域零售面积超过 1 万平方米，涵盖了 150 家零售店铺。餐饮娱乐、免税购物、酒店、商业零售、商务办公成为航站楼商圈的主要业态，服务人群为机场旅客及机场的工作人员。

大兴国际机场北航站区属于临空经济商务服务圈，建筑面积约为 42

万平方米，涉及商务办公、机场办公、高端酒店、远距离停车场等类型，主要服务于大型企业、航空公司、机场商务型旅客和机场工作人员。大兴国际机场临空商圈处于起步阶段，综合保税区 2021 年封关运行，各类园区处于建设和招商阶段，机场镇商圈和空港城市商圈处于起步阶段。目前，国际会展中心、国际消费枢纽项目正在积极规划中。国际会展中心位于城际铁路联络线礼贤站，将建成 40 万平方米的室内展馆；国际消费枢纽位于礼贤站南侧，可开发规模约为 65 万平方米，定位为空港型国际消费枢纽。

机场所在的大兴区依托轨道交通优势，形成了沿线高端商业集聚效应。沿着大兴线，形成了以宜家、王府井、绿地缤纷城等为代表的 7 个主要商圈。大兴的高端商业集聚效应初步显现，已形成由中心城区深入新区的商业发展动脉。“十四五”时期，西红门城市休闲商业中心和国门商务区成为大兴重点发展的市级商业中心。

（三）发展机遇

相较于北京北部地区，南部地区的商业设施建设相对滞后。南部地区仅有西红门商圈是区域级商圈，其他商圈的能级和辐射范围有限，并且商圈之间尚未形成协同、互补的发展格局。大兴国际机场临空商圈可以在一定程度上弥补南部地区的商业空白，形成“临空 + 区域”的综合性商圈。从政策机遇来看，“两区”建设和“双枢纽”国际消费桥头堡政策都为大兴国际机场临空商圈的建设提供了良好的政策环境。

（四）功能定位

充分利用“新国门”带来的国内国际两种资源，不断营造国际化消费新环境，构建跨区域消费新通道，拓展高品质消费新场景，形成消费新版图，把大兴国际机场临空商圈打造成为国际临空消费新目的地、空港型消费枢纽。

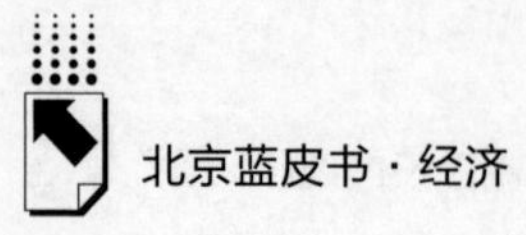

四　发展策略

（一）航站楼商圈：提供多元场景，构建智慧商业系统，与市内免税联动

航站楼商圈是临空商圈的核心。如何增加旅客停留时间，把巨量客流转化为消费力是航站楼商圈发展需要解决的核心问题。打造多元化的消费场景，提供良好的消费体验，促进机场商业向城市购物中心转型。打造集购物、休闲、娱乐、免税、观光旅游等多功能服务于一体的综合商务中心。大兴国际机场航站楼商圈应重点强化休闲、娱乐、观光等功能。借鉴新加坡星耀樟宜经验，增加文化旅游、景观、儿童游乐主题的注入，提升互动性和吸引力。借鉴荷兰史基辅机场经验，融入博物馆等体现北京特色和中国传统文化的内容，打造北京对外文化展示的窗口。通过多种手段，强化商业 IP 策划和设计，面向全球进行营销和推广，提升品牌知名度。

积极推动机场免税店与市内免税店的联动发展。机场免税店有效截留了本区域庞大的免费商品购物需求，成为全球免税业增长的重要空间。建议将免税店延伸到市区，统筹协调在机场隔离区内为市内免税店设置离境提货点，提供“市区免税提货服务”。加强全市免税消费设施的布局规划与联动发展，构建免税消费网络，形成免税消费空港（机场）—城市（市内）良性互动的格局。

（二）临空经济商务服务圈：积极发展高端商务、高等级的临空会展等业态

该圈层的消费人群是商务型旅客。针对商务型旅客的需求，积极发展高端商务、会议会展等业态。随着大兴国际机场口岸实施 144 小时过境免签等政策，外籍商务人士不断增加，应积极探索建设“无关化商务区”，深化国际贸易服务。建设国际商务综合体等平台。借助大兴国际会展中心的建设，

依托机场积极围绕“国家战略展、国际知名展、国际品牌展、新兴科技展”等主题，聚焦高端专业展览，开展生命健康、航空服务等领域旗舰展。争取设立北京服贸会大兴国际机场分会场。与会展中心联动发展，以会展+综合商业体为载体，配套酒店会议、文旅休闲等，创新“会展+消费”融合的商业综合集群开发模式。

（三）机场镇商圈：积蓄潜力，与周边园区协同发展

依托临空经济区生命健康产业园，综合保税区，航空制造及维修、物流园区等不同产业功能区，以及现有镇区，强化专业的商务功能、商业圈节点建设，针对专业园区工作人员、镇区居民形成错位发展。机场镇商圈首先以节点建设促进港产城的融合发展，其次由点形成全层、带动区域发展。

（四）空港城市商圈：引进高品质的商业，提升商圈能级和专业服务能力

空港城市商圈分担原本大兴国际机场与北京中心城区高强度联系，形成与空港枢纽与中心城区之间的商业纽带。空港城市商圈的服务人群不只是局限于大兴区航天产业基地、生物医药基地、中日产业园等功能园区内，而是包括房山等北京城市南部地区的人群。因此，空港城市商圈立足于优质的生态资源和文化资源本地，承接市级功能的服务设施，形成与西红门商圈的联动发展，带动整个北京南部地区的商业发展，提升商圈能级和专业服务能力。

（五）吸引优质航线资源，提升机场国际中转能力

旅客流量是临空商圈发展的根本所在。因此，大兴国际机场要加强与民航的战略合作，积极吸引优质的航线资源，积极拓展与“一带一路”沿线国家和地区的主要城市间的航空货运航线。中转量是衡量国际枢纽机场的重要标志，也是机场商业发展的前提条件之一。积极提升大兴国际机场的国际中转能力，扩大航权开放范围，优化大兴国际机场航权资源配置。在巩固北

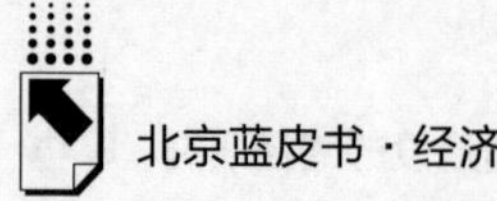

美、欧洲等市场的基础上，大力培育“一带一路”沿线国家和地区新兴市场，加大力度吸引客货流量，优化运力结构。

（六）加强与大兴国际机场“三区”联动发展

大兴国际机场“三区”是指临空经济区、自由贸易试验区和综合保税区。“三区”中各类功能园区所需的商业商务服务与园区的生产、物流功能构成商圈发展的基础条件。畅通国际航空货运通道，延伸和拓展跨境电商产业链。“三区”规划建设的国际会展中心项目、国际消费枢纽项目是构成临空商圈的基本元素。优化“三区”商业、商务、物流等项目的布局，融入文化元素。完善交通基础设施网络，加强空港与中心城区之间的互联互通。

（七）串联激活南部若干消费中心

形成空港—城市沿线消费集群，带动形成一批特色区域消费中心。依托南中轴及其延长线的“国门”优势，承接国际交往、文化旅游功能。聚焦大兴国际机场沿线的大兴新城、亦庄新城、运河商务区及天宫院、方庄、长阳等北京南部大型居住区，激发消费潜力，增加特色消费元素。

参考文献

李亚洲、叶宸希、李文龙、刘婕：《消费升级语境下的临空地区商业圈发展模式探析——国内外经验及广州临空商圈规划实践》，《面向高质量发展的空间治理——2020中国城市规划年会论文集（14 区域规划与城市经济）》，2021 年 9 月 25 日。

李文龙、叶宸希：《临空商圈的发展特征及广州实践》，《面向高质量发展的空间治理——2020 中国城市规划年会论文集（14 区域规划与城市经济）》，2021 年 9 月 25 日。

贾璇：《双枢纽时代北京顺义临空经济发展问题探讨》，《北方经济》2021 年第 3 期。

马奔：《航空枢纽城市商业网点规划研究——以成都双流区为例》，《四川建筑》2017 年第 5 期。

B.12
现代化首都都市圈的建设状况与发展建议*

徐李璐邑**

摘　要： 建成京津冀世界级城市群是京津冀协同发展的重要目标之一，而都市圈建设是形成城市群发展的必经阶段。以首都北京为核心的首都都市圈，必然是京津冀地区经济能级最高、辐射能力最强、世界影响力最大的都市圈，能够对京津冀地区的发展起到切实的引领和示范作用，有着非常重要的意义。自京津冀协同发展战略上升为国家战略以来，首都都市圈的建设取得了一些重要进展，在经济发展、人口集聚、交通基础设施、公共服务四个方面均有不同程度的体现。但不可避免的是，要推动首都都市圈更好地发展，还存在产业发展的互补衔接不够、交通体系建设配套不足、城镇体系的建设存在缺陷、公共服务供给不足等问题。在未来的发展中，要尽快推动首都都市圈的区域规划编制、加快首都都市圈的顶层制度设计、加强交通基础设施建设、完善优质公共服务布局。

关键词： 城市群　京津冀协同发展　首都都市圈

---

* 北京市社会科学院高端智库一般课题（2021C6691）。

** 徐李璐邑，博士，北京市社会科学院经济研究所助理研究员，研究方向为区域经济、城镇化与城乡发展。

城市群是城镇化发展高级阶段的重要空间载体，而都市圈是形成城市群发展的必经阶段，是城市群形成的重要基础。建设京津冀世界级城市群是推动京津冀协同发展的重要目标之一。要培育成熟的京津冀世界级城市群，离不开都市圈建设和培育。在京津冀地区中，以首都北京为核心的现代化都市圈是经济能级最高、辐射能力最强、世界影响力最大的都市圈，对京津冀其他都市圈起到引领和示范作用，有着非常重要的意义。

一　首都都市圈的发展现状

根据《国家发展改革委关于培育发展现代化都市圈的指导意见》，都市圈是城市群内部以超大特大城市或辐射带动功能强的大城市为中心、以1小时通勤圈为基本范围的城镇化空间形态。根据当前北京的发展状况及其与周边城市已经建立的经济、社会、交通、环境等联系，按照经济往来密切、有重要交通要道支撑等条件来看，北京市、天津市、雄安新区、河北省廊坊市初步符合要求，已在首都都市圈范围内。基于这个范围，当前首都都市圈辐射面积约为3.68万平方公里，已经具备了基本的圈层结构雏形，可以分为核心圈、扩散圈和辐射圈三层。核心圈是北京市中心城区，大致是北京五环内及五环周边部分区域，与北京核心天安门广场直线距离为20公里左右。扩散圈包括北京市域范围内的城市发展新区、河北廊坊市北三县、固安县部分区域，与天安门广场直线距离为50公里左右。辐射圈包括北京市域范围内其他地区、天津市、雄安新区和河北廊坊市剩下地区，与天安门广场直线距离为100公里左右。

自京津冀协同发展战略上升为国家战略以来，首都都市圈的建设已经取得了一定的进展。为了更精准地评价京津冀协同发展战略实施以来首都都市圈的建设状况，基于县（区）层面的数据，对首都都市圈的建设状况进行考察。其中，由于雄安新区成立于2017年，还处于早期建设阶段，为保证数据的连贯性，将采用保定市雄县、安新县、容城县三地的数据代替为雄安新区经济发展指标数据。同时，考虑到数据的可得性，廊坊市的广阳区、安次区、廊坊经济开发区合计为廊坊市区，因此，共计 44 个区县作为研究对象。

（一）经济发展

地区间的经济联系是促进都市圈形成最为重要的因素。因此，首都都市圈内各区县的地区生产总值能够体现出都市圈的经济发展状况。从近年区县的地区生产总值来看，首都都市圈内的地区经济体量差距还非常明显。其中，整个首都都市圈的地区生产总值超过了 5 万亿元，从地区分布来看，前五位分别是海淀区、朝阳区、滨海新区、西城区、东城区，其中 4 个地区属于北京市，1 个地区属于天津市。从地区生产总值占比来看，前五位的地区生产总值占整个地区的 57.8%，前十位的地区生产总值占到 71.5%，头部地区的集聚效应非常明显。从地区均衡性来看，北京下属各区县的地区生产总值倍差达到43.7，天津为31.7，廊坊为6.2，雄安新区处于起步阶段，发展水平整体相对较低，为1.2，但首都都市圈内地区发展不平衡、不充分问题较为突出。

都市圈内不同等级规模的城市，应当在具体的产业上有所分工和协作，促成大都市区的功能发展。从各个地区的产业结构来看，在 44 个区县中，共有 9 个区完全实现产业的非农化，没有第一产业生产。9 个区中 3 个属于北京中心城区，6 个属于天津中心城区。在其他的 35 个区县中，还或多或少地留有第一产业，大致可以分为三类：第一类是第一产业比重已经降到 1% 以下，基本完成了城镇化进程，区域内产业结构以第三产业为主，主要位于都市圈中的扩散圈；另外两类是第一产业比重在 1% 以上，区域产业结构中第二、第三产业各占一半左右或第二产业比重高于第三产业比重，主要位于都市圈中的辐射区。从产业结构变化可以明显看出，首都都市圈在从核心向外围扩散的过程中存在产业结构渐次变化。对比图 2 与图 1 也可以看出，经济总量越高的地区，其产业结构中服务业的比重越高，而经济总量越低的地区，其农业的比重也相对更高，充分说明在都市圈内的区域分工中，已经存在“核心”以现代服务业为主体、“外围”有工业和农业分布的现象。

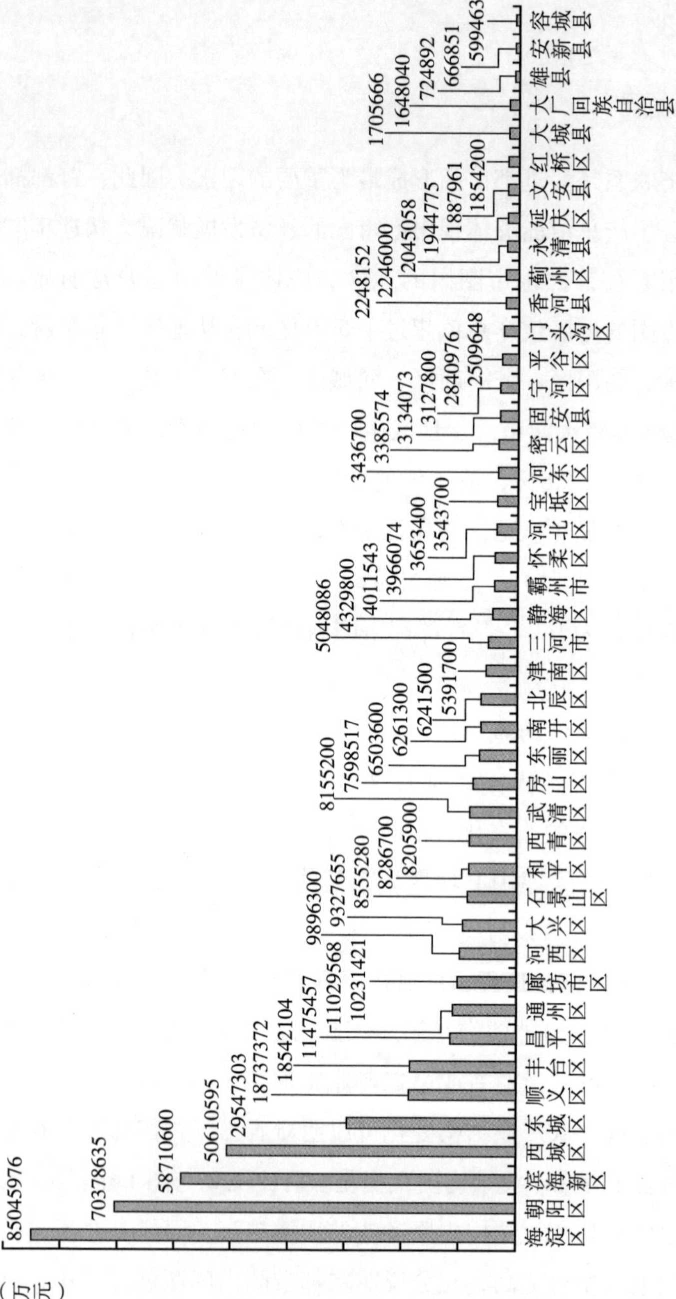

图 1　首都都市圈内区县近年地区生产总值

注：受数据可得性限制，北京、天津为 2020 年数据，河北省下属区县为 2019 年数据，下同。

资料来源：《北京区域统计年鉴 2021》《天津统计年鉴 2021》《中国县域统计年鉴 2020》。

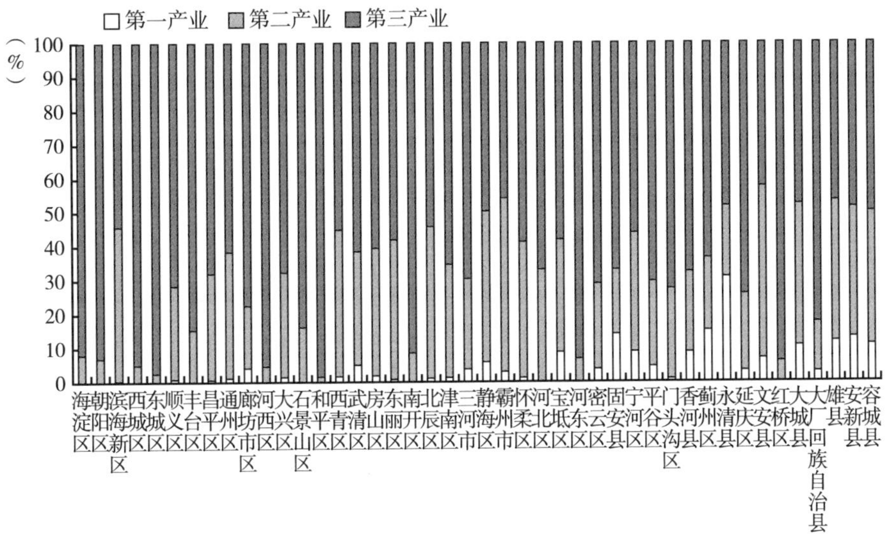

图 2　首都都市圈内区县的产业结构

资料来源：《北京区域统计年鉴 2021》《天津统计年鉴 2021》《中国县域统计年鉴 2020》。

同时，由于京津冀协同发展战略在 2014 年正式上升为国家战略，将以 2013 年作为基期对比研究首都都市圈内各区县的经济增长情况。从地区生产总值的增幅来看，有 11 个区县增长幅度超过了 100%，即经济总量实现了翻倍，其中属于北京市的区有 7 个，属于河北廊坊市的区县有 4 个。同时，也有 10 个区县出现了经济总量的萎缩，其中 8 个位于天津市。雄安新区各县还处于起步阶段，经济总量不稳定。总体来说，首都都市圈的经济总量确实向着以首都北京为核心的都市圈集聚。

（二）人口集聚

人口集聚是反映都市圈发展状况的另一个重要指标。通过对比 2020 年的第七次全国人口普查数据与 2010 年的第六次全国人口普查数据，能够更加准确地分析在京津冀协同发展战略的引领下首都都市圈的人口分布变化情况。对比两次人口普查的数据可以看出，2020 年整个地区的总人口较 2010 年增加了约 440 万人，总人口超过了 4200 万人，但人口的分布出现非常明

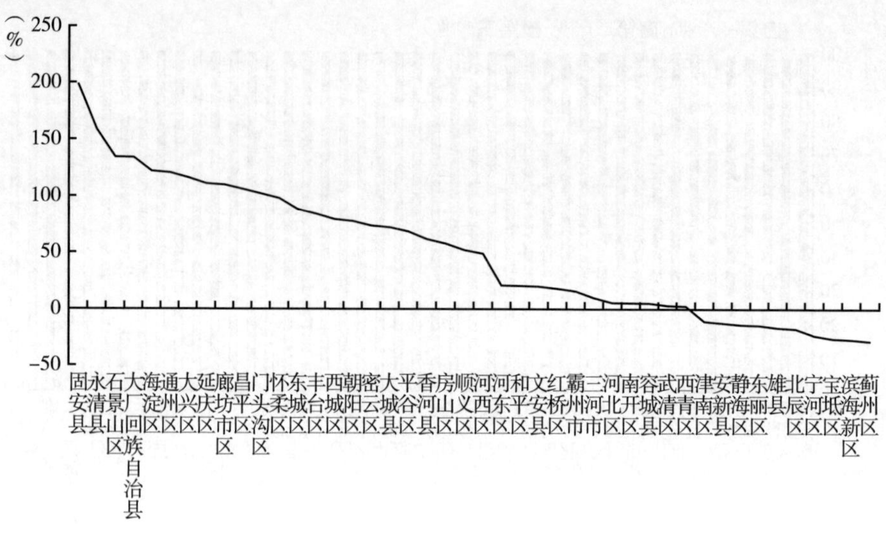

图3　2014～2020年首都都市圈经济总量增长幅度

资料来源：《北京区域统计年鉴2021》《天津统计年鉴2021》《中国县域统计年鉴2020》《中国县域统计年鉴2014》。

显的分化。其中，北京、天津两地中心城区的人口都出现了下降，降幅最大的地区超过了20%。而紧邻北京、天津中心城区的近郊区，人口出现了较为明显的增长，其中北京的通州区、顺义区和天津的西青区、津南区等的人口增幅都超过了50%。从一定意义上来说，各大中心城市的发展已经进入扩散阶段，都市圈的扩散圈成为吸纳新增人口的主要区域。与扩散圈相比，北京、天津市域范围内的远郊区人口增长缓慢，反而出现了人口比重的相对下降。雄安新区作为发展潜力巨大的地区，人口也出现了明显的增长。而河北廊坊市作为连接京津的重要地区，人口也出现了明显增长，不仅廊坊市区人口超过了100万，廊坊北三县的人口也超过了100万，固安、永清等与京津相邻的县人口也超过了50万，已经达到了大中城市的人口规模。并且，与河北省其他地级市相比，廊坊市是过去十年人口净流入最多的城市，达到110多万人。排第二名的人口净流入是省会石家庄，为109.26万人，充分说明了京津冀地区的人口向都市圈集聚的趋势非常明显，而都市圈中的扩散圈成为吸纳新增流入人口的主要区域。

（三）交通基础设施

交通基础设施在都市圈发展中是最重要的支撑。完善的交通基础设施能够更快捷地连接都市圈的核心城市与外围的节点城市，促进都市圈内人口、资源等要素的高效互动。随着技术的不断进步和更高速交通工具的出现，支撑都市圈的交通体系不断完善，从早期的省道、国道，到现在的高速公路、轨道交通体系，都市圈内的要素流动将更加频繁、高效。

在公路体系建设方面，以往在首都都市圈内还存在一定的“断头路”“瓶颈路”，阻碍了其高效发展。在“十三五”期间，北京市打通了若干“瓶颈路”“断头路”，加快了高速路网建设，完成了京台高速、京秦高速等10个项目，新增里程192公里，截至2020年底北京市高速公路运营总里程达到1174公里。同时，京雄高速、大兴国际机场北线高速西延工程等重要项目，将推动首都都市圈内形成多节点、网络化的互联互通高速公路网络。

在轨道交通建设方面，其已经成为当前首都都市圈建设中的重点，是都市圈交通一体化发展的重点。一是在高速铁路建设方面，在2008年8月1日已经开通的京津城际铁路的基础上，2020年12月27日，京雄城际铁路开通运营，同时天津—雄安的城际铁路也正在建设中，将形成北京、天津、雄安新区之间的半小时交通圈。同时，京津城际延长线、石济高铁、京张高铁等高铁线路相继开通，推动了首都都市圈内半小时、一小时交通圈建设。二是在市郊铁路建设方面，为了推动中心城区与周边郊区的发展，北京、天津都加快发展市郊铁路，开通了北京市郊铁路城市副中心线、北京市郊铁路S5线（怀密线）、津蓟线市郊列车等。三是在跨省域轨道交通线路建设方面，北京地铁22号线，又称平谷线，已经获得批复开始建设，其将途经北京朝阳区、通州区、河北省三河市、平谷区等地区，成为首都都市圈内首条跨省域的轨道交通线路，将更有力地推动首都都市圈内各圈层的“同城化”发展。

在节点城市方面，以往在首都都市圈内大量的主要交通干道都是以北京为中心，呈现放射状发展态势，使得北京成为重要的商贸中转点。为了推动

表 1　2020 年首都都市圈各区县七普数据及六普对比

单位：人，%

区县	2020 年普查数据		区县	2020 年普查数据		区县	2020 年普查数据	
	人口数	变化		人口数	变化		人口数	变化
东城区	708829	-22.9	延庆区	345671	9.1	静海区	787106	22.0
西城区	1106214	-11.0	和平区	355000	27.8	蓟州区	795516	-3.9
朝阳区	3452460	-2.7	河东区	858787	-0.1	容城县	273164	5.8
丰台区	2019764	-4.4	河西区	822174	-5.9	安新县	453723	3.7
石景山区	567851	-7.8	南开区	890422	-12.6	雄县	478553	33.1
海淀区	3133469	-4.5	河北区	647702	-17.6	廊坊市区	1147591	32.2
门头沟区	392606	35.5	红桥区	483130	-9.8	固安县	576344	37.7
房山区	1312778	38.9	东丽区	857027	50.7	永清县	384767	7.9
通州区	1840295	55.4	西青区	1195124	73.8	香河县	449038	30.8
顺义区	1324044	51.0	津南区	928066	56.6	大城县	481902	0.9
昌平区	2269487	36.6	北辰区	909643	36.0	文安县	544778	8.8
大兴区	1993591	46.1	武清区	1151313	21.1	大厂回族自治县	171366	44.5
怀柔区	441040	18.2	宝坻区	722367	-9.9			
平谷区	457313	9.9	滨海新区	2067318	-16.6	霸州市	743226	19.3
密云区	527683	12.8	宁河区	395314	-4.0	三河市	965075	48.0

资料来源：各地区第七次人口普查公报、第六次人口普查公报。

“非首都功能”疏解，在以北京为核心的首都都市圈内，也要加快交通节点城市的建设，推动“网络化”的交通体系构建。其中，雄安新区、天津等地都在积极通过规划多层次交通廊道，加快交通基础设施建设，增强自身的交通节点功能。大兴国际机场自2019年正式通航以来，已经通过轨道交通、城际铁路、高速公路连通等方式，成为首都都市圈内世界级的重要交通枢纽，有力地推动了首都都市圈内多层次交通体系网络的形成。

（四）公共服务

公共服务是都市圈发展中不可忽视的重要组成部分。随着我国城镇化水平的进一步提升，不同于以往的人随产业走，对优质生活的追求越来越影响到人们对于区域的选择，使得公共服务质量对人口迁移的影响日益增加。由于都市圈是随着中心城市发展而逐步向外扩散形成的，公共服务资源通常在都市圈内外圈层存在巨大的落差，特别是优质的教育和医疗资源。在首都都市圈中这种落差也非常明显。以北京市的教育服务为例，都市圈的核心圈内生师比较低，服务水平较高；扩散圈内，由于常住人口增加，适龄学生数增加，生师比逐步上升，服务水平下降；辐射圈内，由于常住人口较少，适龄学生人数也不多，因此生师比出现了下降。因此，北京市的教育服务水平从都市圈中心到外围较为明显地呈现出先下降后上升的“U”形特征，反映了在都市圈的建设过程中出现的公共服务不均衡。

另外，我国的公共服务通常都是由政府提供的，这就需要政府长期发挥作用，以便实现最可观的效益。因此，政府在供给和布局相关资源时需要经过相对较长时间的考察，也就非常容易出现公共服务供给严重滞后的现象。以医疗资源分布为例，首都都市圈内的北京、天津两大城市集聚了整个地区最为优质的医疗资源，中心城区的三甲医院数量占到整个地区的一半以上。以卫生机构拥有的床位数作为衡量指标来看，北京、天津核心城区的每万人床位数超过了100张，其他区的每万人床位数也在50张左右，并且一直保持有相对稳定的增长率。但是，假如以2013年为基期，用每万人床位数增长率作为指标，考察实施京津冀协同发展战略以来医疗资源投入情况可以看

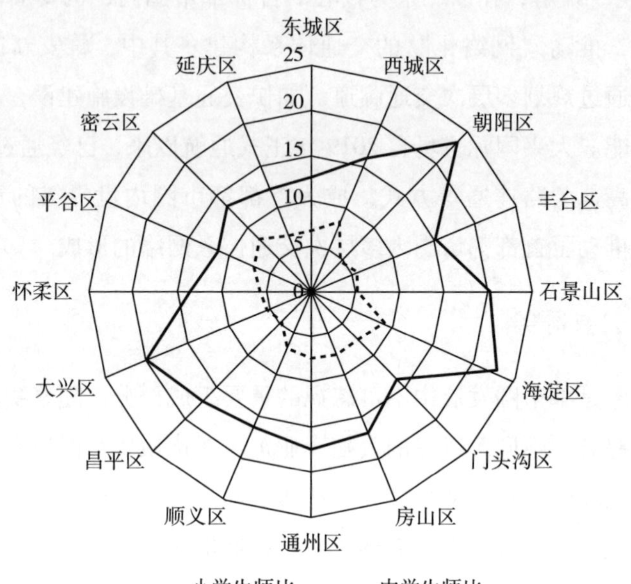

图 4　2020 年北京市各区中小学生师比

资料来源：《北京区域统计年鉴 2021》。

出，原本医疗资源较好的地区依然保持有相对稳定的每万人床位数增长态势，而原本医疗资源相对紧缺的地区，特别是近年来人口增长较快的地区，其每万人床位数增长率大多低于人口增长率。这就容易导致医疗资源分布呈现“强者越强、弱者越弱”的两极分化现象。在人口增长最快的地区，如果不能尽快投入与之相匹配的医疗资源，当地的公共服务水平将下降，进而地区吸引力下降，使地区陷入公共服务供给不足的低水平循环。

二　首都都市圈建设中的不足之处

总体来看，自京津冀协同发展战略实施以来，首都都市圈的建设取得了一定的进展和成就。但是从整个京津冀地区的城市群发展来看，京津冀地区的都市圈总体还处于成长期，尚未形成相互耦合、衔接完善的城市群。作为

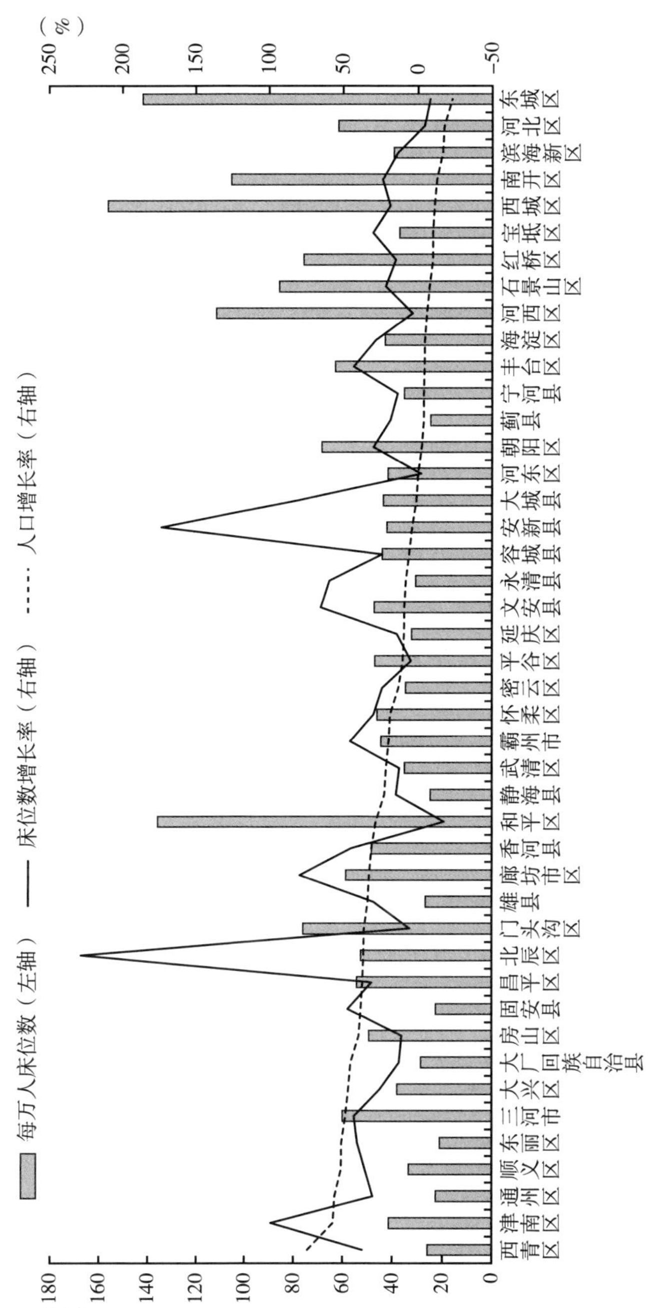

图5　首都都市圈各区县医疗服务资源情况

资料来源：根据《北京区域统计年鉴2021》《天津统计年鉴2021》《中国县域统计年鉴2020》等相关数据计算所得。

京津冀地区都市圈的引领者，首都都市圈的发展也依然存在以下不足之处，需要在未来的发展中有所侧重。

（一）产业发展的互补衔接不够

当前，首都都市圈中各个城镇的产业发展还存在一定缺位，产业之间衔接不足，导致整个地区的产业发展存在“缺链”“断链”现象，无法在首都都市圈内部形成较完善的产业协同发展体系、激活整个地区的发展潜力。自北京实施疏解“非首都功能”以来，大量制造业、商贸业等产业离开北京向外疏解，但很多企业都直接绕过了首都都市圈的外围地区，转移至河北省，或者直接转移至南方的长三角、珠三角城市群地区，造成了都市圈内的产业缺口。从表面上看，都市圈内各个地区在制定自身产业发展战略时，都有积极追求更高端、更绿色、更创新的产业目标，但事实上，这些目标很多也脱离了地区发展的实际，完全忽略了产业发展的高端化不仅需要经历产业的演进更替，更要精准对接市场的需求，才能实现良好的发展。

同时，当前首都都市圈的发展还缺少一套较为系统的整体规划，不仅在首都都市圈的核心圈，甚至在首都都市圈的扩散圈和辐射圈，过去以行政区划为指导的城市规划都忽略了首都都市圈地区是一个已经集聚人口超过4000万的重要城市区域。要实现整个首都都市圈的协调发展，必须要按照城市系统运行的需求布局相关的物流、商贸、批发零售、生鲜产品供给等，否则就会在区域上造成城市功能的欠缺，降低城市运营效率，增加城市生活成本，并最终影响城市发展的活力和潜力。

（二）交通体系建设配套不足

当前，首都都市圈在进行交通体系建设时更加侧重于线路的建设，相对忽略了站点的建设。而都市圈的一个关键理念是，都市圈应当是满足1小时通勤圈为基本范围的城镇化形态。首都都市圈交通站点建设不足主要表现在两个方面，一是大多依托于传统国家铁路系统大站点，站点集成功能过多，换乘复杂，不利于通勤快速换乘的实现。以北京西站为例，其不仅是京雄城际铁路在北京的到达站，同时还集成了普通铁路、京广高铁、市郊铁路和地铁换乘，但是北京西站周边并非北京就业中心，整个站人流量大，功能复杂，完全不适宜通勤换乘。二是真正实现便捷通勤的站点是能够从外围以生活功能为主的区域直接到达就业中心的站点，但是在当前首都都市圈的建设中，这样的站点还非常稀缺。早期，北京地铁 13 号线正是由于实现了从回龙观居住区到海淀中关村科技园的便捷通勤，促进了回龙观居住区的快速发展。而在未来的轨道交通建设中，应当更加注重站点的建设，特别是以站点发展带动都市圈外围地区产业新城和生活功能区的发展。

（三）城镇体系的建设存在缺陷

以往的研究认为，京津冀地区的城镇体系结构存在较为明显的缺陷，其中拥有北京、天津两个城市，属于超大城市，但缺少 500 万～1000 万人口规模的城市。实际上，北京和天津两个超大城市均为广域市制，其均拥有较大的发展空间，并没有完全实现规模效应外溢。[①] 在首都都市圈内看待城镇体系发展，必须从各区县的发展实际来看，根据 2020 年的第七次全国人口普查数据，北京市中心城六区集聚的人口为 1098 万人，城市发展新区集聚的人口为 913 万人，天津中心城六区集聚的人口为 406 万人，环城四区集聚的人口为 388 万人，同时武清区集聚的人口超过 100 万人，滨海新区集聚的人口超过 200 万人，廊坊市区集聚的人口超过 100 万人。因此，可以发现，实际上在首都都市圈内，真正的超大城市只有北京，天津属于特大城市，同时，武清、滨海新区、廊坊市区、三河市等城镇的人口规模已经达到或者接近于大城市。按人口规模来看，整个地区已经有一定数量的大中小城市和小城镇，城镇体系是相对合理的，但问题在于，各地区的行政等级并不会根据人口规模及时进行调适，各地区的财政支配能力也并没有及时跟上，特别是

① 赵聚军：《行政区划如何助推区域协同发展？——以京津冀地区为例》，《经济社会体制比较》2016 年第 2 期。

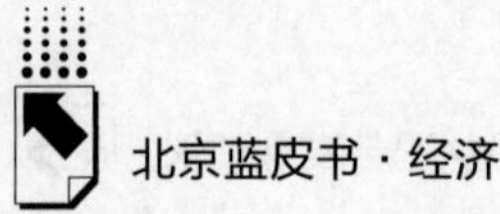

武清区、三河市等县级市和区的人口规模可能远远超过了其财政负担能力，导致其没有足够的力量来促进城市发展。

（四）公共服务供给不足

地区行政等级没有及时根据人口规模进行调适的最直接影响，就是公共服务供给能力不足。特别是首都都市圈内的许多区县，其人口集聚规模已经达到了中等城市的水平，但由于相应的财政支配能力没有及时跟进，各个地区较为普遍地存在基础设施落后、公共服务供给能力不足的问题。这不仅影响到都市圈内扩散圈和辐射圈中的小城市的人口集聚能力，还影响到产业的落地和都市圈内的均衡发展。特别是一些过去人口集聚速度较快的地区，如果相应的医疗和教育资源没有跟上，其就会陷入资源供给不足、发展能力不足的低水平循环，并逐渐影响整个地区的可持续发展。

三　推动首都都市圈加快发展的对策建议

都市圈是促进城市群发展的必经之路，首都都市圈更是实现京津冀世界级城市群发展的重要引领。更好地推动首都都市圈发展，不仅是京津冀协同发展战略的重要实践，更是推动京津冀世界级城市群建设的重要示范，建议尽快在以下几个方面加强落实，推动首都都市圈加快发展。

（一）推动首都都市圈的区域规划编制

建议尽快推动首都都市圈的区域规划编制工作。一是进行首都都市圈规划编制，能够改变当前以行政单元为边界做规划，对区域外围发展重视不足的缺陷，促进跨区域间的协调共建，加快区域一体化规划的实现，可以在首都都市圈范围内更合理地进行城市功能的布局；二是首都都市圈的规划要充分考虑整个区域的产业发展需求，根据当前各个城镇的资源禀赋、产业基础、区位特点等规划适宜的区域功能，便于城市间形成高效的产业协同和分工合作体系，最大限度地挖掘都市圈的开发潜力。

（二）加快首都都市圈的顶层制度设计

建议加快推动首都都市圈建设的顶层制度设计，推动体制机制改革。一是建立首都现代化都市圈管理机构，以区、县为基本发展单元，协调都市圈内各区域的开发、建设、管理等事宜，消除首都都市圈内的行政性壁垒。建议以通州区与北三县一体化示范区为试点，重点加强一体化建设中的体制机制突破。[①] 二是建立一套完备的城市开发建设体系，使都市圈内的城镇能够在统一标准下实现新城开发、城市建设，积极推动金融政策创新，以政府资金为引导，吸引社会资本，满足都市圈建设中的较大资金需求。三是构建协调一致的管理机构和办事标准体系，落实责任部门，对都市圈内城市事务协调管理，促进都市圈内的各项要素高效流通，尽快推动一体化发展。特别是对于当前的产业禁限政策，要坚持新型高端化理念，不再简单地按产品和产出划分，而应当将行业的运行效率、产出效益、实现功能和价值等作为新型判断标准，保障都市圈内产业发展协调、城镇功能完备。

（三）加强交通基础设施建设

建议根据都市圈发展需求，进一步加强都市圈的交通基础设施建设。一是加快高速铁路、城际铁路、市郊铁路等大容量、高速度的轨道交通建设，形成支撑首都现代化都市圈的大尺度城镇体系框架。二是加快完善高速公路、国道、省道等高等级公路的路网体系，提升路网密度，优化路网节点，便利货运、客运等资源运输。三是加快城市轨道交通网络建设，提升城市公共交通运营效率，缓解城市拥堵，提升城市宜居性。四是加快轨道交通线路的站点建设，促进都市圈核心圈就业中心与扩散圈和辐射圈内各类功能区的连接，充分发挥轨道交通站点的带动作用，特别是带动都市圈外围地区的城镇发展，促进人口更加均衡分布，实现都市圈整体协调发展。

---

① 刘秀杰、万成伟、叶裕民：《京津冀协同发展的制度困境与对策建议——以通州与北三县协同发展为例》，《城市发展研究》2019 年第 11 期。

（四）完善优质公共服务布局

建议加快重要公共服务设施在都市圈外围的布局，提升都市圈辐射区域内公共服务供给水平。应当在都市圈内实现公共服务资源的统筹安排，建议以常住人口数为基础，以户籍管理制度改革为指引，消除人口自由流动的制度性障碍。妥善赋予各地区更多的财政自主权，实现公共服务资源的合理布局，配合教育、医疗、住房保障、公共服务等方面的措施，提升都市圈内特别是都市圈外围地区新城镇的吸引力。积极促进都市圈内新增居民的社会融入，共同打造都市圈内的现代化节点新城市，促进都市圈内的城镇体系不断完善。

参考文献

赵聚军：《行政区划调整如何助推区域协同发展？——以京津冀地区为例》，《经济社会体制比较》2016 年第 2 期。

刘秀杰、万成伟、叶裕民：《京津冀协同发展的制度困境与对策建议——以通州与北三县协同发展为例》，《城市发展研究》2019 年第 11 期。

产业发展篇

Industrial Development

B.13 2021年北京市信息产业运行特点及2022年形势展望

洪 旭*

摘 要： 2021年，数字化转型加速，北京市信息产业实现稳定增长，但监管升级对平台经济头部企业影响较大，信息产业增速呈现高开而后逐步放缓态势。2022年，北京市将加快打造全球数字经济标杆城市，加速高端芯片、基础元器件等“卡脖子”技术攻关，加快新型基础设施建设，推进信息技术与各行业的深度融合应用，力争全市信息产业持续保持稳定增长势头。

关键词： 信息产业 电子信息制造业 信息服务业

* 洪旭，北京市经济信息中心经济师，主要研究方向为产业经济和宏观经济。

一 2021年北京市信息产业增速高开后逐步回归常态

在集成电路高景气带动下，电子信息制造业实现较快增长。2021 年，北京市计算机、通信和其他电子设备制造业增加值同比增长 19.6%，增速较上年同期加快 5 个百分点，智能手机、智能电视、集成电路产量分别增长 17.1%、46.8%、21.7%。全年计算机、通信和其他电子设备制造业营业收入、利润总额同比分别增长 28.1%、36.3%，较上年同期分别大幅提高 12.9 个、25.9 个百分点。

受平台经济监管影响，信息服务业增速高开后逐步放缓。2021 年信息传输、软件和信息技术服务业实现增加值 6535.3 亿元，增长 11.0%，增速较上年同期回落 3.4 个百分点。信息服务业仍是全市经济的主要支撑力量，增加值占全市 GDP 的比重达 16.23%，较上年提升 0.9 个百分点。平台经济监管升级对头部平台企业的影响逐步显现，信息传输、软件和信息技术服务业收入增速由 1~2 月的 50% 以上下降至 1~11 月的 20% 左右，利润总额仅增长 0.6%，较上年同期大幅回落 18.5 个百分点。

骨干企业实力进一步增强。显示产业领域，京东方充分发挥面板行业龙头优势，紧抓行业景气度大幅提升机遇，估计 2021 年实现营业收入近 2200 亿元，同比增长 60% 左右，实现归母净利润约 260 亿元，同比增长超 410%。智能手机领域，据 Digitimes 调研数据，2021 年小米智能手机出货量仍位列全球第三，市场份额为 12%。集成电路领域，产业链各环节景气度高企，中芯国际成熟工艺扩产有序推进，整体扩产进度如期达成，先进工艺业务稳步提升，业绩实现大幅增长。社交媒体领域，字节跳动估值达到 2.25 万亿元，超过蚂蚁集团成为全球最大独角兽企业，2021 年营收约 580 亿美元、增长约 70%。零售电商领域，截至 2021 年 9 月 30 日，京东 12 个月的活跃购买用户数达到 5.52 亿，较上年同期净增 1.1 亿。办公软件领域，金山办公主要产品月度活跃设备数超 5 亿大关，较上年同期增长 14.00%。

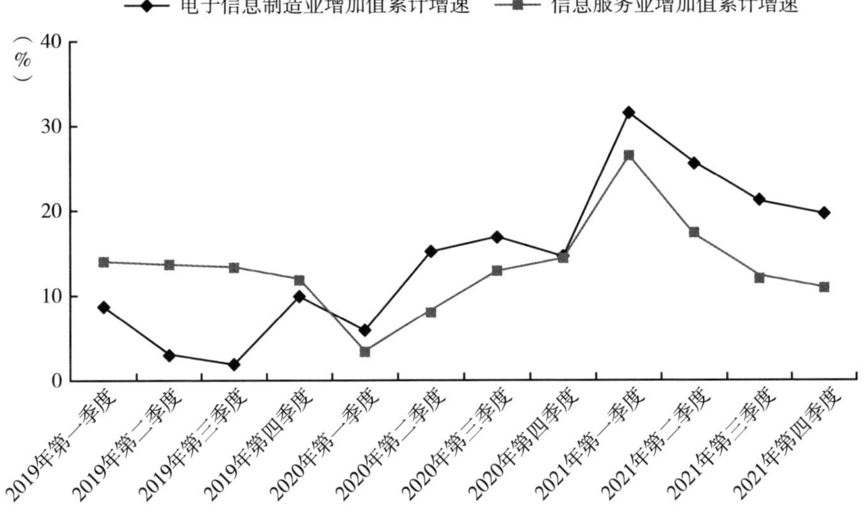

图 1　北京市电子信息制造业及信息服务业增加值累计增速

资料来源：北京市统计局网站。

二　需要关注的问题

（一）芯片短缺、价格上涨使电子信息制造业企业生产经营承压

疫情期间，以5G手机、平板电脑为代表的电子产品出货量显著增长，叠加汽车智能化升级需求，全球用芯需求呈爆发式增长，但受制于有限的晶圆制造产能，2021年以来全球缺芯潮不断蔓延，产业链下游电子信息制造业企业供应链紧张。芯片涨价潮也随之而来，电子信息制造业企业面临“上游涨价快、下游提价难”的双向挤压，经营压力明显加大。小米2021年第三季度业绩失速，手机出货量减少约1000万部至2000万部，环比下降17%，总收入和经调整净利润环比分别下降11.1%和18.1%。业内普遍预计，2022年随着新增产能的逐步释放，半导体产业链紧绷程度或将逐步缓解，但高端芯片短缺状况仍将持续一段时间。

（二）关键软件技术创新和供给能力有待提升

我国提出不断做强做优做大数字经济，北京市积极打造全球数字经济标杆城市，软件是数字经济的底座，要推动数字经济健康发展，必须推动软件产业做大做强，提升关键软件技术创新和供给能力。当前，国产软件基础薄弱，在产品性能功能、用户体验、稳定性和成熟度等方面与国外主流产品相比差距较大。各国科技竞争愈发激烈，国内关键软件产品突围面临瓶颈，而由于国内软件人才缺口较大、生态链相关企业缺乏深度合作等，软件与各领域融合应用的广度和深度还不够，亟待提升关键软件技术创新和供给能力，为推动数字经济发展提供有力支撑。

（三）平台经济转型“阵痛”仍将持续，亟待规范发展推动行稳致远

2021 年国家监管逐步升级，直面平台经济发展中的不规范以及竞争失序、数据和信息安全等问题。美团因“二选一”垄断行为受到行政处罚 34.42 亿元，占其上年净利润的 72%，2021 年第三季度去除反垄断罚金后的调整净亏损同比扩大为 55 亿元。网络安全审查趋严趋紧，上市仅五个月的滴滴启动退市流程。2021 年字节跳动在广告业务增长遇阻、教育和游戏业务受挫等因素影响下，连续几年的营收倍级增长开始放缓。国家教育行业“双减”政策落地，在线教育领域加速洗牌、艰难转型。同时，流量红利减弱、“烧钱引流”模式难以持续，平台经济在规范发展中的“阵痛”难以避免。北京市平台头部企业多，监管环境变化带来的企业业务发展不确定性增加，亟须推动平台经济在规范发展中探索“第二增长曲线”。

三　2022年北京市信息产业发展环境

（一）国际环境复杂多变，信息产业链稳定性面临挑战

当前，全球掀起以电子信息制造业为核心的科技革命和产业变革，电子

信息制造业产业链加速重构。全球第四次产能转移浪潮以来，我国推动产业链重心逐渐由低端加工向高端研发与制造转移。但发达国家实施“再工业化”战略，并持续强化在5G、人工智能等方面的布局，给我国信息产业发展带来较大竞争压力，高端制造业有向欧美回流之势。同时，美国拉拢其盟友对我国高科技产业发展形成围堵，对关键技术和核心零部件的封锁进一步加剧，给我国信息产业链、供应链的稳定性和产业链转型升级带来挑战，新冠肺炎疫情在全球蔓延进一步加剧了产业链、供应链的脆弱性。

（二）国家数字经济发展战略为信息产业发展指明方向

发展数字经济已成为把握新一轮科技革命和产业变革新机遇的战略选择。习近平总书记强调，把握数字经济发展趋势和规律，推动我国数字经济健康发展。《“十四五”数字经济发展规划》明确指出，以数字技术与实体经济深度融合为主线，不断做强做优做大我国数字经济。信息产业是数字经济发展中的基础产业，是协同推进数字产业化和产业数字化的重要支撑，数字经济国家战略的加快推进，为信息产业的进一步发展指明了方向。

（三）北京加快建设全球数字经济标杆城市，为信息产业提升供给能力、实现高质量发展提供重要支撑

2022年，北京市将坚持“五子”联动融入新发展格局，其中“一子”就是发展数字经济。北京市加快建设全球数字经济标杆城市，强化新型基础设施支撑，重点突破高端芯片、基础软硬件、开发平台、基本算法、量子科技等“卡脖子”和前沿信息技术，为信息产业提升供给能力提供强大的基础设施和关键技术支撑。新一代信息技术在经济社会各行业各领域的加速渗透扩散与融合应用，将为信息产业的进一步发展提供广阔的市场空间。

四　2022年北京市信息产业发展形势判断

2022年，随着新型基础设施加快建设、数字经济快速发展、数字化转

型加速推进，在电子信息制造业骨干企业引领和信息服务业优势领域带动下，北京市信息产业将继续保持稳定增长势头。

（一）电子信息制造业预计将增长10%以上

2022 年，随着 5G 建设快速推进和应用场景逐步丰富，智能终端的渗透率将进一步提升，电子信息设备多元化发展将带来更多新的增长点。随着汽车电动化渗透率的快速提升，电子元器件需求将大幅增长。芯片短缺状况逐步缓解有利于电子信息制造业产能的进一步释放，预计全市电子信息制造业将继续保持 10% 以上的增速。智能手机市场仍有较大增长空间。中信证券预计，2022 年全球智能手机出货量将继续实现稳步增长，其中折叠屏手机出货量同比增速将翻倍。光大证券预计，2022 年第一季度小米智能手机出货量有望回升，全年小米智能手机出货量为 2.2 亿 ~2.3 亿部，同比增长 15% ~20%。随着高端机占比提升，预计 2022 年小米集团智能手机业务收入增速为 25%。集成电路景气度依然向好。集成电路国产替代加速，在 5G 建设加速、消费电子及汽车电子需求增长等因素影响下，集成电路市场需求持续旺盛。中芯京城一期有望形成有效产能，每月约生产 10 万片 12 英寸晶圆。显示行业将继续受益于市场环境改善和产能释放。2022 年，随着三星 LCD 面板产线的全面清退，全球 LCD 面板产能将进一步向国内企业集中。作为行业龙头，京东方的控产控价能力和盈利能力将提升，规模和全球市场占有率有望进一步增加。

（二）信息传输、软件和信息技术服务业预计将实现15%左右的增长

2022 年初，九部门印发《关于推动平台经济规范健康持续发展的若干意见》，进一步优化平台经济发展环境，随着平台经济监管的全方位细化，预计对平台企业的影响将进一步显现。但北京市加快打造全球数字经济标杆城市，企业数字化转型空间广阔。北京市在 5G、工业互联网、人工智能等领域头部企业众多、技术和产品优势明显，预计全年信息服务业将增长 15% 左右。5G 融合应用将加速落地。北京市已基本实现全市 5G 网络覆盖，

5G 应用的开发正成为推动 5G 产业发展的主战场，5G 在智能物流、无人仓储、智能佩戴等场景的应用将加速落地，5G + AR/VR 等新的应用需求将加速释放。加快打造工业互联网产业发展高地。北京市工业互联网发展基础支撑能力持续增强，平台赋能水平显著提升，综合发展水平全国领先，到 2023 年工业互联网核心产业规模将达到 1500 亿元。人工智能产业发展将继续领跑全国。北京正在加快建设新一代人工智能创新发展试验区、国家人工智能创新应用先导区，以及 7 个国家新一代人工智能开放创新平台，基于科创资源和企业及人才优势，将继续引领国内人工智能产业发展。网络安全产业规模不断扩大。北京市网络安全企业、高端人才集聚效应显著，海淀园、通州园、经开区信创园协同联动，将紧抓国内网络安全产业发展的黄金期，以进一步实现快速发展。

五　对策建议

（一）“软硬兼修”，强化关键核心领域的基础支撑

一是聚力攻坚基础软件，重点突破工业软件，协同创新应用软件，推动核心技术、关键产品、集成应用等产业链体系化创新升级。强化企业创新主体地位，支持软件领军企业联合下游应用企业、科技研所及高校，聚焦高端芯片、传感器、人工智能核心算法等关键核心技术开展持续攻关，协同推进信息技术软硬件产品产业化、规模化应用。二是把握机遇促进集成电路产业高质量发展。抓紧制定新时期促进全市集成电路产业高质量发展的政策措施，在核心技术突破、创新平台布局、产业供应链完善等方面系统规划，在高端通用集成电路设计、EDA 设计工具等“卡脖子”环节精准支持，在研发流片、整机联动、平台建设等方面加大支持力度，培育更多集成电路“隐形冠军”“专精特新”企业。紧跟汽车电子关键芯片战略布局，强化应用牵引，推动整车厂商给予芯片企业更多机会进行搭载应用和迭代优化。

（二）加强信息技术应用创新，持续激发数字化发展新需求

一是聚焦北京市全球数字标杆城市建设需要，完善信息技术创新应用生态，围绕各行业数字化转型需求，推进信息技术研发企业与下游企业加强供需对接，促进技术创新、产品迭代和规模化应用。深化信息技术集成创新和融合应用，推动远程办公、互联网医疗等新业态新模式加快发展，推动数字经济平台化、定制化、轻量化服务模式创新。二是培育壮大软件开发开源生态，推进重点领域基础性、前瞻性开源项目，提升软件融合性、体系化创新能力，为关键设备和系统提供高质量、低风险的开源软件供应链。引领培育"软件定义"创新应用生态，打造面向电子消费、智能制造、智能网联汽车等典型领域的"软件定义"解决方案。

（三）发展与规范并重，推动平台经济健康持续发展

一是强化监管，营造公平竞争的市场环境。重点在平台经济反垄断和反不正当竞争、个人信息保护、数据安全、金融等方面加强监管，厘清平台企业责任边界，制定平台企业合规指引，建立平台企业监管系统，推动多方力量实现协同监管。二是加强支持和引导，促进平台企业创新发展。支持平台企业加强技术创新，以需求为牵引不断优化自身业务，提升优质产品和服务供给能力，在促进传统领域转型发展、提升中小企业创新活力、促进数字经济新业态新模式发展方面发挥更大作用。引导支持平台企业加强数据、产品、内容等资源整合共享、互通互联、协同发展。

参考文献

《北京经济总量跃上 4 万亿元新台阶》，《北京日报》2022 年 1 月 20 日。

《倪红福：全球产业链呈现三个新态势》，中国经济网，2021 年 4 月 7 日。

《中国社会科学院经济研究所所长黄群慧：全球产业链加速重构"大而不强"的中国产业链如何破局?》，《每日经济新闻》2021 年 8 月 26 日。

《经济日报评互联网强监管：是阵痛也是机遇!》，中国经济网，2021 年 8 月 21 日。

《平台经济如何行稳致远》，《经济日报》2021 年 9 月 4 日。

《平台经济将与实体经济深度融合》，中国经济网，2022 年 1 月 5 日。

《〈“十四五”软件和信息技术服务业发展规划〉解读》，《中国电子报》2021 年 12 月 31 日。

《北京发布工业互联网发展行动计划》，《北京日报》2022 年 1 月 31 日。

《5G 手机发展势头强劲 折叠屏产业链机会可期》，《中国证券报》2022 年 1 月 20 日。

《半导体将从全面缺芯走向结构性缺货》，《上海证券报》2022 年 1 月 14 日。

B.14

2021年北京市房地产行业运行特点和2022年形势展望

北京市经济社会发展研究院房地产形势分析课题组*

摘　要：　在坚持“房住不炒”的定位下，房地产行业逐步告别高速发展时代。2021年全国房地产市场降温明显，局部风险凸显。北京市房地产市场总体情况略好于全国，体现了特大城市房地产市场需求支撑较强的特点，但也面临项目违约、土地交易不确定性增强、商办用房空置率上升等风险。预计2022年北京房地产市场仍处于调整阶段，房地产开发投资低开稳走，价格探底后小幅回升。北京房地产市场处于存量为主，增量补短板、调结构的阶段。长期来看，房地产业在城市发展中的基础性地位不会改变，土地、资金中长期供给将持续偏紧，要以“稳投资、促盘活、保居住、防风险”为重要抓手，促进房地产行业持续健康稳定发展和经济高质量发展。

关键词：　房地产　投资　城市更新　北京

---

* 执笔人：于国庆，北京市经济社会发展研究院投资研究部部长，副研究员，主要研究方向：金融、投资；雷来国，北京市经济社会发展研究院投资研究部副部长，高级经济师，主要研究方向：投资、消费、房地产；滕秋洁，北京市经济社会发展研究院助理研究员，主要研究方向：房地产、投消费；郭颋，北京市经济社会发展研究院助理研究员，主要研究方向：投资、消费、房地产；张晓敏，北京市经济社会发展研究院副研究员，主要研究方向：国际消费中心城市、城市更新；贾硕，北京市经济社会发展研究院助理研究员，主要研究方向：房地产、投资、消费。

房地产行业是关系国计民生的重要行业，是城市的基础产业，兼具经济和社会双重属性。中央坚持“房住不炒”“住有所居”“因城施策”，多措并举从供给和需求两端发力调控，推动建立符合国情、适应市场规律的房地产行业平稳健康发展长效机制。房地产行业正处于告别过去高速发展、过度竞争时代，逐渐走向稳健发展的拐点。在国家稳房价、稳地价、稳预期的要求下，和全国一样，北京市房地产投资增速和成交量2021年总体呈现回落态势。预计2022年房地产市场仍处于调整阶段，开发投资低开稳走，价格探底后小幅回升。未来北京市要以“稳投资、促盘活、保居住、防风险”为重要抓手，促进房地产行业持续健康稳定发展和经济高质量发展。

一　2021年全国房地产市场降温明显，局部风险凸显

受2020年同期基数较低和融资政策收紧叠加影响，2021年下半年全国房地产市场降温明显并出现分化，部分房地产企业出现流动性危机，一、二线城市机遇犹存。

（一）供需两端持续发力，房地产行业长效调控机制趋于完善

近年来，中央坚持“房住不炒”，从供需两端完善房地产行业长效调控机制。一是融资政策收紧。2020年8月“三线四档”[①] 政策出台，从资金供给端控制房地产行业高杠杆率。12月对银行设置房地产贷款和个人住房贷款占比上限“两条红线”，加强金融审慎管理，推动金融贷款向实体经济转移。二是实行土地出让“两集中”政策。2021年起要求22个重点城市土地供应实行集中发布出让公告和集中组织出让活动，以稳定土地市场预期，降

① 2020年8月央行、住建部出台了重点房地产企业资金监测和融资管理的“三线四档”规则。三道红线是指剔除预收款后的资产负债率大于70%、净负债率大于100%、现金短债比小于1倍。按照踩线情况，房地产企业被分为“红、橙、黄、绿”四档，“红档”企业有息负债规模不能高于现有水平，“橙档”企业有息负债年增速不得超过5%，“黄档”企业有息负债年增速不得超过10%，“绿档”企业有息负债年增速不得超过15%。

低土地溢价率。三是支持住房租赁企业发展。2021 年 7 月全国住房租赁企业房产税降至4%，增值税降至1.5%，通过向企业让利进一步支持住房租赁业务发展。四是准确把握和实施房地产金融审慎管理制度。9 月召开的央行三季度例会和房地产金融工作座谈会均提出“维护房地产市场的健康发展，维护住房消费者的合法权益”，在调控基本方向不变的前提下进一步提高金融政策的精准性。五是积极稳妥地推进房地产税立法与改革。10 月，全国人大常委会决定授权国务院在部分地区开展房地产税改革试点工作，引导住房合理消费和土地资源节约集约利用。

（二）调控政策效果显现，房地产市场下半年降温明显

土地市场降温，房地产开发投资增速下滑。受重点城市供地“两集中”政策影响，2021 年房地产开发企业土地购置面积约 2.2 亿平方米，同比下降15.5%。第二批集中供地城市普遍出现流拍或中止、延迟出让，第三批在融资环境有所改善的情况下成交率有所提高，但企业对于拿地依然谨慎。全年房地产开发投资 14.8 万亿元，同比增长 4.4%，两年平均增长 5.7%（见图 1）。

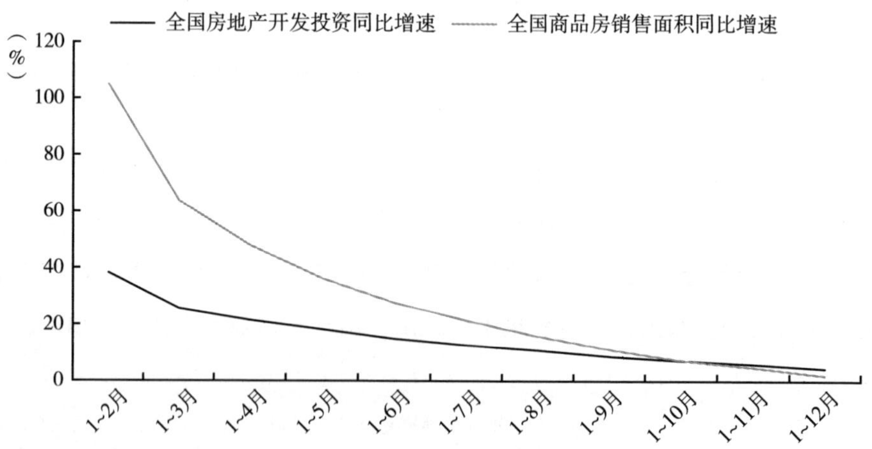

图 1　2021 年全国房地产开发投资、商品房销售面积同比增速

全国商品住房市场整体降温。全年商品房销售面积 17.9 亿平方米，同比增长 1.9%。12 月一线城市新建商品住宅和二手住宅销售价格同比分别上涨 4.4% 和 5.3%，涨幅比 11 月分别回落 0.4 个和 0.5 个百分点。

（三）房企融资被动收紧，局部风险凸显

2021 年 100 家典型房企的融资量为 1.3 万亿元，同比下降 26%，为近五年最低点。[①] 从资金来源看，国内贷款同比下降 12.7%，自筹资金同比增长 3.2%，定金及预收款同比增长 11.1%，销售回款成为主要资金来源。

房企流动性恶化，局部风险凸显。2021 年部分企业先后遭遇现金流困难，境内市场房地产行业信用债新增 12 家违约发行人，中资地产美元债共 8 家主体发行违约，违约债券 55 支。[②] 房地产行业整体融资难，短期负债规模过高的企业存在破产的可能性。有融资能力的国有企业或现金流充裕的民营房企可在市场竞争中赢得新机遇。

二　2021年北京市房地产市场运行特点

（一）北京市房地产市场主要指标回落，总体好于全国平均水平，与一线城市横向比较相对平稳

北京市房地产市场全年基本走势与全国整体情况一致。2021 年下半年以来，北京市房地产开发投资和商品房销售面积增速持续下降，新房、二手房价格环比涨幅全线回落。从一线城市横向比较来看，北京投资增速和成交量、价格波动情况与上海较为接近，稳定性好于深圳、广州。

1. 房地产开发投资增速5月开始由升转降，两年平均增速低于上海

2021 年第二季度以来主要城市房地产市场陆续降温。上海、广州、深

---

① 数据来源：克而瑞研究中心。

② 中国国际金融股份有限公司：《中国信用策略双周报：2021 年地产债信用事件回顾》，新浪财经，http://stock.finance.sina.com.cn/stock/go.php/vReport_Show/kind/10/rptid/695719355437/index.phtml，2022 年 1 月 17 日。

圳三地房地产开发投资早在 3～4 月先后出现增速下降。北京市房地产开发投资增速从 5 月开始由升转降，全年同比增长 5.1%，高于全国 0.2 个百分点，低于上海 2.1 个百分点，两年平均增长 3.8%。2021 年房地产开发投资增长既是 2018 年第四季度以来投资回升态势的延续，也是对 2020 年疫情负面影响的回补。

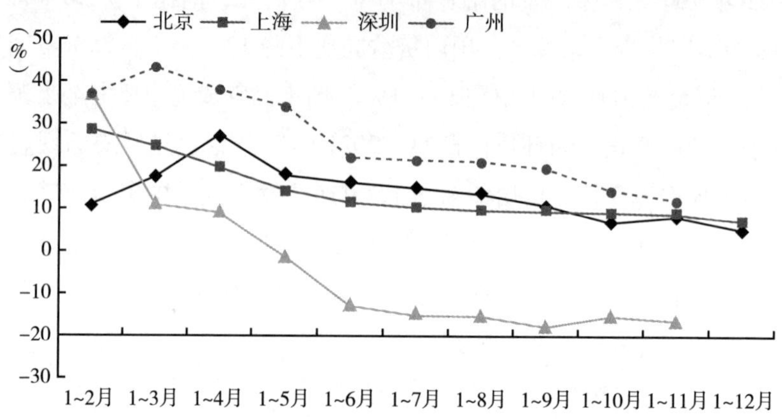

图 2　2021 年一线城市房地产开发投资增速

2. 新开工面积降幅较大，规模仅为上海的一半左右

2021 年北京市房地产新开工面积 1895.9 万平方米，相当于上海的 48%，同比下降 36.9%，上海同比增长 11.8%。供地规模是影响新开工的主要因素之一，2020 年和 2021 年上海土地市场供地面积分别是北京市的 3.2 倍和 2.4 倍，其中住宅用地分别是北京市的 2.3 倍和 2 倍。

3. 住房市场成交量为近五年最高，整体去库存压力相对较小

全年一、二手房成交量均为近五年最高。2021 年北京市住房市场成交量先降后升，全市新建商品房销售面积 1107.1 万平方米，其中住宅成交 877.1 万平方米，同比分别增长 14% 和 19.6%；二手住房成交 1729.4 万平方米，同比增长 15.6%。新建商品房成交面积增速比全国和上海分别高 12.1 个和 8.9 个百分点，二手住房成交面积增速比上海高 23.5 个百分点。

全年房价走势与上海相近，波动幅度小于深圳和广州，市场整体稳定性

较好。2021 年北京市新建商品房价格涨幅波动较小，12 月同比涨幅为 5.1%，高于一线城市平均涨幅 0.7 个百分点。二手住房价格全年先升后降，转折点出现在 9 月，12 月同比涨幅为 8.5%，低于一线城市平均涨幅 3.2 个百分点（见图 3、图 4）。

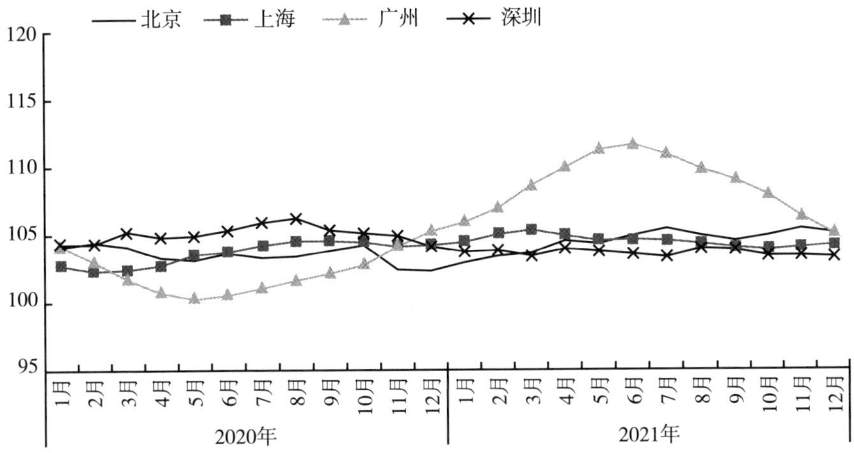

图 3　2020 年 1 月至 2021 年 12 月一线城市新建商品房同比价格指数

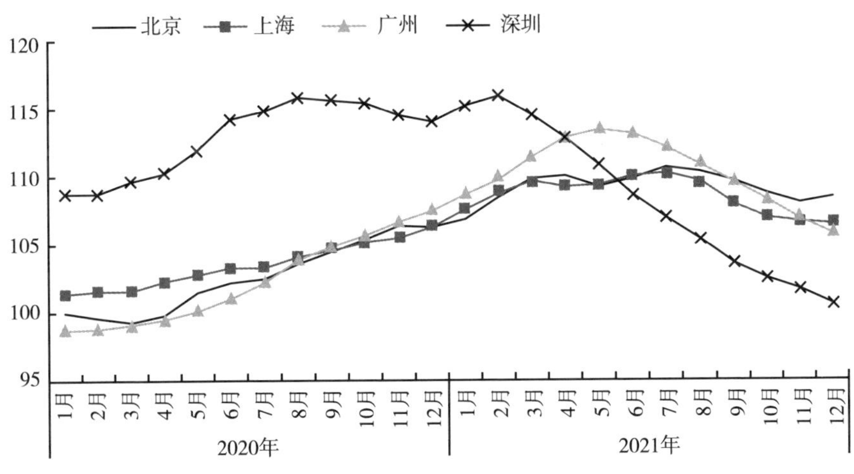

图 4　2020 年 1 月至 2021 年 12 月一线城市二手住房同比价格指数

与全国相比，北京市整体去库存压力较小，有利于销售回款。2021 年新建商品房可售面积总体呈先降后升态势。下半年市场成交量持续下降，9 月以来新批预售规模增加带来库存回升。截至 12 月，可售面积比上年同期低 3.3%。出清周期为 13.89 个月，处于近 10 年来的中等水平。

4. 房企融资收紧，定金和预收款成为主要资金来源

2021 年，在商品房成交量较大的影响下，北京市房地产开发资金来源中定金及预收款、个人按揭贷款增速分别达到 27.1% 和 22%，高于全国 23.9 个和 10.9 个百分点，整体到位资金同比增长 12.2%，高于全国 8 个百分点。2021 年 3 月定金及预收款在资金来源中的占比为近 15 年来首次突破 50%，全年占比 47.7%，成为主要资金来源，也表明北京房地产有效需求情况好于全国。

（二）北京房地产市场增量存量问题并存

1. 房企面临双重资金压力，企业债务危机加大项目违约风险

2021 年第四季度以来，央行等部门接连采取措施对政策进行纠偏，企业融资环境有所改善。2022 年 1 月 20 日，1 年期和 5 年期以上 LPR 分别较上期下调 0.1 个和 0.05 个百分点，有助于降低企业融资成本。但在审慎管理制度下，银行信贷增长空间有限，海外债、信托等融资渠道积累的风险尚未消化。2021 年下半年商品房市场需求回落，企业销售回款亦难有大幅增长。北京市市场销售情况总体好于全国平均水平，行业集中度较高，[①] 位于头部的民企多为全国性企业，同样受全国宏观经济形势影响。

表 1　2021 年北京房地产市场销售额排名前 10 企业

单位：亿元，万平方米

排名	房地产企业	销售额	销售面积
1	中国海外发展有限公司	357.81	68.07
2	北京首都开发股份有限公司	295.85	78.50
3	北京城建集团有限责任公司	228.09	59.60

① 2021 年排名前 30 的企业销售额占全市的比重达到 60%，排名前 10 的企业占比达到 35%。

续表

排名	房地产企业	销售额	销售面积
4	中国恒大集团	210.26	66.94
5	北京金隅集团股份有限公司	202.35	55.76
6	华润置地有限公司	142.03	31.82
7	融创中国控股有限公司	131.04	22.34
8	万科企业股份有限公司	128.68	39.54
9	绿城中国控股有限公司	113.90	22.26
10	京投发展股份有限公司	113.61	29.15
全市合计		5555.00	1471.83
前10房企占比		34.6%	32.2%

注：所涉及的销售额、销售面积均为成交备案数据，合作开发项目的销售业绩按照各房企在项目中所占股权分别计算。

资料来源：克而瑞研究中心。

2. 快销压力下城市间竞争加剧，北京市土地市场交易不确定性增加

在市场降温、资金受限的情况下，龙头房企更倾向于在有需求支撑、稳定性较强、风险较低的一线城市布局。北京市房地产市场有现实刚性需求支撑，但受气候、放款政策、首付比例、配售政策等因素影响，与南方部分城市相比在回款速度上不具备优势。北京2021年第二、第三批集中供地成交率在一线城市中偏低（见表2）。朝阳东北部、房山、平谷等位置较偏、配套滞后、短期供给集中的区域销售难度较大。

表2　2021年一线城市第二、第三批集中出让住宅用地情况

单位：宗，%

城市	第二批			第三批		
	推出	成交	平均溢价率	推出	成交	平均溢价率
北京	43	17	4.2	12	10	1.0
上海	48	41	3.4	27	27	3.0
深圳	22	21	6.6	11	11	4.7
广州	48	23	—	17	13	0

3. 存量土地供应转化为实际供应速度放缓，在建未售项目违约风险增加

受项目施工难度增大、环保要求提高、装配式建筑用材产能不足、招工难、特殊事件停工等因素影响，近年北京市施工周期呈延长趋势，竣工面积持续低于新开工面积（见图5）。2021年，全市房地产开发项目在施面积为1.4亿平方米，其中2016年以来累计的在施面积近5000万平方米。① 需重点关注资金困难房企在京项目情况，防止出现违约。②

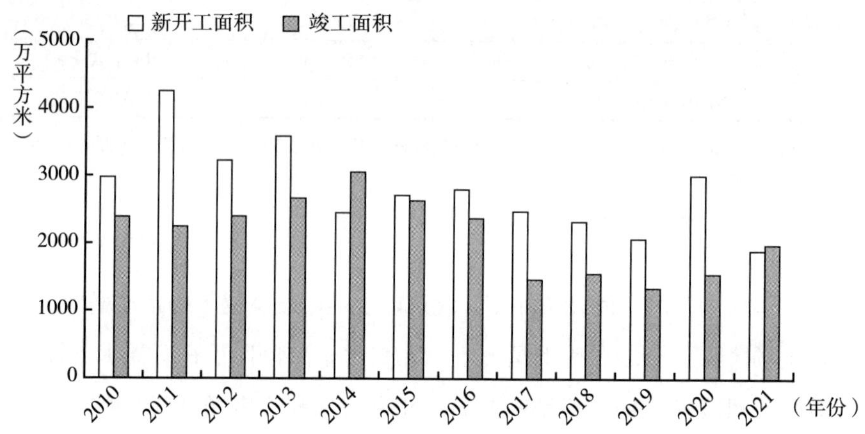

图5　2010～2021年北京市房地产开发项目新开工面积和竣工面积

注：2021年为截至9月的数据。

4. 商业和办公空间高租金与高空置率并存，存量闲置资产盘活难度大

区域之间资源禀赋差距大导致北京市零售商业用房和写字楼租金水平为一线城市中最高（见表3），同时又面临较大去化压力。高租金商业和办公用房集中分布在中心城区热门商圈，高空置率则主要为位置较为偏僻、配套支撑不足、新增供给较多的区域。2020年第一季度至2021年第三季度优质

① 2016年至2021年9月，全市新开工面积1.4亿平方米，竣工面积0.9亿平方米，据此推算在施面积约0.5亿平方米。

② 截至2021年12月，恒大在京已预售未交房项目3个，批准预售面积46.2万平方米。融创在京已预售未交房项目5个，批准预售面积60.8万平方米；已拿地未预售项目3个，规划建筑面积22.6万平方米。

写字楼空置率为16.1%，优质零售物业空置率为7.9%，比新冠肺炎疫情前（2019年第四季度）分别高2.6个和0.6个百分点，加上受2021年以来实施教育“双减”、整治平台企业等政策影响，退租现象开始显现。考虑到未来中央单位的疏解，中心城区写字楼空置率可能会进一步上升。

表3　2021年第三季度一线城市零售商业用房和写字楼租金比较

单位：元/（$米^2$·天）

项目	北京	上海	广州	深圳
优质写字楼租金	13.2	9.2	5.4	6.2
优质零售商业用房首层租金	35.7	34.9	27.7	20.4

资料来源：Wind数据。

三　2022年北京市房地产市场展望

（一）北京市房地产市场发展的四个基本逻辑没有改变

1. 需求支撑没有改变

房地产供需结构性错位依然存在，改善型住房需求尚未充分释放。存量市场活跃度不足，近10年北京市二手住房年均流通率为2.4%，低于上海的3.1%和美国的4.6%。[①] 住宅空置率比照美国、英国的标准处于偏低状态。租房市场需求旺盛导致房租上涨较快，12月全市套均租金达到8460元，比上海高10.8%。[②] 按居民收入水平计算，房租较合理水平应在4600元/套左右。[③] 职住不平衡导致海淀北部等产业聚集区域房价、租金上涨较快。人口老龄化趋势、“三孩”政策等带来对大户型的更多结构性需求调整。科创产业、高精尖产业、现代服务业发展仍需要高品质、高性价比商业

① 数据来源：链家研究院。

② 数据来源：中指数据库。

③ 合理价格水平按房租占2020年全市人均可支配收入的1/3、户均2.13人计算。

办公楼宇空间的支撑。

2. 房地产行业基础性地位没有改变

房地产行业是城市人、地、房三大要素的基本载体和纽带，是支撑城市人民生产生活的基础产业，关联产业较多，上游带动产业既包括建筑材料、相关设备生产制造业，也包括金融、设计、咨询等服务业，下游可带动家居家电、装修等市场消费。北京市房地产开发投资在全社会固定资产投资中占据半壁江山，可发挥稳投资的重要作用。消费方面，住房成交量每增加 1 万套，可带动装修消费 7.2 亿 ~20 亿元，家电家具消费 5 亿 ~20 亿元。① 北京房地产业与金融保险、租赁商服等现代服务业关联度较高。房地产行业的发展也为经济发展提供了空间支持，北京 CBD 有 112 座楼宇年税收收入过亿元。②

3. 土地、资金中长期供给偏紧情况不会改变

土地方面，北京市建设用地坚持减量发展，不可能再进行大规模扩张式房地产开发。根据《北京城市总体规划（2016 年—2035 年）》，北京市城乡建设用地规模在 2020 ~ 2035 年要再减 100 平方公里，城乡居住用地可以再增加 45.8 平方公里左右，平均每年增加 300 公顷，规模约相当于 2016 年以前的 1/3 ~ 1/4。资金方面，全国层面逐步降低对房地产的依赖程度，引导资金从房地产领域流向实体经济是大势所趋，对房地产企业融资控制总体上难有大幅放松，但对租赁型住房信贷业务的支持力度可能加大。

4. 存量为主、增量调结构的主基调没有改变

北京市房地产市场进入存量时代，未来将以提升城市品质为主实施存量改造，增量建设主要围绕需求变化及时补短板、调结构。2020 年全市住宅

---

① 当前北京主流装修公司全包报价在 800 ~ 2000 元/米^2，按套均 90 平方米计算，每套住房可带动装修消费 7.2 万 ~ 18 万元。一套 90 平方米的住房，低档家具家电配置支出在 5 万元左右，中档配置支出在 10 万元左右，高档配置支出在 20 万元以上。

② 蒋三庚、张杰等著《中央商务区蓝皮书：中央商务区产业发展报告（2019）》，社会科学文献出版社，2019。

市场一、二手交易比例已经达到1∶2.53，存量商业办公用房总成交额为638亿元，比新建高出84亿元。[①] 资本对存量市场的关注度提升，以高和、黑石等为代表的投资机构频频参与大宗物业收购。[②] 专业化的更新改造服务将成为未来房地产业价值的重要体现。

（二）2022年北京市房地产市场仍处于调整阶段，预计投资低开稳走，房价探底后小幅回升

结合中央经济工作会议等近期相关会议精神，2022年房地产领域的调控主基调不变，预期可能会对近期出台的政策进行细化，加强对租赁型住房、改善型住房需求等的定向金融支持，并继续强化因城施策，促进房地产业良性循环和健康发展。综合判断，2022年北京市房地产开发投资低开稳走，全年增速预计在2%～4%，房价在探底后小幅回升的可能性较大，市场整体仍处于调整期。

从资金层面看，2021年第四季度以来，企业融资环境有所改善。2022年1月20日LPR下调有利于提振市场信心和稳投资。但在审慎管理制度下，预计2022年房地产行业银行贷款增长空间有限，海外债、信托等融资渠道积累的风险尚未消化，销售回款将继续成为房地产开发投资的主要资金来源。2021年下半年全国及北京市商品房销售额增速持续回落，全年同比增速分别下滑至4.8%和22.7%，叠加购地资金不得超过年销售额40%的规定，不支持开发规模、市场成交量和房价大幅反弹。

从住房市场供需看，2018年以来北京市商品住房用地供给规模和可售规模相对稳定。2021年12月全市新建商品住房（不含经济适用房、

---

① 住宅交易数据来源于中指研究院，按成交套数计算。写字楼存量交易数据来源于世邦魏理仕《2020年第四季度及全年北京房地产市场回顾及展望》，仅统计大宗交易数据，增量交易数据来源于中指研究院。

② 高和资本2018年12月参与收购大兴火神庙商业中心，2021年3月参与收购中关村启迪科技大厦；黑石集团2019年在上海连续收购丰树商业城、怡丰城、长泰广场等，2021年提出有意收购SOHO中国；美国著名对冲基金公司Angelo Gordon 2019年收购北京翠宫饭店；弘毅投资2020年联合海外地产基金共同收购北京合生国际大厦北楼。

两限房）可售面积1168万平方米，同比下降2.7%。2021年土地市场成交住宅用地面积336.1万平方米，同比增长14.3%，可在2022年陆续形成实际供给。预计2022年一手房成交规模与供给规模走势基本保持一致。

从中长期发展趋势看，北京市房地产开发投资规模受土地、人口等因素的制约，中低速增长将是常态。从房价波动周期规律看，多年来北京市房价始终易涨难跌。2016～2021年，新建商品住房价格有12个月环比下跌，14个月环比持平，46个月环比上涨；二手住房价格有26个月环比下跌，5个月环比持平，41个月环比上涨。从量降到价降时滞4～14个月，环比降价最长持续13个月（2017年4月至2018年4月）。2021年4月以来全市二手住房成交量环比持续回落，9月起价格环比进入下降阶段。预计2022年二手房量、价将先后重回上行区间，但回升幅度有限。如果房产税试点落在北京市，短期可延缓房价回升的脚步。

四　落实“住有所居”要求，稳投资，防风险，积极推进存量更新盘活和增量开发建设，促进房地产行业持续健康稳定发展

北京市房地产市场整体进入存量时代。按照“住有所居”要求，坚持商品住房与租赁住房并行、存量盘活与增量建设并进、整体更新与项目优化并举、融资支持与风险防范并重，综合考虑首都城市功能定位、功能疏解、产业需求、职住平衡与“一老一小”社会结构变化等因素，积极推进存量项目更新盘活，稳步推进增量项目开发建设，促进房地产行业持续健康稳定发展和经济高质量发展。

（一）商品住房与租赁住房并行，增加住宅保障供应

1. 短期推动供地规模稳中有升，持续加强新建住宅用地保障

落实中共中央政治局会议关于做好宏观政策跨周期调节的要求，结合近

年来北京供地规模大幅低于上海等实际情况，适度加快供地节奏。建议适度增加住宅类土地供给规模，提高2022年房地产投资开发规模和新开工面积，短期内通过房地产投资稳定增长来更好地支撑全市经济稳增长。注重区域布局，加强与产业规划的对接，推动新增居住用地向现有和未来的产业聚集区倾斜，促进职住平衡。

2. 新增供地适度向保障性租赁住房建设倾斜

积极落实中央关于加快发展保障性租赁住房的意见要求，建议适度提高北京市保障性租赁住房供地占比，增加保障性租赁住房总量供应，特别是要加快产业、人口聚集的平原新城地区、轨道交通枢纽周边地区的保障性租赁住房建设，更好地解决北京市低收入家庭和外来人才的住房问题，推动落实“住有所居”，并在一定程度上解决部分区域职住平衡问题。

3. 根据家庭人口结构变化增加大户型占比

随着国家生育政策调整，北京市二孩、三孩家庭数量增加和居民改善型住房需求持续释放，大户型住房需求稳步增加。① 建议根据家庭人口结构及市场需求变化，支持房地产企业在商品房开发中适当提高90平方米以上户型比重。在保障性租赁住房开发建设中，适当增加两居或三居比重，更好地满足中低收入家庭租赁需求。

4. 实事求是及时提高普通商品住宅认定标准

北京市普通住宅认定标准制定于2014年，② 7年时间没有做新的调整（之前2008年、2011年、2014年均做过调整）。按照现行标准，北京市超过90%的住宅不属于普通商品住宅，与市场实际情况严重脱节。建议适时提高认定标准，降低二手房的交易税负，带动和激活二手房交易市场。结合

① 2021年1~8月，北京市144平方米以上二手房价格累计上涨12.2%，涨幅比90平方米以下户型高出0.6个百分点。

② 2014年最新调整的普通住房认定标准：五环内为单价39600元/米^2，总价468万元；五环到六环为单价31680元/米^2，总价374万元；六环外为单价23760元/米^2，总价281万元；单价、总价两个标准符合其一即可认定为普遍住房。

未来房产税试点，统筹考虑计税依据、交易指导价和普通住宅认定标准三条线的设定，前瞻性地开展相关市级配套政策研究。

（二）整体更新与项目优化并举，分类推进城市更新

1. 以高品质生活为牵引推动老旧小区改造，激活内需

关注老年人的居住安全和舒适性，不断更新必改类、完善类和提升类“菜单”模式的内容，解决老年人在日常使用智能电视、人工语音助手等智能化产品时遇到的问题，重点推动老城区的适老化改造。结合二孩和三孩家庭住房消费需求，探索老旧小区住房改造时区域分割、空间分割的支持政策，满足大型居住区的“托幼助育”改造需求。

2. 控制新增商业和办公用房项目及规模，多渠道推动存量商业办公楼宇盘活

促进单一功能办公楼宇向多功能场所转型补足工作餐、便利店等基本配套设施短板，推动实现工作、学习、生活、休闲功能一体化。优化项目周边的交通条件，向空置率较高的商业空间内引入公共或公益性文化设施，助力提升客流量和入驻率。完善“商改租”政策。支持社会资本参与闲置商办项目进行更新改造，推进既有老旧厂房、办公楼改造的集中式长租公寓从“灰色”状态向合规转化，有效盘活商业办公楼宇闲置资源。

3. 结合各区域实际特征推动厂房改造，让老厂房“变出新花样”

中心城区要统筹好老旧厂房腾退空间的承接利用，稳步推进核心区功能重组，优先保障中央政务活动。朝海丰石等中心城区支持老旧厂房改造发展文化创意、商务服务等现代服务业，以及现代服务业和高端制造业融合发展的新业态。城市发展新区的老厂房，可根据年轻人多、需求多样化特征，改造为便于交流、舒适文艺范儿的“城市文化客厅”“公共会客厅”“咖啡馆”。

（三）融资支持与风险防范并重，注重潜在风险防范处置

1. 用好政府债券资金，加大对棚户区改造的支持力度

棚户区改造是 2021 年北京市地方政府债券的第二大投向，额度为

290.2 亿元，占整个债券比例为 29%。建议争取更多地方政府债券发行规模，做好资金与项目对接，促进政府债券资金尽早投入相关项目，稳定 2022 年房地产开发投资。在保证居住用地建筑规模满足安置需求的前提下，重点保障教育、医疗等公共服务和市政交通基础设施。

2. 积极推进租赁住房建设和 REITs 试点

积极推进 REITs 试点，国家发改委将第二批公募 REITs 试点范围扩大到保障性租赁住房领域。建议支持沙河、长阳区域高校学生公寓和京东等重点企业员工宿舍积极探索推进租赁住房公募 REITs 试点，通过发行公募 REITs 有效缓解房企资金压力，实现轻资产发展。

3. 积极推进房地产企业股权融资

在融资和降杠杆的双重压力下，房地产企业外部融资环境收紧，债务融资能力下降。建议房地产企业适度调整融资模式，从原先的抵押类债权融资向私募股权类融资转变，通过引进战略股东、外部股权投资、并购等多种合作方式，回流部分资金，进一步降低企业负债水平，提高融资能力。

4. 注重房地产企业潜在风险防范处置

重点关注现金流紧张的企业在京项目潜在风险，如出现实质性违约，在支付违约金的前提下可由政府收回土地二次出让，或者甄选优质国有、民营房地产企业进行托管和后续开发，尽可能降低违约带来的负面影响。对于公司信用评级良好，但个别项目存在流动资金不足问题的房地产企业，可协调企业与银行等金融机构对接，针对项目本身提供短期封闭贷款，化解项目运营的风险，待项目销售回款后及时偿还贷款本息。

（四）落实首都功能定位，引导重点区域更好发展

1. 加快重点区域保障性租赁住房配套建设

为更好地落实首都城市功能定位，推进“五子联动”，建议以“三城一区”中的怀柔科学城、未来科学城、亦庄等区域为重点加快保障性租赁住房建设，支持产业园区统筹利用 15% 的配套用地指标，采取企业自建、园

区统建等多种方式为重点企业员工配套建设租赁住房，支持符合条件的存量闲置办公空间改造为租赁住房。

2. 多渠道完善公共服务配套

持续推进新建轨道交通站点 TOD 开发模式，[①] 统筹轨道交通建设与居住用地供应，通过发行公募 REITs 在轨道交通站点上建设租赁住房，为快递公司员工等提供居住空间。强化补短板，加快推动平原新城、远郊区等公共服务薄弱地区的轨道交通、医院、学校等配套设施建设。

参考文献

巴曙松、杨现领著《新中介的崛起与房地产价值链的重构》，厦门大学出版社，2017。

蒋三庚、张杰等著《中央商务区蓝皮书：中央商务区产业发展报告（2019）》，社会科学文献出版社，2019。

① TOD 是指“以公共交通为导向的发展模式”。以公共交通站点为中心、以 400 ~ 800 米（5 ~ 10 分钟步行路程）为半径建立中心广场或城市中心，其特点在于集工作、商业、文化、教育、居住等于一体的“混合用途”。

B.15
京津冀产业协同发展的路径研究

刘宪杰*

摘　要： 产业一体化是京津冀协同发展战略中率先突破的三大领域之一，是推动京津冀协同发展的实体内容和关键支撑。近年来，国家相关部门及京津冀三省市在构建产业对接合作机制、引导北京非首都功能产业转移、共建产业园区等方面不断探索，也取得了积极成效，但实际工作中仍面临着诸多困难和问题，亟待研究总结推动京津冀产业协同发展的有效模式和路径，推动京津冀产业融合向纵深发展。

关键词： 产业协同　产业链　创新链　产业要素

一　京津冀产业协同发展中存在的突出问题

（一）京津冀三地产业落差大、产业配套不完善，跨区域产业链尚未真正形成

京津冀三地之间经济发展水平和产业结构落差较大，产业链合作的基础比较薄弱。目前，北京第三产业占比已达 81.7%，远高于天津（61.3%）和河北（49.5%）。从产业内部结构看，北京第二产业以高技术制造业和战略性新兴产业为主，河北钢铁、化工等传统产业仍占较大比重；北京服务业

* 刘宪杰，北京方迪经济发展研究院部门经理，助理研究员，主要研究方向：区域经济、产业经济。

以金融、信息服务、科技服务等现代服务业为主，河北省批发零售、交通运输、住宿餐饮三大行业增加值占第三产业比重达三成以上。同时，津冀产业配套落后，尤其是高端配套环节不足，承接北京产业转化和产业化项目相对乏力。比如，小米28家智能硬件产业链配套公司中有10家在北京，成都、西安各1家，其余16家均位于长三角、珠三角地区，津冀地区尚无小米智能硬件产业链配套公司。三地产业结构落差大，津冀产业配套不完善，加之仍缺乏统一的产业体系支撑，使得产业对接合作的难度较大，尚未形成分工明确、优势互补、协调联动的产业链。《中国城市群一体化报告》指出，京津冀城市群ACEP指数仅为珠三角和长三角的60%左右。

（二）周边创新创业生态不完善，北京科技创新辐射带动作用尚未充分发挥出来

京津冀区域创新创业生态落差大，北京拥有20家国家级双创示范基地、400余家众创平台、3万家创业服务团队，已形成全要素、全链条的创新生态体系。津冀创新创业服务体系整体处于培育阶段，与北京差距明显，北京很多科技创新成果“蛙跳式”转移到长三角、珠三角等地区以及武汉、成都等“新兴科技城市”，向津冀落地的产业化项目不多，北京很多高技术产业领域孵化成功的企业也选择在长三角、珠三角等地区进一步发展壮大，转移到北京周边地区的不多。2020年北京技术合同成交总额中流向外省区市的占58.9%，而流向津冀的仅占流向外省区市合同额的9.3%。这主要是因为津冀地区创新创业生态不完善，在区域产业氛围、产业政策、公共服务等方面与北京存在较大差距，对产业资源和高端人才、技术熟练工人的吸引力不强，北京科技创新成果产业化辐射对周边区域产业发展的带动作用有限。

（三）津冀产业对接平台多、特色不鲜明，集群化、规模化、品牌化的承接效应没有显现

近年来，京津冀区域推出了包括“2+4”重点合作平台在内的一大批产业对接合作园区（基地），产业合作热情高涨，仅国家工信部出台的《京

津冀产业转移指南》提出的各类产业平台就达到 103 个。但在具体推进过程中，因产业承接平台太多而产生了一系列的问题和矛盾。大部分产业承接平台都定位为综合性承接平台，且聚焦新一代信息技术、新能源汽车、高端装备等战略性新兴产业，存在同质化竞争现象，不利于特色产业的集群化发展。以新能源汽车为例，河北唐山、邯郸、承德、石家庄、邢台、沧州、保定等地均搭建了新能源汽车产业基地。

（四）三地产业政策衔接不够顺畅，产业转移对接仍面临诸多制约

虽然国家及京津冀三地相继出台了一系列合作政策，特别是随着京津冀全面创新改革试验区的建设，三地产业对接合作政策实现很多突破，但跨区域产业转移与科技成果转化仍面临诸多约束。一方面，区域间产业政策存在较大落差，北京产业政策侧重于支持企业创新、完善创新创业生态体系，而周边地区产业政策仍侧重于土地优惠、税收减免等，虽然在吸引产业项目落地方面有一定的吸引力，但落地后企业仍希望享受类似于北京的创新支持政策，这在很大程度上影响了企业后续的“留得住”“发展好”等问题。另一方面，跨区域产业转移的利益共赢机制有待健全。《京津冀协同发展产业转移对接企业税收收入分享办法》虽已出台，但涵盖范围有限，企业必须是整体搬迁，且“三税”达到或超过 2000 万元。现实中整体搬迁企业较少，大多数企业是将生产制造环节搬迁或者是为扩张产能新设基地，难以达到政策标准。部分共建园区虽然提出了利益分享机制，但实际落地后在操作方面仍面临诸多难题。

（五）产业协同推进机制不健全，资源高效配置、差异化分工协作机制尚未形成

在京津冀产业对接合作过程中，国家及三地从顶层设计层面进行了统筹谋划，基本形成了京津冀产业融合发展的机制框架。但在实际工作中缺乏具体的推进机制，并没有按照相关规划和意见进行全局的、战略性的产业转移与合作引导，产业合作效应没有充分发挥出来。比如，在高技术产业领域，

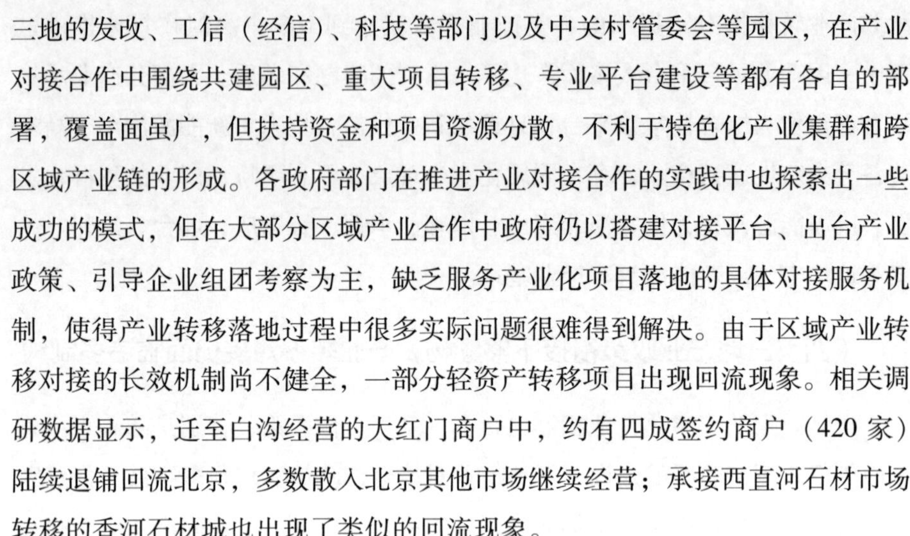

三地的发改、工信（经信）、科技等部门以及中关村管委会等园区，在产业对接合作中围绕共建园区、重大项目转移、专业平台建设等都有各自的部署，覆盖面虽广，但扶持资金和项目资源分散，不利于特色化产业集群和跨区域产业链的形成。各政府部门在推进产业对接合作的实践中也探索出一些成功的模式，但在大部分区域产业合作中政府仍以搭建对接平台、出台产业政策、引导企业组团考察为主，缺乏服务产业化项目落地的具体对接服务机制，使得产业转移落地过程中很多实际问题很难得到解决。由于区域产业转移对接的长效机制尚不健全，一部分轻资产转移项目出现回流现象。相关调研数据显示，迁至白沟经营的大红门商户中，约有四成签约商户（420 家）陆续退铺回流北京，多数散入北京其他市场继续经营；承接西直河石材市场转移的香河石材城也出现了类似的回流现象。

二 京津冀产业协同发展的主要路径

（一）头部企业带动产业链融合路径

头部企业带动产业链融合路径是指头部企业通过重新规划布局，将重大优质项目落地京津冀区域新址，凭借其规模优势及品牌影响力，吸引产业链上下游企业和配套项目集聚。京津冀采取这一产业协同发展路径的核心是发挥北京总部企业、入选世界 500 强企业及知名民营企业等头部企业集中的优势，充分释放这些头部企业的资源整合能力、创新引领能力和跨区域布局能力，鼓励其在津冀地区设立分支机构、投资增资或布局产业转化项目，推动相关产业链延伸拓展，提高上下游各环节企业的关联性，进而带动京津冀三地产业深度合作。头部企业带动产业链融合路径的适用范围较广，建议集中在以下领域。

一是企业集中度比较高的产业领域。这些产业领域除了有头部企业外，还有数量众多的中小型企业，且头部企业与中小型企业之间的关联度较高、配套程度紧密，头部企业能够对产业链上下游各环节的中小企业和资源发挥整合作用。

二是京津处于规模扩张阶段的头部企业或所处产业领域处于成长期的企业。这些头部企业往往发展势头强劲、业务扩张需求大。出于破解京津所在地面临的空间、人力等限制，以及未来长远发展战略的考虑，这些头部企业往往会主动谋划跨区域布局，以整合和利用更大范围的产业资源，获得上下游配套企业的支撑。

三是在产业链上已在多个环节形成中小企业配套基础的产业。头部企业在拥有产业链基础配套能力的条件下，可以最大化地释放其效能。倘若产业链存在多个薄弱环节，头部企业不得不被动投入较多资源用于构建产业基础，可能会削弱其整合带动作用。因此，可优先选择在产业链上已在多个环节形成中小型企业配套基础的产业，推进头部企业带动产业链融合。

基于上述考虑，建议京津冀重点在高端智能装备、新型显示、集成电路等产业领域，支持和推动京津地区具有条件的头部企业开展跨区域布局，由头部企业带动产业链融合。

（二）跨区域共建特色产业基地路径

跨区域共建特色产业基地路径是指京津冀三地发挥各自的比较优势，采取品牌输出、飞地经济、土地入股等多种方式，选择合适的区域联合建设特色产业基地。从理论上看，跨区域共建特色产业基地适用范围较广，很多区域只要具备一定的条件都可以采取这一模式。但现阶段，在京津冀地区共建跨区域特色产业基地不能全面开花，必须要突出重点。近期可优先在以下几类区域采取跨区域共建特色产业基地模式。

一是已经具备一定产业基础的区域。跨区域共建特色产业基地模式中的区位选择，首先要考虑京津冀区域范围内与该特色产业相关的已有发展基础的产业。比如，三地要共建新型显示特色产业基地，应优先考虑石家庄高新技术产业开发区、京南·固安高新技术产业开发区等新型显示产业基础较好的园区；再如，共建大数据产业基地，应优先考虑天津的东丽中昌数创智慧谷大数据产业园、滨海高新区“互联网 + 健康医疗大数据产业园”、河北的张家口新能源大数据示范区、石家庄大数据应用示范区等空间载体。

二是已有重大项目建设或潜在重大项目投资的区域。京津冀三地合作建设跨区域特色产业基地，也可以依托已建或在建的某些国家级、区域性重大项目或有潜在重大项目投资布局的区域。比如，围绕天津浪潮集团北方总部项目、华为云计算数据中心等项目，可在项目所在园区或周边区域，规划共建智能计算、云计算等特色产业基地。

三是区位交通、空间条件优势突出的区域。跨区域共建特色产业基地的区位选址，除需要考虑已有产业基础、重大项目等因素外，还必须要具备两个重要条件：便捷的区位交通条件，最好有城际铁路、市郊铁路等作支撑，以便与北京之间实现便捷快速的互动；具有相对充足的空间资源，以承载特色产业、配套服务等相关功能，有的还需要承担部分居住和城市功能。比如，河北雄安新区管委会与中关村科技园区管委会签订了共建雄安新区中关村科技园协议，未来可围绕雄安新区中关村科技园建设，共建生物技术与大健康、高端制造、新材料等特色产业基地。

（三）跨区域共建协同创新平台路径

通过跨区域共建协同创新平台，可以更好地整合各区域的优势创新资源，实现优势互补，特别是通过构建特色产业领域的跨区域协同创新平台，可以整合该产业全链条各领域的创新资源，从而实现以创新链带动产业链，推进产业升级。跨区域共建协同创新平台模式适用范围较广，很多区域只要具备一定的资源、要素等条件就可以选择这一模式。但现阶段，京津冀地区还没有形成成熟稳定的协同创新格局，因此在京津冀地区共建跨区域协同创新平台不能全面开花，要突出重点。近期可优先在以下重点领域共建跨区域协同创新平台。

一是拥有较大市场空间、发展前景好、急需转型升级的传统产业领域。京津冀三地都有拥有一定的创新优势和创新合作基础的传统产业领域或市场前景好且转型升级需求迫切的传统产业领域，如钢铁、建材、装备、交通等传统产业领域。

二是北京创新优势明显、市场潜力巨大、适合在津冀区域转化的新兴产业领域。北京企业、高校、研究机构、科技中心等创新主体高度集聚，具有人才、技术、资本等资源优势，对于一些科技含量高并且市场潜力巨大的新兴产业领域，可以通过跨区域共建协同创新平台来充分发挥北京创新优势，促进北京创新资源在津冀区域进行成果转化，推进三地新兴产业融合发展，如人工智能、智能制造、生命健康、新能源汽车等高精尖产业领域。

三是我国目前核心技术领域与国外有较大差距的产业领域。京津冀是全国科技创新资源和投入最密集的地区，在国家科技创新发展战略中承担着重要的科技创新责任，跨区域共建协同创新平台，可以充分利用其科技创新资源，围绕我国核心技术与国外有较大差距的产业领域，承担起率先创新突破、破解瓶颈、补足短板的科创担当，提高我国科技创新国际竞争力，如集成电路、光电显示、新型材料等产业领域。

（四）北京研发服务津冀传统产业改造路径

创新技术在传统产业中的应用，有利于打破原有生产模式，推动传统产业产品结构调整、质量效益提升、发展模式转变，实现传统产业向高端、高附加值方向转型升级。利用北京在研发服务方面的技术优势，可以为津冀所有传统产业领域的技术改造升级提供服务。北京研发服务津冀传统产业改造，要突出重点方向，近期可聚焦以下领域。

一是高能耗、高污染的传统产业园区（基地）。这类园区（基地）主要是一些钢铁、化工等产业园区。可选择唐山曹妃甸国家循环经济示范区、唐山国家产业转型升级示范区、沧州临港化工国家新型工业化产业示范基地等示范区（基地），利用北京先进的节能环保技术对园区内的传统产业进行改造升级，促进唐山、沧州等地传统产业节能降耗、减少污染排放，实现高质量发展，打造新型绿色工业化示范区（基地）。

二是我国产能存在结构性矛盾的产业领域。河北、天津的钢铁、煤炭、煤电等产业规模较大，还存在一定的落后产能，应通过对接和引进北京先进技术服务，促进津冀钢铁、煤炭、煤电等产业结构优化。可选择唐山钢铁公司、开滦集团、峰峰煤矿、邯郸矿业及大唐、国华发电公司等重点企业实施技术改造升级，使钢铁、煤炭、煤电等产业转型升级，促进津冀特种钢、高质量煤炭等高端产品生产，实现区域产业发展质量提高。

三是涉及范围广、经济社会效益较大的产业。当前，河北农业、都市工业等传统产业在全省范围分布较广，吸纳劳动力较多，但生产效率还有较大提升空间。可以通过引进北京在农业、都市工业等领域的先进技术和科研成果，提升河北农业科技含量，促进都市工业生产效率提高，推动河北传统产业向现代化、规模化方向转变。

三　推动京津冀产业协同发展的对策建议

（一）紧抓国内国际双循环构建机遇，推动重点产业链的延链与补链

一是发挥头部企业的龙头带动作用，加快布局京津冀产业链、供应链。着眼于国家和区域产业链、供应链安全，聚焦新能源汽车、新一代信息技术、集成电路等重点领域的核心关键环节，发挥北京头部企业的资源优势，支持具备条件的核心企业建立供应链协同平台，带动上下游企业协同采购、协同制造、协同物流。支持小米、京东方等头部企业在津冀地区建立专业化供应链基地，吸引为头部企业配套的上下游企业集聚发展，进而形成同类产业资源集聚效应，打造供应链生态和产业生态。

二是聚焦核心关键环节，积极引导独角兽、隐形冠军等企业在京津冀布局。围绕京津冀产业链、供应链的薄弱环节，尤其是高度依赖进口的核心关键零部件研发与生产环节，加大政策创新力度，积极引导国内外集成电路材料、高端装备、人工智能、大数据等相关行业领域的独角兽、隐形冠军等企业在京津冀布局，对其实现核心装备和关键零部件进口替代的重大技术攻关项目、重大产业化项目予以重点政策保障。

三是积极引导重点产业进口配套环节在京津冀布局，推动重点产业供应链国际循环的国内化。围绕京津冀重点产业关键零部件供应环节和进口配套

环节，充分释放头部企业的资源整合能力及其对供应链上下游配套企业的布局引导能力，支持京津冀头部企业引导进口配套企业在周边地区布局，在京津冀区域构建产业链条相对完整、核心零部件保障相对安全的发展格局，提升产业链、供应链稳定性。

（二）加快完善北京研发—津冀转化的创新链条，以创新链引领产业链协同

一是积极争取国家重点实验室、“卡脖子”专项等国家重大科研平台和科技专项在北京落地。面向国家重大战略需求、重大创新需求以及京津冀重点产业协同创新中核心关键技术和“卡脖子”技术等，争取相关领域国家重点实验室、国家重大科技专项在京落地实施，开展基础研究、应用基础研究和高技术研究，增强北京研发服务于津冀区域产业转型升级能力。整合京津冀三地创新资源，聚焦集成电路、生物医药、高端装备等重点产业发展中的技术需求，开展跨区域技术协同攻关突破。

二是在津冀搭建一批特色领域的科技成果转化基地，引导北京创新成果落地转化。跨区域打造一批特色产业中试基地、公共技术平台或科技成果孵化转化平台，支持北京现有中试平台通过服务合作、品牌输出等方式向京津冀特色合作园区拓展，提升专业服务支撑能力。支持中关村专业园区在津冀地区设立特色产业的创新中心、孵化器及转化基地等平台。聚焦区域产业创新发展需求，联合共建集实验室分析测试、试验用药品储藏、数据管理与统计分析、产品收率评估等专业服务于一体的生物医药创新平台。

三是联合共建一批新兴领域的场景化应用示范基地，形成科技成果产业化落地的支撑条件。紧密围绕新能源智能网联汽车、人工智能、航空航天装备等京津冀新兴产业领域不同环节发展的基础条件要求，三地联合共建一批新兴领域场景化应用示范基地。支持具备条件的企业和园区革新传统生产管理方式，加快工业互联网核心基础设施建设，支持发展一批数字车间、智能工厂场景应用示范项目，打造引领行业发展的智能制造新标杆。面向京津冀三地新能源汽车发展需求，加快充电桩站、5G 及相关电子信息领域配套设

施建设，共同打造面向乘用车、商用车、客车和专用车辆等不同类型新能源智能网联汽车的场景化应用示范基地。

（三）推进跨区域专业化产业平台建设，打造京津冀产业链生态

一是发挥平台型企业和机构的作用，构建跨区域产业对接合作平台。支持中关村发展集团、中关村软件园、华夏幸福以及跨区域布局的孵化器运营机构等具备条件的平台型企业构建跨区域产业对接合作平台，鼓励平台型企业积极参与跨区域特色产业基地建设、运营和管理，充分发挥平台型企业在运营服务、招商引资等方面的优势，推动三地产业对接合作。

二是打造一批特色产业领域的供应链协同平台，促进京津冀产业协作配套。探索资金、人才等针对性政策，鼓励和引导高端装备、智能制造等制造业领域的头部企业建立基于互联网技术的跨区域分享制造平台，充分对接大型企业闲置资源和中小型闲置产能，实现区域制造能力的整合集成、优化配置和在线共享。由三地工业和信息化部门牵头，联合打造5~10家创新能力强、行业影响力大的跨区域供应链协同示范平台，支持发展一批带动力强、发展潜力大的供应链协同示范项目。

三是支持中关村分园及特色产业基地与津冀共建跨区域特色产业基地。充分发挥中关村国家自主创新示范区优势，鼓励和支持中关村特色分园或产业基地发挥各自产业、技术、服务等优势，加强与津冀有关部门的对接合作，聚焦新型显示、生命健康、人工智能、集成电路等重点产业领域，联手打造一批特色产业基地或园中园。

（四）构建跨区域产业要素支撑体系，促进资源要素的自由流动与高效配置

一是探索实施人才柔性流动机制，持续加强技能型人才培养。加强面向高层次人才的协同管理，探索建立户口不迁、关系不转、身份不变、双向选择、能出能进的人才柔性流动机制，实现优秀技术人才在京津冀三地间柔性流动。聚焦京津冀共建的重点产业链，推动北京优质技术人才与津冀两地需

求充分对接。围绕京津冀重点产业领域专业人才需求，建立专业技能人才联合培养机制，面向京津冀企业开设相关专业课程、定制课程，为三地重要产业领域企业提供专业技能人员培训。鼓励三地高校院所与企业建立长期联合培养关系，以定向方式为企业培养专业技能人才。

二是完善跨区域融资服务体系，促进资金链与产业链协同。以京津冀产业协同发展投资基金为依托，设立京津冀产业融合发展专项子基金，定向支持重点产业融合发展。借鉴“海淀创新基金系”经验，结合不同阶段、不同环节资金需求规模，分设原始创新基金、天使投资基金、成果转化基金、股权投资基金、产业发展基金、并购基金等专项基金，打造涵盖全创新链、全产业链的基金体系。探索“供应链金融”融资模式，为供应链全链条企业提供融资服务。

三是推动京津冀技术市场一体化建设。积极推进京津冀技术市场改革创新，推动三地技术市场深度对接和融合融通，发挥技术市场在引导和服务京津冀产业深度融合发展中的重要作用。加快建立京津冀技术市场发展联盟，打造京津冀统一的技术交易共同市场平台，建立健全跨区域技术信息统一发布和跨省交易制度。提升京津冀技术市场服务能力，培育专业化技术市场服务机构，壮大专业技术市场服务人才队伍。充分整合京津冀三地政府、院校、专业机构和企业等各类技术资源，建立京津冀高技术成果转化和交易服务体系。

四是加快京津冀数据要素市场发展。推进京津冀三地政府率先探索数据开放共享。优化经济治理基础数据库，加快推动京津冀各地区各部门间数据共享交换，并制定数据共享责任清单。在京津冀三地试点建立促进企业登记、交通运输、气象等公共数据开放和数据资源有效流动的制度规范。加快发展数字经济新产业、新业态和新模式，争取在京津冀率先构建农业、工业、交通、教育、安防、城市管理、公共资源交易等领域规范化数据开发利用场景。积极发挥京津冀行业协会商会作用，推动人工智能、可穿戴设备、车联网、物联网等领域数据采集标准化。

参考文献

叶堂林、申建军:《完善京津冀产业协同创新链》,《北京观察》2021 年第 4 期。

宋立楠:《京津冀产业协同发展研究》,中共中央党校博士论文,2017。

周桂荣、李亚倩:《京津冀区域产业链整合与协同机制创新选择》,《产业创新研究》2021 年第 17 期。

B.16
北京冬奥会独特遗产分析报告

年　炜*

摘　要： 本报告对北京冬奥会遗产进行了分析，认为北京冬奥会将带来三个层面的独特遗产：一是冬奥会将留下一批丰富而高质量的奥运设施；二是冬奥会将显著促进我国冬季运动的发展，进而有利于实现体育产业转型；三是冬奥会将促进京津冀协同发展，实现京张两地优势互补、互利共赢。

关键词： 北京　冬奥会　遗产

时隔14年，奥林匹克盛会再次回到北京，使北京成为奥运史上首座举办过夏季奥运会与冬季奥运会的“双奥之城”。近年来，夏季奥运会与冬季奥运会对主办城市的影响呈现明显差异。夏季奥运会与里约、东京等大城市的联系日趋紧密，而冬季奥运会则更青睐索契、平昌等小城市。与夏季奥运会不同，冬季奥运会基于项目内容，更看重那些具有独特优势的小城市，为此，举办冬季奥运会也成为小城市发展经济的良机。本届冬奥会由北京与张家口两座城市共同主办，这意味着本届冬奥会的经济影响不会再像2008年夏季奥运会那样局限在北京一地，而是更广泛地遍及京张甚至京冀地区。京张联合举办冬奥会将为京冀地区留下丰厚而独特的奥运遗产，主要包括以下三个层面。

---

* 年炜，北京市社会科学院经济研究所副研究员，主要研究方向为体育产业和奥运经济。

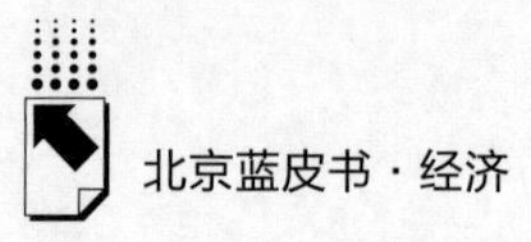

一　丰富且高质的奥运设施

往届冬奥会对体育设施与城市基础设施的投入普遍偏少，这与大多数主办城市在举办冬奥会时已经拥有比较成熟的体育设施与城市基础设施有关。相较而言，1998 年日本长野冬奥会投入 186 亿美元、2010 年加拿大温哥华冬奥会投入 64 亿美元等，属于资金投入较大的冬奥会。这两个主办城市主要利用冬奥会契机进行了基础设施建设，改善了发展冰雪产业的服务保障。2014 年俄罗斯索契冬奥会花费 510 亿美元，是历史上资金投入最大的冬奥会，仅在体育设施建设方面的投入就达到 67 亿美元。之所以如此，是因为俄罗斯的冬季运动并不如其他冬奥会举办国那样普及，滑雪者数量仅占全国人口的 2.5%，相关体育设施相对偏少、标准相对偏低，无法达到冬奥会要求。但也正因为冬奥会的举办，俄罗斯的冰雪体育设施在数量和质量上都取得显著提升，进而促进了冰雪产业的发展。与索契冬奥会类似，北京也是借助冬奥会契机，对相关体育设施与城市基础设施进行了全面升级，留下了丰富的冬奥会遗产。

（一）高质量的体育设施

为举办冬奥会，北京与张家口投资新建了大量高质量的冬季运动体育设施。2020 年，张家口有滑雪场 9 个，各级雪道 177 条，总长度 164 公里；万龙、太舞、云顶、富龙入围全国滑雪场十强。河北省滑雪场地架空索道达到 51 条，居国内首位。北京新建的延庆小海坨国家高山滑雪中心，雪场垂直落差超过 900 米，成为目前国内有架空索道的雪场中垂直落差最大的雪场。冬奥会体育设施达到奥运标准，意味着这些设施必然成为我国质量最好的冬季项目体育设施之一。这种高质量的体育设施必然会进一步吸引京冀地区特别是北京的大量专业滑雪者前来参与冬季运动。由此，张家口的滑雪场有望与北京的滑雪场形成差异化市场，分别吸引不同层级、不同需求的滑雪者。同时，由于冬奥会的宣传效应，张家口的滑雪场还将进一步吸引大量国内外滑雪者，举办更多的国际滑雪赛事，促进冰雪产业规模不断扩大。

（二）基础设施升级

举办冬奥会也为河北省特别是张家口市完善交通、住宿等基础设施提供了难得的契机。作为冬奥会赛区，张家口建设了大量交通、住宿等配套设施。在交通方面，新建的京张城际铁路使京张两地客运时间由原来的 3 个小时缩短到 50 分钟，显著提升了京张沿线的交通运行能力，张家口直接被纳入首都一小时生活圈。京张高铁的建成不仅大幅提升了北京冬奥会交通服务保障能力，而且更显著地降低了北京市民通勤到张家口的时间成本，有利于促进冬奥会后张家口冰雪产业的持续发展。此外，京礼等高速公路陆续建成通车，也进一步提升了张家口与周边地区交通运行能力。在住宿方面，为满足冬奥会住宿需求，张家口奥运村投资 1. 15 亿美元新增 2640 个床位，新增 2 ~5 星级酒店房间 6223 间，住宿条件达到国际标准。在冬奥会的带动下，2015 ~2019 年张家口星级宾馆数量从 48 家增至 74 家，四星级以上酒店从 17 家增至 22 家，旅游接待能力显著增强。此外，冬奥会还引领京冀地区在医疗服务、市政服务等方面进行投入，建立健全协同共享机制，实现区域整体公共服务水平提升。借助冬奥会的契机升级基础设施，这为河北省特别是张家口市持续发展冬季运动提供了坚实的保障。

二　促进我国冬季运动发展，实现体育产业转型

（一）冬季运动规模不断壮大

受冬奥会影响，近年来我国冬季运动，特别是滑雪运动蓬勃发展，重大赛事引领全民健身效果显著。正如习近平总书记指出的那样，这些年，在各方面共同努力下，越来越多的人爱上了冰雪运动，提前实现了“带动 3 亿人参与冰雪运动”的目标。根据国家统计局调查相关结果推算，自 2015 年

北京成功申办冬奥会以来，全国居民冰雪运动参与率为24.56%，冰雪运动的参与人数为3.46亿人，实现了“带动3亿人参与冰雪运动”的目标。我国冰雪产业规模2019年达到4235亿元，较2015年增长56.85%。[①] 另据Vanat数据，2016~2019年，我国滑雪人口从513万增至1305万，是同期滑雪人口增长最多的国家。在这一时期，我国的滑雪场从350个增至770个，是同期滑雪场地增长最多的国家。近年来，我国滑雪产业的增长态势已明显超过以往的韩国、俄罗斯、加拿大等冬奥会举办国，这表明与其他国家相比，冬奥会对我国冰雪产业发展的促进作用更为明显。

冬奥会对我国冬季运动的积极影响尤其体现在京冀地区。据《2020中国滑雪产业白皮书》，2015~2019年，京冀地区每年滑雪人次从254万人次增至432万人次，增长70.1%；滑雪场数量从63个增至86个，增长36.5%。在国内，京冀地区的滑雪人次占比一直保持在20%的水平，滑雪运动的规模明显超过其他地区。

（二）冬季运动带动体育产业转型发展

冬季运动的兴起产生了独特的产业影响，促进了体育培训与教育业发展，推动了体育产业的结构转型。一方面，冬季运动的开展丰富了冬季体育健身的内容，有利于扩大体育产业规模。另一方面，包括滑雪在内的冬季运动项目比其他很多体育项目的专业性更强，培训需求更大，因此冬季体育项目的发展必然有利于做强体育培训与教育业。据统计，2015~2019年，我国体育产业增加值从5494.5亿元增至11248亿元，增幅达到104.7%。其中，体育培训与教育业增加值从191.8亿元增至1524.9亿元，增幅高达695%。体育培训与教育业增加值在体育产业的占比也从3.5%提升至13.6%，在体育产业中的地位日趋重要。体育培训与教育业的强势发展助推体育服务业发展，服务业在体育产业中的占比从49.2%跃升至67.7%，首次超过体育制造业，实现了体育产业结构的转型。由于大力发展冬季运动，河北省近年来的体育培训与

① 《中国冰雪经济发展报告（2020）》，2020年12月27日。

教育业发展独树一帜，2019 年该行业增加值达到 84.2 亿元，明显超过上海、北京及其他很多体育产业强省。河北省的体育产业也由此受益，2019 年河北省体育产业增加值达到 540 亿元，占地区生产总值的比例已经达到 1.5%，体育产业名副其实地成为该地区经济新的增长点。

与其他体育项目相比，冬季运动特别是滑雪运动具有更强的产业带动作用，这是由滑雪项目的特点决定的。第一，滑雪项目对环境有着十分苛刻的要求，需要当地在气候方面有丰富的降雪量、雪质好且气温不能过低，在地形方面需要有海拔超过 1500 米的高山且具备合适的坡度，同时纬度又不能太高以避免冬季白昼过短。满足这些条件的地区在全世界并不多见，这就使得优质的滑雪场成为稀缺资源而受到众多滑雪者的追捧。第二，受到自然禀赋的影响，滑雪场往往会远离中心城市。这就使众多滑雪者产生交通、餐饮、住宿及娱乐等与旅游业相关的需求，从而使滑雪活动与旅游业产生紧密联系，促进旅游业发展。从近年来全球冰雪产业的发展趋势看，随着人们收入水平的提高以及交通成本的降低，异地滑雪的现象越来越普遍。人们越来越愿意为获得更优质的滑雪体验而进行更多的交通、住宿等相关旅游消费。

基于这个特点，冰雪产业也正在促使传统体育产业发展模式发生转变。一般而言，某地区体育产业的发展与本地居民消费水平紧密相关，本地居民消费能力对体育产业的发展至关重要。发展冬季项目，特别是滑雪产业可以利用自身气候与地形禀赋的优势，吸引大量异地游客，进而实现体育产业的超常发展。欧洲的阿尔卑斯山地区就是这样将自身的自然禀赋转化为比较竞争优势的，成为欧洲乃至世界的滑雪中心。目前，我国河北省也具有类似的比较优势，并且正在尝试将自然禀赋转化为核心竞争力，以吸引越来越多的国内外滑雪爱好者，进而有望改变受限于本地居民消费能力的传统体育产业发展模式。近年来，冬季运动项目的发展对张家口的经济，特别是旅游业的影响尤为明显。2016～2019 年，张家口市每年接待游客人次从 5194 万人次增至 8605 万人次，年均增长 18.3%；旅游收入从 519 亿元增至 1037 亿元，年均增长 26.0%。随着旅游业的发展，张家口产业转型发展态势日趋明显。2016～2019 年，张家口市第三产业增加值比重从 50.9% 增至 56.1%，在三次产业中的比重进一步提升，产业结构进一步优化。可见，受冬奥会影响，冰雪产业逐渐成为张家口市经济发展与产业转型的重要引擎。

三 促进京津冀协同发展

在举办冬奥会的背景下，随着冰雪产业的不断发展，北京与张家口已经逐渐形成了一种新型协同发展模式。优势互补已经成为在冰雪产业方面京张协同发展的基础。一方面，张家口拥有发展冰雪运动的自然禀赋，在降雪量、雪质、地形落差等方面的自然禀赋优势明显强于北京，具备明显的供给侧优势。另一方面，北京具备强大的冰雪运动消费市场。据统计，2015～2019年，北京滑雪人次从169万人次增至189万人次，增长11.8%，而同期北京的滑雪场数量仅增加了两个，滑雪场地供不应求的现象日趋明显。2019年，北京平均每个滑雪场上对应的滑雪人次超过7万人次，滑雪者密度远远超过国内其他地区。雪场过于拥挤必然会降低滑雪质量，影响滑雪体验。有调查显示，2018年北京的滑雪者已经超过370万人，而北京的滑雪人次还未达到200万人次。这说明大量的北京滑雪者参与了异地滑雪活动。结合近年来我国各地区滑雪运动的发展情况看，北京的滑雪者主要流向两个目的地——河北和吉林。其中，2019年河北的滑雪人次达到243万人次，超过吉林居国内首位。另据《北京2022年冬奥会和冬残奥会遗产报告集（2022）》，2019年张家口市接待体育文化旅游各类活动人次达8605.06万人次，其中约31.5%的来自北京市。这些数据都显示北京的冰雪运动需求与河北的冰雪运动供给已经成功对接，意味着北京与河北，特别是张家口在冰雪产业方面的协同发展已经达到相当规模。

以冰雪产业为基础的京张协同发展模式既不同于以疏解北京非首都功能为背景的产业转移模式，也不同于推动河北雄安新区和北京城市副中心建设模式。京张协同发展模式更多的是利用举办冬奥会契机，充分发挥各自资源优势，满足京冀地区消费需求，以冰雪产业为引擎带动旅游业发展，进而促进本地区整体经济增长，切实实现优势互补、互利共赢。同时，与其他产业相比，以冬季运动为代表的体育产业更加绿色、低碳，具备更好的持续发展潜力。经过近些年的发展，以冰雪产业为基础的京张协同发展已经成为京津冀协同发展中的重要内容，同时也为京津冀协同发展提供了一种新型模式。

事实证明，冬奥会的举办为京张协同发展带来了独有的机遇，有利于“加快建设京张体育文化旅游带”。一方面，在举办冬奥会的背景下，张家口可以继续充分发挥自身资源优势，满足北京市庞大的冰雪运动需求，以冰雪产业为引擎大力发展服务业，实现产业转型发展，完美践行“冰天雪地也是金山银山”的发展理念。另一方面，随着张家口滑雪产业的发展壮大，国内外滑雪者大量涌入，北京也可以充分发挥自身超大型城市的优势，为张家口提供强力支撑，满足众多滑雪者在各个领域的消费需求，以此促进北京国际消费中心城市建设。以冰雪产业为基础，北京与张家口将以一种独特的协同发展模式参与并促进整个京津冀地区的协同发展。在京张两地形成优势互补、互利共赢的基础上，推动整个京津冀地区加快构建以国内大循环为主体、国内国际双循环相互促进的新发展格局，实现本地区经济高质量发展。

参考文献

《北京 2022 年冬奥会和冬残奥会遗产报告集（2022）》，2022 年 1 月 19 日。

Laurent Vanat, “2020 International Report on Snow & Mountain Tourism,” 2020.

伍斌：《中国滑雪产业白皮书（2019 年度报告）》，2020 年 2 月 18 日。

财政金融篇

Fiscal & Financial Market

B.17
2021年北京市财政形势分析及2022年展望

司 彤*

摘 要： 2021年北京市立足首都优势，充分整合资源、统筹财力，以科技创新发展带动培育财源新增长点，实现全年财政收入8.1%的较高增长水平，财政支出全力保障党的百年大庆、冬奥会、服贸会等重大活动，聚焦“七有”“五性”民生需求不断提高财政支出的有效性。2022年是党的二十大召开之年，北京市财政收入有望首次突破6000亿元，财源建设质量进一步提升，财政资金使用效益持续提高，将更加充分发挥财政职能作用，为首都经济社会发展提供坚实的财力保障。

关键词： 财政收入 财源建设 资金效益

* 司彤，经济学博士，北京市经济信息中心干部，主要研究方向为财政经济等。

2021 年是“十四五”开局之年，在疫情防控常态化、首都经济持续恢复、财源建设进展良好等因素带动下，全年财政收入转为正增长，财政支出聚焦疫情防控、民生改善、城市治理等重点领域，以绩效评估进一步规范财政资金管理，保持地方政府性债务风险整体可控。受突发疫情财政收入低基数增长的影响，全年财政收入总体呈现倒“U”形运行态势。2022 年是党的二十大召开之年，仍需积极探索推动财源建设提质增效，统筹推进重大活动保障、疫情防控和经济社会发展，进一步深化市、区两级财税体制改革，防范化解政府债务风险，更好地发挥财政在国家治理中的基础和重要支柱作用。

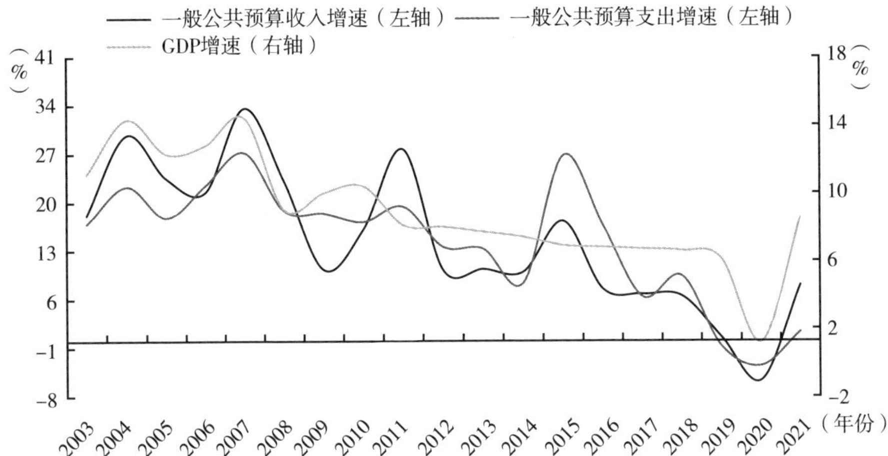

图 1　北京市 GDP 及财政收支增速

资料来源：《北京统计年鉴》、北京市财政局。

一　2021年北京市财政政策导向

多措并举培育具有首都特色的优质财源。一是积极开展财源建设评估，从稳固存量、培育增量等 10 项指标对各区开展评估，引导各区加强财源建设和项目储备，2020 年及 2021 年新增财源中，25 个税源大户企业当期收入贡献过千万元，2021 年上半年落地储备项目 200 多个，同比增长 8 倍。二是发挥市区“合力”。不断完善多部门联动的市区财源建设工作机制，营商环境的不断优化，有利于更好地稳住财源存量，吸引优质增量。2021 年，全市新注册企业数量增长近三成，迁入企业增长近六成。

围绕“七有五性”提升财政支出效益。持续完善符合首都标准、首善要求的多层次民生政策保障体系，高质量推动“幼有所育、学有所教”，全年教育支出 373.5 亿元，扩增学前教育普惠性与中小学学位 5 万多个，落实义务教育“双减”工作金保障；推动“病有所医”水平不断提升，围绕新冠疫苗接种、全市公共卫生体系建设、基层医疗卫生服务提升支出卫生健康资金 227.2 亿元；持续做好“劳有所得”“老有所养”保障，全年社会保障和就业支出 199.2 亿元，帮扶 3.9 万名农村劳动力转移就业，建设近 1300 家社区养老驿站和农村养老服务点，持续提高城乡居民最低生活保障标准；推动“弱有所扶”“住有所居”取得新进展，完成 8 万套政策性住房建设，改造 20 万平方米简易楼和危房，加大对残疾人权益维护、残疾人康复和就业等支持力度。

进一步突出绩效导向提高财政资金效益。一是通过调结构、控成本、强绩效等措施，大力压减一般性支出和非必需、非刚性支出，在近年严控“三公经费”等一般性支出的基础上，2021 年继续压减出国、会议、差旅和培训等经费及课题经费，压缩一般性支出达 35.5 亿元。二是深入推进全成本预算绩效改革，打造“北京模式”。目前已形成 122 项预算支出定额标准，在 2022 年预算编制中资金约为 180 余亿元。制定实施公交、地铁、热力、自来水等四个公用事业领域三年降本增效目标方案，年度降本 11 亿元，有效提高财政资金使用效益。

二　2021年北京市财政运行特点

（一）一般公共预算收入呈恢复性增长

2021 年，在各项稳经济政策、支持企业复工复产、财源建设等政策的带动下，自3月起，全市一般公共预算收入连续9个月呈两位数增长，12月增速回落至个位数，全年完成5932.3亿元，同比增速由2020年的-5.7%增长为8.1%，高于预期目标5.1个百分点。财政组收取得一定成效，年内一般公共预算收入保持增幅，第一季度、上半年、前三季度、全年一般公共预算收入分别增长10.8%、15.3%、13.4%、8.1%。

一般公共预算收入质量持续提升。一是经济新常态下，北京市经济增长与一般公共预算收入存在一定差异，计量经济学回归模型表明，北京市经济规模每增加1亿元，一般公共预算收入增加0.20亿元，基本与疫情前水平持平；近年受疫情冲击、GDP与财政收入核算原则和核算方法等非经济因素的影响，经济增长与一般公共预算收入的差异逐渐明显，短期内二者同向不同步的情况增多，但总体上财政收入增长相对于经济增长波动整体呈现"U"形回升态势，财政收入弹性系数波动回升，2017~2021年分别为1.00、0.97、0.08、-4.75、1.00。二是税收占比持续提高。地方级税收在全市一般公共预算中占比87.1%，平均提高2.3个百分点，在全国排名从2020年的第二位上升至第一位，反映出全市经济结构持续优化，贡献财政收入不断提高。

主要税种呈现恢复性增长态势。各项税收收入恢复正增长，2021年各项税收收入5164.6亿元，同比增长11.2%，较2020年涨幅扩大14.9个百分点。其中，一是占比三成以上的增值税完成1742.9亿元，增长5.4%，主要是由全市企业生产经营稳步向好、各项交易活动活跃带动。二是占比近三成的企业所得税规模居首位，完成1395.1亿元，增长18%，主要得益于疫苗生产等规上企业利润提升、后疫情时代批发零售业和商务服务业经营活动恢复较快。三是占比15%左右的个人所得税收入延续较高的增长水平，完成743.3亿元，实现21.5%的高速增长，得益于北京市知识型、智力型、管理型人才及自由职业者较多，居民收入保持良好增长态势，对全市个税税收收入有一定拉动作用。

重点行业有力支撑财政增收。一是金融业税收收入呈现良好增长态势、贡献全市收入的20%以上。持续实施让利实体经济系列举措、北交所开市吸引新增量，带动占地方级税收收入两成以上的金融业税收收入实现6%以上的较快增长、贡献税收收入超1200亿元。二是随着疫情防控形势向好，受疫情影响较大的批发零售业（占比9%左右）、信息服务业（占比8%以上）、商务服务业（占比7%左右）等重点行业经营活动恢复较快，相应的行业财政收入分别实现25.1%、33.1%、13.0%的两位数快速增长，对全市财政收入增长发挥了较强的拉动作用。三是一次性增收因素在一定程度上拉动了财政收入增长，科兴中维、国药北生研等新冠疫苗生产企业与全市重点软件企业的业务迅速增长，形成了一次性增收，拉动全市财政收入增长2.3个百分点。

（二）聚焦重点安排一般公共预算支出

2021年，财政支出在保障基本运行前提下，聚焦共产党成立百年大庆、冬奥会、冬残奥会等重大活动，“七有”“五性”等民生领域。全市一般公共预算支出6862.7亿元，增长1.3%，较2020年提高5.2个百分点。

重点保障重大活动重大事项支出需求。一是全力保障筹办冬奥会、冬残奥会赛事等事项，开展建党100周年等重大主题宣传、党史展览、文艺宣传表演等活动。二是继续做好疫情防控常态化资金保障，加快推动疫苗接种进度，建成疫情快速监测联防联控平台，建设示范性研究型病房，强化首都医疗创新优势。三是重点支持“三城一区”创新发展，推动集成电路双“1+1”工程等“卡脖子”关键核心技术研究攻关。四是聚焦国际消费中心城市和“两区”“三平台”建设，推动疫情常态化下消费和贸易加快恢复。

突出“节流”压减一般性支出和运行成本。一是力度不减严控一般性财政支出，2021年继续按照“财随政走，政令财行”原则大幅压减一般性支出，按10%的比例压减非重点项目支出，按45%的比例压减课题经费，全年压减一般性支出35.5亿元。二是突出绩效导向，严控各类运行成本。在全国率先推进全成本预算绩效管理改革，形成支出定额标准122项。在医疗、养老等民生领域开展绩效评价并进行动态优化调整，通过政策资金“体检”增强民生保障能力。在公交、热力等四个公用事业领域，制定三年降本增效目标方案，2021 年节约成本超 11 亿元。

提高财政支出精细化管理水平。一是推进深化预算管理制度改革的实施意见落地，规范支出管理、严格预算编制和执行、加强风险防控，细化各项政策措施。二是构建直达资金全过程管理机制，紧盯项目储备、预算下达、预算执行、监督管理、绩效评价等环节，加快全市各级财政部门直达资金支出进度，确保资金规范使用。三是开展民生政策绩效评价，细化全市医疗、社保领域等 46 项政策保障标准、保障范围、分析指标等，逐步建立民生支出清单。四是继续拓展全成本预算绩效管理，初步形成地面交通、轨道交通等领域的成本绩效目标与实施方案；通过对民办普惠幼儿园、市属高校的财政资金使用开展绩效评价，研究学前教育、高等教育财政补助政策的优化意见；加强公立医院、卫生健康等支出结构分析，针对性地完善财政保障方案。

（三）财政资金引导作用明显

地方政府债券支持力度进一步加大。全市政府债务规模增幅较大，但仍严格控制在政府债务限额内，2021 年发行地方债券 3293. 51 亿元，同比增长 96. 4%，较上年提高 74. 2 个百分点，主要投向土地储备、保障性住房、市政建设等领域。一是按照“项目建设进度、资金实际需求、债券发行节奏”相匹配的原则，创造性地建立了债券发行使用、进度考核同债券额度分配挂钩的机制，精准匹配债券资金、确定年度发行计划。二是统筹全年债券资金需求，积极做好债券发行节奏与库款管理的衔接匹配，均衡发债节奏，必要时启动库款垫付程序，既保障重点项目建设需要，又避免债券资金长期滞留国库。三是进一步提高资金使用效益，有效降低融资成本。经初步测算，与往年集中一次性发行债券相比，本年分期发行可节约利息支出约 4. 7 亿元。其中，海淀区节约利息最多，可达 1 亿元以上。

多措并举引导中小微企业经营成本降低。综合运用首贷财政贴息、减税降费、融资担保、政府采购等政策“工具包”，助力微观主体释放市场活力。一是全面落实减税降费政策，截至 2021 年 9 月底，全市为社会和企业减轻各项税费负担781.7亿元，预计全年影响地方级收入超1000亿元。二是加大政府采购向中小企业倾斜力度。政府采购份额中预留中小企业份额提高至40%，高于国家要求10个百分点，给予中小企业实质性保障。三是鼓励政府性担保机构扩大对中小微企业信用担保代偿代补范围，对单户企业贷款担保金额由500万元扩大到1000万元，持续降低中小微企业融资成本，吸引企业落户北京，2021年全市新注册企业、迁入企业数量分别增长28.2%、57.0%。新注册中小企业中，科技服务业数量居首位。

有序引入社会资本参与项目建设。一是规范有序地推进政府和社会资本合作（PPP），截至2021年底，北京市纳入财政部项目管理库的PPP项目共有77个，较2020年增加4个，投资额1558亿元，PPP项目签约落地率达93%，居全国第一。主要涉及市政工程（42个）、生态建设和环境保护项目（11个）、水利建设（7个）、交通运输（6个），占全部项目数的86%，对于补齐全市基本公共服务短板起到了较好的带动作用。二是充分发挥政府引导基金作用。截至2021年底，27支政府投资基金撬动社会资本1471亿元，财政资金放大倍数超过4倍。通过发挥政府引导基金放大效应，积极吸引社会资本参与，推动符合首都功能的现代产业体系加快形成。

三　财政运行中需要关注的问题

财政收支不平衡矛盾仍然存在。一方面，衡量财政收支平衡度的财政自给率近年持续低于1，2021年全市财政自给率为0.86，较2020年上升0.09个点，但仍低于“十二五”末期的0.89。特别是全市财政面临的减收压力仍然较大，全球疫情形势存在不确定性，国内经济下行压力仍然存在；疫苗量价齐降、重点财源储备项目尚处于建设期、房地产等行业持续下行，以及平台经济持续整改、中央实施新的减税降费政策等因素，增加了财政收入的不确定性，收入增长面临一定挑战。与此同时，疫情常态化防控、民生建设、基层“三保”等重点刚性支出需求仍然较大，再加上化解政府隐性债务、清欠中小企业账款等刚性支出，支出压减空间逐渐收窄，地方财政收支矛盾仍然比较突出。

企业外迁压力依旧存在，部分企业纳税不充足。由于外省市招商引资等多方面原因，本市外迁企业仍多于迁入企业。部分外迁企业将员工关系转移到在京关联企业，仅缴纳个税和社保，纳税不充足。通过大数据分析，全市仅缴纳个税的企业 3430 户，其中参保人数在 100 人以上的重点企业约 590 户，需要进一步核查提升纳税充足度。通过走访摸排，核实有 895 户异地纳税企业，其中 58 户金融类企业规模较大，回迁困难。央企疏解搬迁逐步启动，将对收入产生影响。

财政资金使用效益仍有提升空间。一方面，中央财政直达资金常态化管理的长效机制尚不完善，如与地方财政部门预算安排时间还不完全一致，临时性调整还较多，资金支出绩效评价和监管考核机制仍不完善，在撬动社会资金和集成政府引导基金、融资担保资金、财政贴息、再贷款再贴现优惠等政策方面还需探索。另一方面，全市在提升财政资金使用效益过程中也遇到市、区两级加强财政资金管理的合力不够、政府债券资金全过程监管有待加强、部分领域保障标准高和保障过度等情况。

四　2022年财政形势判断

2022 年是党的二十大召开之年，也是实施“十四五”规划承上启下的重要一年，统筹推进疫情防控和首都经济社会发展，全市财政收入稳定增长的基础不断巩固，但新一轮更大力度减税降费、平台经济持续整改等增加了财政收入的不确定性，同时首都发展面临的战略任务重大，各领域对财政资金需求仍呈快速增长态势，2022 年财政收支紧平衡态势仍将持续。仍需坚持以首都发展为统领，积极统筹运用财政资源，更好地发挥财政在国家治理中的基础和重要支柱作用。

（一）财政收入预期首次突破6000亿元

综合考虑全市经济增长基础和条件，增收潜力和减收压力并存，预计

2022 年财政收支紧平衡状态仍将持续。从收入来看，全市一般公共预算收入预期首次突破 6000 亿元大关，增长 4%，略低于经济增长水平。总体来看，统筹推进疫情防控和经济社会发展，首都经济持续稳定恢复，特别是在高端要素和科创成果转化向“两区”承载地聚集、疏整促工作进入优化提升阶段、营商环境和财源建设成果逐步显现、北京证券交易所成立等有利因素带动下，首都经济增长的内生动力不断增强，为财政收入稳定增长提供了较好的基础支撑。具体来看，一是税收收入预计增速有所放缓。在一系列惠企利民政策下，减税让利程度将更大，增值税税收收入预计回落至个位数增长水平，企业所得税收入增速放缓。二是重点行业税收收入承压、2022 年新冠疫苗再次降价，加强针接种预计很快实现广覆盖，生物医药行业税收收入将下降。信息服务业企业所得税增速将有所回落。加强平台企业反垄断合规指导，平台经济等新业态探索从无序扩张、野蛮生长向公平合规转型，美团、滴滴、爱奇艺等平台企业营收增速将有所放缓。继续从严调控房地产，房地产行业税收收入状况难有改善。三是部分存量税源企业的流失风险仍值得警惕，2021 年已有 263 户高新技术企业集中迁出，涉及收入近 2000 万元。但近年来全市推动财源建设提质增效，将进一步开展监测预警，缓解显性和隐性财源流失，前瞻性进行财源谋划，探索引入市场化机制建设财源，进一步平衡好各区财源建设利益，预计能够增收 120 亿元（同比增长约 2 个百分点）以上，对税收收入增长有一定支撑。

（二）财政支出更加注重提质增效

2022 年，全市一般公共预算支出计划安排 7156.0 亿元，增长 4.3%。将资金重点投向科技创新和高精尖产业，构建符合首都功能定位的产业结构和财源体系；推进城市有机更新和精细化治理，切实改善人居环境和安全条件；支持生态保护和绿色发展，巩固污染防治攻坚战成果；按照尽力而为、量力而行的原则，稳步提升人民生活品质；大力建设城市副中心，深入推进京津冀协同发展。具体来看，一是聚焦“七有”“五性”民生需求，继续有效做好八成以上民生投入资金保障。完善符合首都标准、首善要求的多层次民生政策保障体系。健全公立医院、疫情常态化防控的资金保障机制。促进教育领域支出向学前教育、义务教育倾斜。支持实施促进就业政策。持续深化养老服务综合改革、完善住房保障财政支持政策等。二是保障首都发展重大战略任务资金需求。聚焦“五子”联动构建首都新发展格局，支持医药健康、人工智能、新一代信息通信、前沿新材料、区块链等领域投入，加快建设国际科创中心、“两区”、高精尖产业结构、国际消费中心城市、深入推进京津冀协同发展战略等重大首都发展任务。三是持续提高财政支出的有效性，在全市全成本预算绩效管理改革不断推进下，“十四五”开局全市财政支出有效性保持稳定，2021 年衡量财政支出有效性的甩尾系数为 1.5 左右，与“十三五”末期基本持平。2022 年在继续深入落实政府过“紧日子”要求下，统筹运用资金、资产、资源，保证必要支出强度，财政支出的有效性有望进一步提高。

（三）财政收支紧平衡状态仍将持续

2022 年，全市增收潜力和减收压力并存，各领域对财政资金的需求仍呈快速增长态势，收支紧平衡的状态仍将延续。一是后疫情时代财政收入基数抬高，预计下半年财政收入增速逐步回落，全年财政收入将呈现“前高后稳”运行态势，在房地产调控政策持续趋严的基调、海外疫情与需求扩张的不确定、替代效应减弱、消费与接触性服务业恢复动力不足等影响下，同时提高企业研发费用加计扣除比例并提前享受新增减税政策的减收效果在下半年将有所体现，财政收入增长面临较大压力。二是全面实施“十四五”规划、推动“两区”建设、进一步激发科技创新活力、培育高精尖产业、推动京津冀一体化发展、实现碳达峰碳中和、地方政府债券还本付息等重点任务和刚性支出保障压力不断加大。三是防范化解财政风险任务仍重。落实政府债务“借、用、管、还”全链条项目管理机制，力争隐性债务全部化解，分批次精准发行地方政府债券，进一步完善债券资金“穿透式”监测，加快专项债券支出进度，进一步发挥债券对投资拉动作用等任务仍将贯穿全年。

五 积极保障财政收入稳定增长

“十四五”时期保障北京市财政收入稳增长，更好地满足城市发展、民生改善等重大项目需要是财政工作的着力点，2022 年全市财政需要从经济稳定发展、产业发展、财税体制改革、财政管理等方面着手，充分调动全市组收积极性，确保应收尽收，并在收支紧平衡状态下履行好首都职能，持续推动公共服务提质增效。

坚持“引税源”与“养税源”并举。一是培育具有首都特征的财源体系，推动财政可持续发展。按照中央统一部署落实好新的减税降费政策，强化对中小微企业、个体工商户、制造业的支持力度。充分利用“两区”“三平台”建设契机，完善财政支持政策和财源发现机制，培育重点财源企业和潜力中小微企业，推动二产提质、三产增效。引进一批国际功能性机构、专业服务机构和高端制造业企业落地，支持符合首都城市战略定位的央企及其子公司、分公司持续在京发展。二是涵养存量优质税源。以走访调研等形式与各集团总部强化直接联系，形成良性互动；完善补充集团画像，掌握动态税源，开展经济分析，分行业分集团形成个性化服务策略；深研行业特征，加强集团税源分类研究和服务诉求归集整理，清单式推进诉求处理的规范化。

多措并举提高各区组收保税积极性。一是密切关注首都经济发展态势，及时掌握重点税源、新增税源发展动态，强化收入预判和分析工作，多角度开展税收形势分析。加强与各区级政府和财政等部门的沟通和对接，增强组织收入工作的前瞻性和主动性。加强市级统筹引导，各区政府结合各区规划和优势有序开展招商引资，积极谋划重大产业项目，推动镇街经济发展，充分调动镇街组收积极性。二是及时研判形势变化对全市税收收入的影响与应对。一方面，持续关注非首都功能疏解可能产生的税收损失，探索建立京津冀地区间税收分享机制，完善总部经济税收分成政策，研究制定北京市存量企业、伴随产业转移的新设企业及分支机构迁移税收分享方案。另一方面，关注规范平台经济整改对全市税收收入可能带来的影响。深入研究平台经济的价值链条、运行模式、盈利方式，主动转变服务思维，创新服务途径，规范监管模式，在发票领用、政策适用、业务操作等方面满足纳税人需求，争取京东、抖音、学而思等平台对北京贡献最大税收利益。

进一步完善市区分税制。通过构建包含中央与地方两级政府结构的动态一般均衡（DSGE）模型表明，深度财政分权会在短期内加强地方财政支出的波动效应而削弱中央财政支出的波动效应，同时在长期增加整个经济总产出与社会总福利。对北京而言，新时期合理划分财力分配格局，仍需坚持并完善市区分税制，继续遵循“保持财力格局总体稳定，向区级适度倾斜”的思路调整市区共享税收共享比例。一是创新税收分成激励机制。采取更多激励形式鼓励区级政府良性增收，更多借鉴“存量不变、增量调整”思路，对于三个主体税种的增量收入，适当提高区级财政分享比例，探索采用增收激励机制、以奖代补、增收返还及增长幅度超出部分返还等方式，如对于税收比重提高幅度、主体税收比重和财政收入增幅达到一定要求的区，给予奖励；对于高精尖企业缴纳增值税、企业所得税增量部分，按一定比例奖励所在区；开展以“亩均税收”为主的税收贡献评价，依据评价结果实施分档激励；设立与各区年度财政补助资金挂钩的发展激励奖补资金。二是提前谋划培育地方主体税种。密切关注中央与地方消费税税收分享改革动态，特别是卷烟、酒类、汽车等消费品税收收入分享改革办法，对可能采取的部分在生产（进口）环节征收的现行消费税品目逐步后移至批发或零售环节征收并下划地方，前瞻性研究制定省以下税收收入分享办法。

持续推动公共服务提质增效。一是深化财政支持公共服务的相关改革，既要进一步优化支出结构和方式，严格购买内容、程序、标准，探索建立重点领域的政府购买公共服务定价标准；又要持续规范有序推进 PPP 模式，完善 PPP 制度标准和政策体系，加强项目库管理，创新融资模式；还要进一步强化成本控制和预算绩效管理，提高财政资金使用效率，有效降低行政成本。二是聚焦“七有”“五性”发挥好财政资金“四两拨千斤”的作用，补齐“学有所教”短板，增加“老有所养”高质量供给，加大“住有所居”保障力度，提高“病有所医”保障水平，完善“弱有所扶”社会救助机制。

持续营造良好环境服务企业发展。一是持续推动降低企业成本，围绕重点创新要素和关键环节进行设计，降低企业融资担保成本。二是完善政府“服务包”等机制，积极满足企业个性化诉求，引导各区推出“枫桥式税务分局”模式化解涉税费争议。三是推动总部在京集团及其成员企业名册信息全面更新，推进数据采集加载、规范重点企业财务报表报送、异地协作等。

参考文献

《关于北京市2021年预算执行情况和2022年预算的报告》，2022年1月19日。

《关于北京市2020年预算执行情况和2021年预算的报告》，2021年2月18日。

司彤：《国家治理视野下的下现代财政制度》，《财经问题研究》2014年第10期。

司彤：《我国PPP项目物有所值定量评价研究》，中国财政科学研究院硕士学位论文，2016。

舒志彪：《财政政策的作用机理研究》，中共中央党校博士学位论文，2016。

朱军、李建强、张淑翠：《财政整顿、“双支柱”政策与最优政策选择》，《中国工业经济》2018年第8期。

Gordon, R. H., Wei L., *Provincial and Local Governments in China: Fiscal Institutions and Government Behavior*, Chicago: University of Chicago Press, 2013.

Lawrence, C., Rostagno M., Motto R., “Financial Factors in Economic Fluctuations,” ECB Working Paper, No. 1192.

Pistor, K., *The Governance of China's Finance*, Chicago: University of Chicago Press, 2013.

B.18

2021～2022年北京市金融运行形势分析与预测

高　菲*

摘　要： 本报告分析了2021年北京市金融运行特点发现，一是金融总量保持合理增长，信贷对实体经济支持力度稳固；二是社会融资规模较疫情前多增，金融业对实体经济总体支持力度较大；三是金融对重点领域和薄弱环节的支持力度持续显著增强，服务实体经济质效进一步提升；四是贷款利率降至有统计数据以来最低水平，让利实体经济效果显著。应关注存贷款总量在上年同期高基数基础上要实现稳增长所面临的压力，实体经济转型阵痛以及疫情冲击的衍生风险或向金融体系扩散，房地产金融风险有所暴露、房地产企业合理融资需求有待满足，以及偿债压力或有所增大等问题。预计2022年北京市以新发展理念更好地发挥对"十四五"开局和经济高质量发展的支持作用，货币信贷总量和社会融资规模稳定增长、流动性合理充裕、金融结构稳步优化、综合融资成本稳中有降。

关键词： 金融业　金融风险　房地产

---

* 高菲，经济学博士，中国人民银行营业管理部金融研究处干部，主要研究方向为宏观经济、国际金融等。

一　北京市金融运行特点

2021 年，全球疫情持续蔓延，外部环境更趋严峻，国内经济发展面临需求收缩、供给冲击、预期转弱三重压力。北京市坚持以习近平新时代中国特色社会主义思想为指导，坚持稳中求进工作总基调，持续推进金融供给侧结构性改革，精准有力支持首都重点发展领域，为首都“十四五”开局和经济高质量发展提供稳固支撑。辖内信贷总体运行平稳，存贷款总量与北京市经济发展相匹配。信贷投放重点突出，普惠小微贷款和绿色、科创、文化等领域贷款保持较快增长，有力地支持了首都经济恢复和经济高质量发展。各项存款稳定增长，住户存款增长较快。

（一）各项存款平稳增长，住户部门存款增长较快

2021 年 12 月末，北京市本外币各项存款余额 20.0 万亿元①，同比增长 6.2%，占全国本外币存款余额的 8.4%，比年初增加 11659.9 亿元，同比少增 5007.4 亿元。按币种来看，人民币存款增速回落，外币存款规模扩大；按期限来看，活期存款和定期存款增速均低于上年同期；按部门来看，住户存款保持高速增长，非金融企业存款增速下滑，非银行业金融机构存款增速持续降低。

1. 人民币存款增速回落，外币存款增速回升

2021 年 12 月末，北京市金融机构人民币各项存款余额 19.2 万亿元，同比增长 6.1%，增速比上年同期低 4.1 个百分点，两年平均增长 8.1%；占全国金融机构存款余额的 8.3%，比上年同期低 0.2 个百分点；比年初增加 10998.7 亿元，同比少增 5405.4 亿元，占全国金融机构新增存款的 5.6%。2021 年全年，北京地区存款呈现波动较大、平均增速偏低的特点：

---

① 如无特别注明，本报告北京市数据均来自中国人民银行营业管理部，全国数据全部来自 Wind。

第一季度人民币各项存款余额 18.3 万亿元，同比增长 7.7%，增速比上年同期低 3.4 个百分点；比年初增加 1933.4 亿元，同比少增 3274.1 亿元。第二季度同比增长 5.5%，较上年同期低 5.0 个百分点，比上一季度增加 3549.0 亿元。第三季度同比增长 6.8%，较上年同期低 4.7 个百分点，比上一季度增加 9581.1 亿元。主要原因在于：一是 2020 年疫情突袭而至，个人预防性需求上升、企业生产经营中断存款滞留账面，导致存款基数较高；二是“十四五”开局之年，部分机关团体总部机构资金下拨力度加大，结算方式改为预付，减少了在京银行体系的资金沉淀；三是非银行业金融机构的资金进出波动加大。

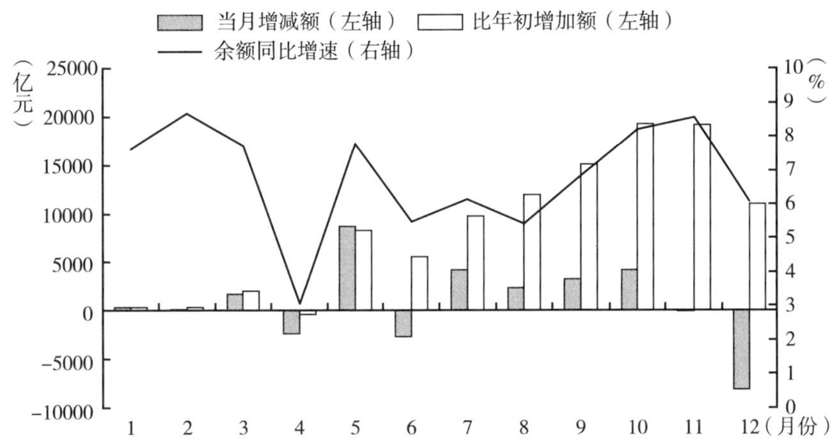

图 1　2021 年北京市金融机构人民币存款余额变化情况

2021 年 12 月末，北京市金融机构外币存款余额 1197.9 亿美元，全年增加 128.7 亿美元，比上年同期多增 21.8 亿美元；同比增长 12.0%，比上年同期高 0.9 个百分点。其中，境内外币存款余额 878.7 亿美元，同比增长 13.4%，增速比上年同期高 9.7 个百分点；比年初增加 103.9 亿美元，同比多增 76.2 亿美元。境外外币存款余额 319.1 亿美元，同比增长 8.4%，增速比上年同期低 28.4 个百分点；比年初增加 24.8 亿美元，同比少增 54.4 亿美元。

2. 活期存款和定期及其他存款增速都有所降低

2021 年 12 月末，北京市金融机构人民币活期存款余额 3.5 万亿元，比年初减少 640.1 亿元，上年同期为增加 2664.0 亿元；同比下降 1.8%，上年同期为同比增长 8.0%。其中，住户活期存款余额 16968.5 亿元，同比增长 5.1%，增速比上年同期低 7.8 个百分点；非金融企业活期存款余额 18343.7 亿元，同比下降 7.5%，上年同期同比增速为 4.3%。

2021 年 12 月末，北京市金融机构人民币定期及其他存款余额 7.8 万亿元，比年初增加 7110.7 亿元，同比少增 1839.0 亿元；同比增长 10.1%，比上年同期低 4.3 个百分点。其中，住户定期及其他存款余额 30215.8 亿元，同比增长 13.0%，增速比上年同期低 3.2 个百分点；非金融企业定期及其他存款余额 47611.3 亿元，同比增长 8.3%，增速比上年同期低 5.0 个百分点。

3. 住户部门存款保持较高增速

2021 年 12 月末，北京市金融机构人民币住户存款余额 4.7 万亿元，占全部存款的比重为 24.6%；比年初增加 4295.6 亿元，同比少增 1284.2 亿元；同比增长 10.0%，比上年同期低 5.0 个百分点；新增住户存款占全部新增存款的比重为 39.1%，比上年同期高 5.1 个百分点。

4. 非金融企业存款增速下滑

2021 年 12 月末，北京市金融机构人民币非金融企业存款余额 6.6 万亿元，占全部存款的比重为 34.3%；比年初增加 2175.1 亿元，同比少增 3858.8 亿元；同比增长 3.4%，比上年同期低 6.9 个百分点；新增非金融企业存款占全部新增存款的比重为 19.8%，比上年同期低 17.0 个百分点。

5. 非银行业金融机构存款增速持续下降

2021 年 12 月末，北京市金融机构人民币非银行业金融机构存款余额 3.3 万亿元，占全部存款的比重为 17.1%；比年初增加 2383.3 亿元，同比少增 623.8 亿元；同比增长 7.8%，增速比上年同期低 4.9 个百分点；新增非银行业金融机构存款占全部新增存款的比重为 21.7%，比上年同期高 3.3 个百分点。

（二）各项贷款保持合理增长，继续为实体经济提供长期稳定资金支持

2021年12月末，北京市本外币各项贷款余额折合人民币为8.9万亿元，同比增长5.6%，增速比上年同期低4.3个百分点；占全国本外币各项贷款余额的4.5%，比上年同期低0.2个百分点；比年初增加4724.1亿元，全年增加7608.6亿元，同比少增2884.5亿元。信贷结构持续优化，投放重点更加突出，普惠小微贷款高速增长，金融对市场主体支持力度不断增强，有效支撑首都经济恢复和经济高质量发展。按币种来看，人民币贷款增速回落，外币贷款增速由正转负；按期限来看，活期存款和定期存款余额增速均低于上年同期；按部门来看，住户部门贷款增速回升，企（事）业单位贷款增速下滑。按行业来看，符合北京首都功能定位的绿色、科创和文化等领域贷款快速增长。

1. 人民币贷款增速回落，外币贷款增速由正转负

2021年12月末，北京市金融机构人民币贷款余额8.6万亿元，同比增长6.2%，增速比上年同期低4.2个百分点，主要受前两年高基数、地方政府隐性债务化解、疫情冲击导致需求减弱等因素影响；两年平均增长8.2%，同2020年、2021年平均经济增速基本匹配并略高；占全国金融机构贷款余额的4.5%，比上年同期低0.2个百分点；比年初增加5042.3亿元，同比少增2592.3亿元，占全国金融机构新增贷款的2.5%。2021年全年，人民币贷款增速呈现前高后低走势。第一季度北京市人民币贷款余额8.5万亿元，同比增长10.3%，增速与上年同期持平；比年初增加3496.4亿元，同比多增173.2亿元。第二季度同比增长11.8%，较上年同期高2.9个百分点，比上一季度增加1174.5亿元。第三季度同比增长8.8%，较上年同期低1.9个百分点，比上一季度增加367.0亿元。

2021年12月末，北京市金融机构外币贷款余额为463.5亿美元，比年初减少38.2亿美元，上年同期为增加28.7亿美元；同比下降7.6%，上年同期为同比增长6.1%。其中，境内贷款余额217.4亿美元，比年初减少17.8亿美元，同比多减2.0亿美元；境外贷款余额246.2亿美元，比年初

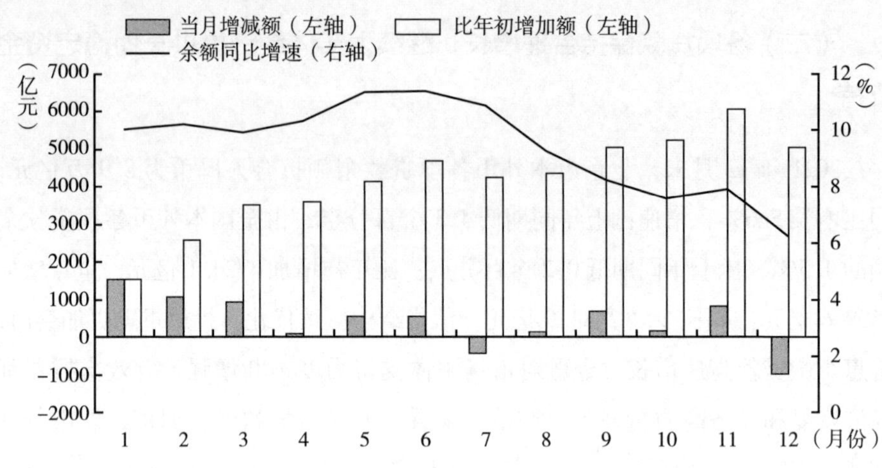

图2　2021年北京市金融机构人民币贷款余额变化情况

减少18.3亿美元，上年同期为增加46.5亿美元。

2. 各期限贷款增速均有所降低

2021年12月末，北京市金融机构人民币短期贷款余额为2.5万亿元，比年初增加446.6亿元，同比少增2092.2亿元；同比增长1.8%，增速比上年同期低8.4个百分点。人民币中长期贷款余额为5.6万亿元，比年初增加4404.3亿元，同比少增437.1亿元；同比增长8.6%，比上年同期低2.4个百分点。分部门看，2021年，人民币住户短期贷款3404.6亿元，同比增长18.4%，增速比上年同期高13.0个百分点；中长期贷款18540.5亿元，同比增长6.6%，增速比上年同期低0.4个百分点。人民币企（事）业单位短期贷款22094.7亿元，同比下降0.4%，上年同期同比增速为10.9%；中长期贷款36990.8亿元，同比增长9.9%，增速比上年同期低3.5个百分点。

3. 住户贷款增速回升，企（事）业单位贷款增速下滑

2021年，北京市金融机构人民币住户贷款余额2.2万亿元，比年初增加1609.3亿元，同比多增383.2亿元；同比增长7.9%，比上年同期高1.5个百分点；新增住户贷款占全部新增贷款的比重为31.9%，比上年同期高15.8个百分点。人民币企（事）业单位贷款余额6.4万亿元，比年初增加

3629.2亿元，同比少增3053.1亿元；同比增长6.0%，比上年同期低6.1个百分点。人民币非银行业金融机构贷款余额149.5亿元，比年初减少199.7亿元，同比少减77.1亿元。中国人民银行营业管理部调查显示，2021年第四季度，银行家宏观经济热度指数为34.5%，比上年同期和上季分别下降2.7个、6.8个百分点。

4. 信贷投放重点突出，保持对重点领域和薄弱环节的资金支持力度

2021年末，北京地区各类货币政策工具额度共778亿元，是疫情前的3.7倍；全年累计投放各项货币政策工具1323亿元，同比增长18.8%，撬动信贷投放3770亿元；支持市场主体7万户，其中小微、民营和科技企业占比超八成。创新完善以“融”“通”系列为品牌的首都货币政策工具产品体系，进一步提升资金使用的精准性、有效性。在“京创通”“京文通”基础上，2021年新设“京绿通”“京民通”专项再贴现产品，支持绿色和民营小微企业票据融资；设计“融”系列专项再贷款产品，撬动银行信贷资源向专精特新、乡村振兴、文化产品等重点领域聚焦。

一是普惠小微贷款高速增长。2021年12月末，北京市普惠小微贷款余额6378.6亿元，同比增长24.3%，比同期各项贷款增速高18.1个百分点；比年初增加1247.6亿元，同比多增52.0亿元；占同期各项贷款增加额的比重为24.7%，较上年同期高9.1个百分点。普惠小微企业有贷户数50.4万户，同比增长23%。

二是绿色、科创和文化等领域贷款快速增长。2021年末，北京市绿色贷款同比增长31.3%，全年绿色债券发行量同比增长7.2倍。碳减排支持工具和煤炭清洁高效利用专项再贷款政策在京落地，撬动贷款投放近百亿元。2021年末，北京地区制造业中长期贷款余额4080.7亿元，同比增长34.9%，增速比上月高1.6个百分点，比同期各项贷款增速高28.7个百分点；高新技术产业有贷户数同比增长18.9%。2021年末，北京地区中资银行文化产业贷款余额1855.1亿元，有贷户数9089户，同比增长14.7%。

5. 消费金融服务更加便捷高效，促进社会消费恢复增长

围绕线上消费等新型消费模式，金融科技加快消费金融服务创新步伐，

以便捷高效的消费金融服务，为促进消费恢复增长作出贡献。2021 年 12 月末，银行个人消费贷款余额 1.4 万亿元，同比增长 10.5%，较上年同期提高 0.8 个百分点；其中住房贷款同比增长 7.1%，较上年同期高 1.4 个百分点；大件耐用消费品贷款同比增长 40.3%，较上年同期高 17.7 个百分点。消费金融公司贷款余额 287.5 亿元，同比增长 89.5%，全年累计发放贷款 867.1 亿元，同比增长 83.5%。非金融支付机构结算金额 16.3 万亿元，同比增长 16.5%，较上年同期高 4.5 个百分点；结算量 209.4 亿笔，同比增长 27.8%，上年同期增速为 -5.6%。

（三）社会融资规模较疫情前多增，金融有力支持实体经济高质量发展

2021 年，北京地区社会融资规模增加 1.5 万亿元，比疫情前同期多 706.1 亿元。从融资结构看，人民币贷款增加 5237 亿元，企业债券融资额增加 3764 亿元，非金融企业境内股票融资额增加 2436 亿元。金融机构表外融资持续降低，北京地区实体经济通过委托贷款、信托贷款和未贴现银行承兑汇票等金融机构表外合计净融资减少 1210 亿元。从趋势上看，上半年贷款发挥支撑作用，6 月末新增人民币贷款比重近六成，为首都经济稳增长提供有力支撑；下半年随着市场流动性合理充裕，债券融资较快恢复、股票融资同比多增，直接融资占比由 5 月末的 21.7% 回升至 54.3%，金融业对实体经济的总体支持力度较大。

（四）贷款利率降至有统计数据以来最低水平，让利实体经济效果显著

1. 人民币贷款利率低位波动，企业、普惠小微贷款利率均处于较低水平

2021 年，人民银行通过引导一年期 LPR 下行、下调支农支小再贷款利率，有力推进企业综合融资成本进一步下行，金融业在上年大幅让利基础上再向实体经济让利约 200 亿元。北京地区金融机构一般贷款加权平均利率走势平稳，整体呈较低水平，12 月降至有统计数据以来新低，为 4.07%，同

比、环比分别下降10个、12个基点。企业贷款加权平均利率全年只有4月突破4%，12月为3.76%，为有统计数据以来新低，同比、环比分别下降14个、4个基点。其中，普惠小微企业贷款加权平均利率除4、5月外均在5%以下，12月为4.81%，同比、环比分别下降11个、12个基点。

2021年，LPR减点利率贷款占比维持在较高水平。12月，大、中、小、微型企业执行LPR减点利率贷款占比分别为75.7%、59.6%、45.2%、56.2%，同比分别上升0.33个、22.8个、2.7个、14.3个百分点。

2021年，个人住房贷款利率保持稳定。2017年"317新政"等一系列房地产调控政策实施以来，北京辖内个人住房贷款利率总体呈现走高态势，在北京市房地产调控政策不松动的背景下，2019年以来个人住房贷款利率基本维持稳定。2021年个人住房贷款利率继续保持稳定，12月为5.34%，同比、环比基本持平。

2. 人民币活期存款利率走势平稳，定期存款利率有所下降

2021年，人民币活期存款利率基本保持稳定。2021年，北京地区银行机构活期存款加权平均利率在0.31%～0.34%窄幅波动。12月为0.33%，同比、环比基本持平。定期存款利率稳中有降，受新的存款自律约定影响，长期限存款利率降幅明显。2021年1月，北京地区银行机构定期存款加权平均利率从2020年12月高点略有回落至2.42%，10月达到年内高点2.52%，12月降至2.12%，同比、环比分别下降38个、2个基点。分期限品种看，短期限存款利率环比上升，长期限存款利率环比下降。12月，三个月定期存款利率同比上升1个基点，半年定期存款利率同比基本持平，一年、二年、三年、五年定期存款利率同比分别下降14个、39个、41个、19个基点。

二　关于当前金融运行几个问题的思考

（一）存贷款总量在上年同期高基数基础上要实现稳增长所面临的压力

2022年货币信贷总量要实现稳增长面临多重压力：一是经济下行压力

叠加疫情影响，企业投资扩产意愿不强，增量信贷需求减弱。二是隐性债务置换、部分房企风险暴露等因素导致传统贷款“大户”支撑作用明显减弱，特别是2022年还将置换大规模存量贷款，而科创、绿色等重点发展领域短期难以弥补缺口。三是市场利率下行、注册制的全面铺开、北交所进一步发展，助推企业通过直接融资替代贷款意愿增强。四是北京地区总部经济特点明显，存款占比高、波动大、可控性低也导致存贷款增长存在较大不确定性。

中央经济工作会议强调稳健的货币政策要灵活适度，保持流动性合理充裕，加大金融机构对实体经济特别是小微企业、科技创新、绿色发展的支持力度，服务经济高质量发展。对此，应多措并举、发挥合力，共同推进信贷稳定增长。一是引导金融机构用好用足新增再贷款额度加大对实体经济，尤其是中小微企业的帮扶力度，同时鼓励辖内银行积极申请碳减排支持工具和煤炭清洁高效利用专项再贷款，支持首都绿色发展；二是稳步优化信贷结构，抓好民营小微、乡村振兴等薄弱领域，以及科创新领域，带动基建、房地产、制造业等传统领域发展，稳住经济基本盘；三是根据经济形势合理安排隐性债务化解节奏，平滑对信贷增长的负面冲击；四是继续加大跨部门协作形成政策合力，通过银企对接系统、畅融工程等机制，引导银行主动加强与企业融资对接，强化政策协同，形成货币金融政策与财政、产业政策合力，撬动更多资源向符合首都功能定位的重点领域聚集。

（二）警惕实体经济转型阵痛以及疫情冲击的衍生风险向金融体系扩散

2021年北京市地区生产总值同比增长8.5%，较全国高0.4个百分点，疫苗、电子等工业发挥了主要的支撑作用。2022年，疫苗价格大幅下调、重卡需求转弱、芯片短缺等因素将拖累工业增长，平台经济整治、“双减”政策等对服务业冲击仍未消除，实体经济领域风险或向金融体系扩散：一是企业脆弱性上升，银行信用风险持续承压；二是个别大型企业和房地产企业出险抬高区域信用风险水平；三是非法集资等涉众风险花样翻新、屡禁不止。

金融风险是区域、经济、财政、社会等领域风险的集中反映。统筹好发展和安全，一是坚持“五子”联动融入新发展格局，进一步统筹政策和资源，加大对高精尖制造业发展的支持力度，培育经济新增长点；二是把防范和处置风险放在更加重要的位置。坚持系统观念、风险意识和问题导向，及时跟踪分析北京市经济、风险形势和外部环境变化，提前研判风险，统筹风险处置资源，严格落实各方责任，精准有序地处置风险。

（三）关注房地产金融风险，支持合理融资需求

近年来，房地产金融监管日益趋严，房地产企业融资“三条红线”和银行业金融机构贷款集中度管理制度先后出台。在强监管压力下，政策叠加影响显著：2021 年下半年以来，房地产市场明显“降温”，二手房市场从上半年的高景气度到下半年迅速转凉，一些高负债大型房企接连出现债务违约，房地产金融风险有所暴露。2021 年第四季度末，房地产开发贷款余额同比下降 15.9%。

央行工作会议提出，稳妥实施好房地产金融审慎管理制度，支持房地产企业合理融资需求，更好地满足购房者合理住房需求。在此背景下，支持房地产市场平稳健康发展，一是引导银行保持房地产重点融资渠道基本稳定，对符合条件的项目开发贷款加快审批投放；二是加强住房市场分层管理，对于首套刚需要优先支持，继续满足购房者合理住房需求，对于改善型住房供给应着重提升品质，不过多给予政策保障；三是全力做好高风险房地产项目处置工作，支持保民生、保交楼、保稳定；四是加大保障性租赁住房、城市更新等领域的金融支持力度；五是继续关注房地产金融风险，加强预期引导，做好预案准备，处理好满足合理需求与有效把控风险的关系，促进房地产业良性循环和健康发展。

（四）偿债压力或有所增大

2021 年，北京市政府发行债券共计 3293.5 亿元，同比增加 1617.3 亿元，增长 96.5%，其中 1921.1 亿元为用于置换存量债务的再融资债券，值

得关注的问题：一是2021年专项债券借新还旧比例有所提高。剔除用于置换存量债务的再融资债券后，再融资专项债券借新还旧比例为58.2%，较上年提高16.3个百分点。二是预计2022年偿债压力将有所加大。据统计，2022年将有1136.5亿元政府债券到期，较2021年增长94.0%，其中一般债券、专项债券到期规模同比分别增长45.3%、135.5%。

对此，一是持续关注政府债券到期情况，提前做好偿还及发债计划，进一步化解存量隐性债务，坚决遏制新增隐性债务；二是加强专项债券项目储备工作，提高债券资金配置和使用效率，充分发挥政府投资对全社会投资的撬动作用。

三　预测与展望

2022年是党的二十大召开之年，是北京冬奥之年，也是实施“十四五”规划承上启下的重要一年，做好各项工作意义重大。北京市将以习近平新时代中国特色社会主义思想为指导，更加坚定捍卫“两个确立”，坚决做到“两个维护”，全面贯彻落实党的十九大、十九届历次全会和中央经济工作会议精神，坚持稳中求进工作总基调，认真落实稳健货币政策，继续扎实做好“六稳”“六保”工作，着力完善金融有效支持实体经济的体制机制，持续防范化解金融风险，助力北京落好“五子”，加快深化金融改革开放，全面提升金融管理和服务水平。

一是坚持稳字当头，做好开年“两件大事”。全力以赴做好北京冬奥金融服务保障，扎实做好迎接党的二十大各项准备，为2022年工作开好局。二是贯彻落实稳健的货币政策灵活适度。早谋划、早行动，把保持信贷总量增长稳定性作为当前信贷工作的首要任务；发挥好货币政策工具总量和结构双重功能，撬动更多信贷资源投向普惠小微、绿色低碳、专精特新等重点领域；促进融资成本稳中有降。三是精准加大对重点领域金融支持力度。细化落实稳企纾困，做好金融支持保市场主体工作。四是加快发展绿色金融和转型金融。加快推进绿色项目（企业）库建设，推动碳减排支持工具和煤炭清洁高效利用专项再贷款在京落地；积极参与碳市场基础设施建设。五是持续推动金融风险防范化解。稳妥有序地推进重点领域风险处置，加快北京市金融监管协调机制建设，健全金融风险防范化解长效机制。六是加强北京地区宏观审慎管理。稳妥实施好房地产金融审慎管理制度，保持房地产调控政策的连续性和稳定性。七是进一步推进首都金融改革开放。持续推动北京“两区”政策落地落实，推动试点政策扩围提质增效，深化贸易投融资便利化政策，稳步提高人民币国际化水平。八是有效提升金融管理和服务水平。全力保障冬奥支付服务和数字人民币冬奥场景试点安全平稳，持续优化“创信融”平台，支持“京津冀征信链”建设，不断优化数字人民币生态体系。

预计2022年，北京市以新发展理念更好地发挥对“十四五”开局和经济高质量发展的支持作用，货币信贷总量和社会融资规模稳定增长、流动性合理充裕、金融结构稳步优化、综合融资成本稳中有降。

参考文献

杨松主编《北京经济发展报告（2020～2021）》，社会科学文献出版社，2021。

中国人民银行营业管理部：《北京市货币信贷统计数据报告》，2021年1月至2021年12月。

B.19

北京市知识产权证券化的发展现状、趋势和路径优化*

何　砚**

摘　要： 在国家相关政策的支持下，北京市知识产权证券化业务快速发展，项目的单数、融资规模和基础资产类型丰富程度均居于全国前列，但是，也存在法律法规不健全、设计的特殊目的机构形式不丰富、知识产权证券化自身蕴含的风险不易规避、不良基础资产交易处置难等问题。为促进知识产权证券化发展，以金融要素支撑北京市建设全球科创中心，建议加强知识产权证券化顶层设计、健全信息披露制度，并建立标准化的操作机制。

关键词： 知识产权证券化　机制设计　风险隔离

知识产权证券化是以证券化形式增值、运营知识产权的有效金融手段之一。在数字经济和人工智能、大数据、云计算等新一代信息技术加速发展的背景下，我国知识产权证券化日益活跃。我国知识产权证券化发轫于 2018 年，项目正式运作起步于 2019 年，再经后续部委相关文件及其政策体系不断完善，强调知识产权证券化，可作为金融开放创新试点举措在全国范围内复制推广，探索逐步开展知识产权的市场化定价机制和配套交易流程；2022

---

* 本报告数据均来自《全国知识产权证券化项目发行情况分析报告（2021）》。

** 何砚，金融学博士，应用经济学博士后，北京市社会科学院经济研究所助理研究员，主要研究方向为首都金融。

年1月，国务院知识产权战略实施工作部际联席会议办公室印发《知识产权强国建设纲要和“十四五”规划实施年度推进计划》，将“促进知识产权市场化运营、规范探索知识产权证券化”作为2021～2022年度重点工作内容。

2020～2021年，知识产权证券化在我国部分省市已经开始从规模化发展阶段向标准化制定阶段跃进，北京作为国家金融管理中心和全国创新资源最为密集的城市，知识产权证券化走在了全国前列。北京以知识产权证券化为路径有效地连接起了科创企业的专利技术储备和各级资本市场，不仅拓展了科创企业融资渠道，而且大大提高了技术成果的市场转化率。

一 我国知识产权证券化的整体发展态势

截至2021年12月31日，全国共发行知识产权证券化产品66单，累计发行金额达182.49亿元。发行地区包括北京、广州、深圳、上海、佛山、温州、苏州、烟台、南京、合肥、杭州、台州等城市，覆盖七个省级行政区，知识产权证券化资产类型包括知识产权售后回租应收租金、知识产权转让应收账款、知识产权二次许可应收许可费、知识产权质押贷款应收本息四大类。

（一）发行项目的时间分布

从全国66单项目的发行时间看，2015年和2017年各有1单，2018年有2单，2018年以后开始出现较为迅速的增长，其中2019年有5单，2020年有13单，2021年有44单。

（二）发行规模的累计时间分布

从发行规模的累计时间分布看，2015年为7.66亿元，2017年为4.48亿元，2018年以后开始大幅度增长，2018年、2019年、2020年分别为10.12亿元、24.55亿元、35.53亿元，2021年一举达到100.15亿元。

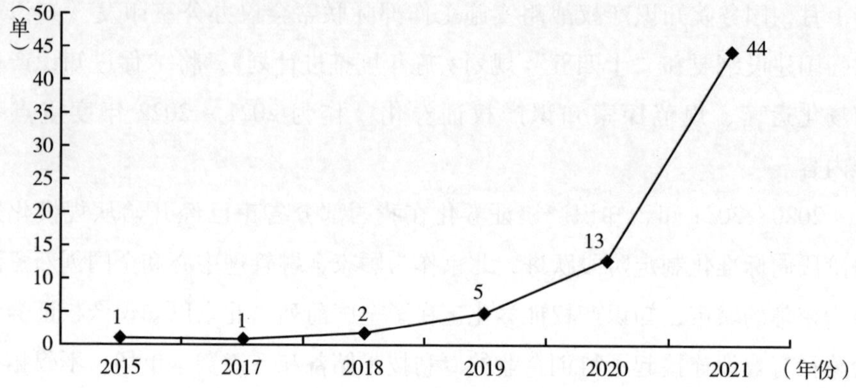

图 1　知识产权证券化项目发行时间分布

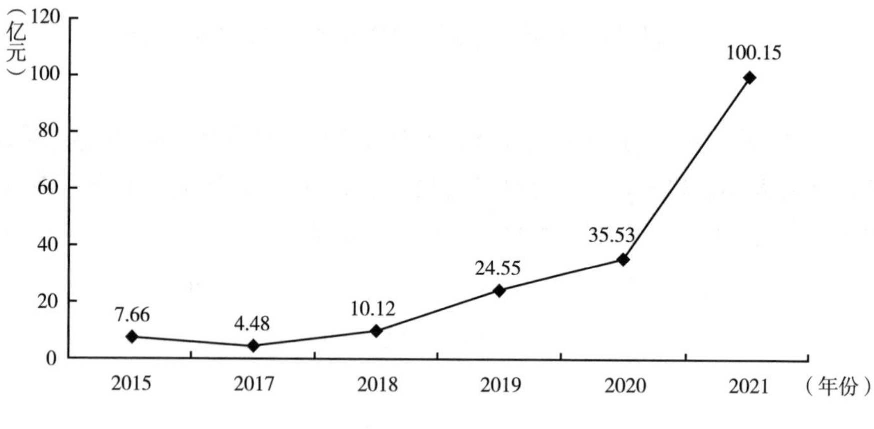

图 2　知识产权证券化项目发行规模

综合以上分析和数据可知，从 2015 年至 2021 年，我国知识产权证券化的发行规模和项目单数都快速增加，为北京市科创型企业开展知识产权证券化融资项目提供了良好的外部大环境和可供参考借鉴的案例。

二　比较视角下北京市知识产权证券化的发展现状

随着北京加快建设具有全球影响力的科技创新中心，北京区域内以独角兽企业、瞪羚企业和“专精特新”为代表的科创型企业数量众多，所汇聚的知识产权类资产规模日益增长，通过知识产权证券化的融资方式，科创型企业已将知识产权类资产视为解决融资难、融资成本高的有效途径之一。

（一）发行所在城市的累积分布

从全国66单项目所在城市来看，项目分布在12个城市。深圳、北京、广州分别以37单、11单和4单，处于领先位置，苏州有3单，上海、佛山和温州均有2单，其他五个地级市杭州、合肥、南京、烟台、台州各有1单（见图3）。

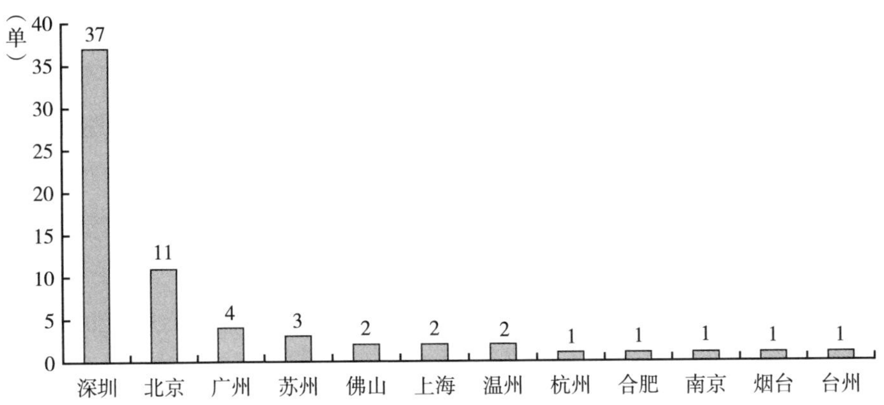

图3　知识产权证券化项目的地区分布

（二）城市累计项目的融资规模

从累计发行规模的城市分布来看，深圳以累计84.60亿元居首位，北京以累计66.96亿元居第二位，广州以累计10.50亿元居第三位，其后依次为佛山、温州、烟台、苏州、合肥、杭州、上海、南京和台州（见图4）。

（三）从历年项目所在城市的累计分布分析

逐年考察项目所在城市可见，2018年以前知识产权证券化项目主要

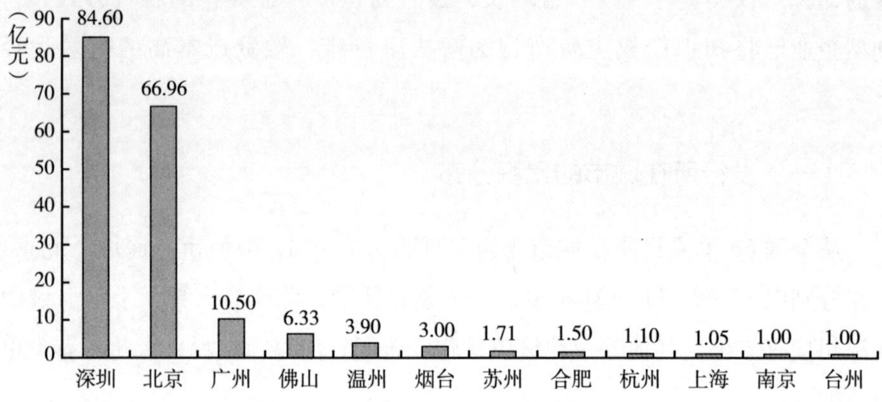

图4　知识产权证券化发行规模的城市分布

集中分布在北京，2019 年广州、深圳开始尝试，2020 年深圳发行单数最多，2021 年深圳发行 31 单，占当年 44 单的 70.54%，遥遥领先于其他城市。

表1　知识产权证券化项目分地区发行时间

单位：单

地区	2015 年	2017 年	2018 年	2019 年	2020 年	2021 年	总计
北京	1	1	2	3	1	3	11
深圳				1	5	31	37
广州				1	2	1	4
上海					2		2
烟台						1	1
温州					1	1	2
佛山					1	1	2
苏州					1	2	3
杭州						1	1
合肥						1	1
南京						1	1
台州						1	1
总计	1	1	2	5	13	44	66

（四）发行的资本市场分析

从全部66个项目发行场所来看，其中，深圳证券交易所共有50单，发行规模合计128.33亿元；上海证券交易所共有9单，发行规模合计为20.83亿元；银行间市场有4单，发行规模合计为12.8亿元；机构间私募产品报价与服务系统有3单，发行规模合计为20.53亿元。

分析各个发行资本市场累计发行规模占比，深圳证券交易所占全部累计发行规模的70%，上海证券交易所占12%，机构间私募产品报价与服务系统占11%，银行间市场占7%。

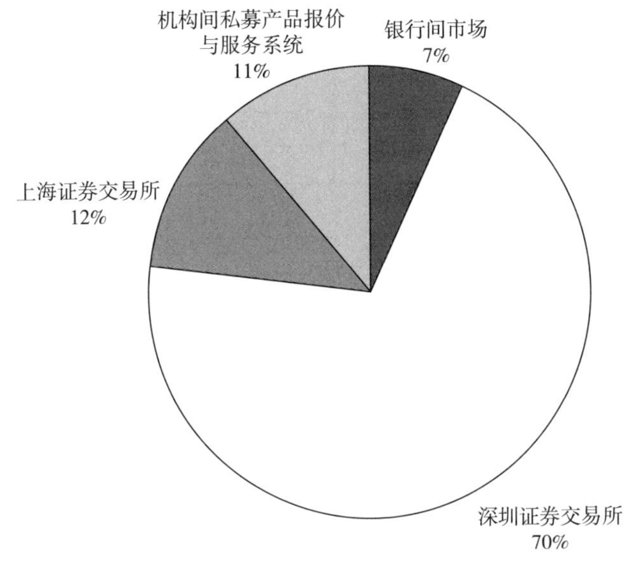

图5　不同发行资本市场所累计发行规模占比

从不同基础资产类型在不同城市的发行情况来看，知识产权售后回租应收租金、知识产权转让应收账款两种基础资产类型仅在北京成功发行过；知识产权二次许可应收许可费已从广州拓展到上海、佛山、苏州、烟台、深圳、南京、合肥、北京等地；知识产权质押贷款应收本息已从深圳拓展到温州、杭州、台州。

表2　不同基础资产类型在不同地区发行情况

单位：亿元

地区	知识产权质押贷款应收本息	知识产权售后回租应收租金	知识产权二次许可应收许可费	知识产权转让应收账款	总计
北京		45.25	3.37	18.07	66.69
深圳	83.96		1.01		84.97
广州			10.25		10.25
佛山			6.33		6.33
烟台			3.00		3.00
温州	3.9				3.90
苏州			1.71		1.71
合肥			1.50		1.05
杭州	1.10				1.10
上海			1.05		
台州	1.00				1.00
南京			1.00		1.00
总计	89.96	45.25	29.22	18.07	181.00

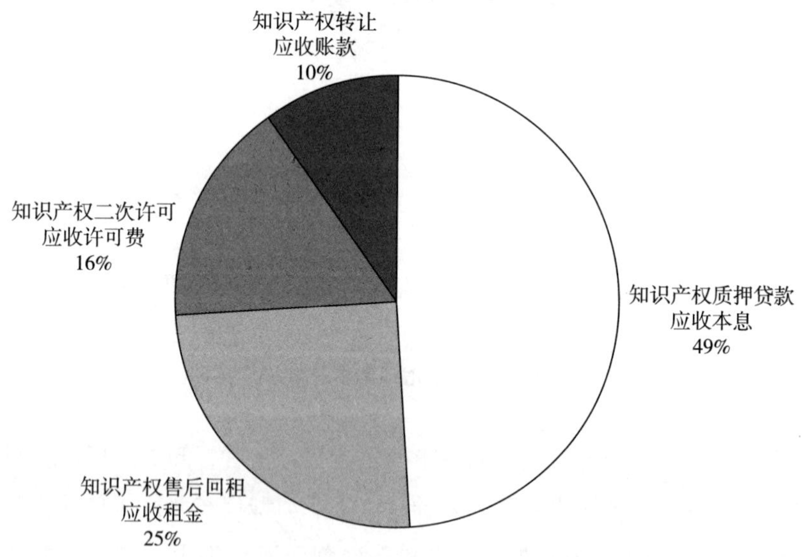

图6　不同基础资产类型累计发行规模占比

从以上分析和数据可知，北京知识产权证券化起步较早，项目的基础资产类型丰富，发行规模和项目单数都快速增长，对全国科创型企业开展知识产权证券化融资项目起到了带动和示范作用。但是，2021 年起深圳市后来居上，发展迅猛，在发行规模和项目单数上均已超过北京。

三　北京市知识产权证券化融资项目的演进特征

本报告选取“奇艺世纪知识产权供应链金融资产支持专项计划”为范本，进行案例分析，据此对北京市知识产权证券化融资项目的发展特征和演进趋势予以分析及展示。

（一）项目的融资额度快速增长

单个项目的融资额度迅速增长。例如，至今仍在项目延续期的“奇艺世纪知识产权供应链金融资产支持专项计划”，募集资金目标约为 4.7 亿元，而 2017 年全国全部知识产权证券化融资项目仅为 4.48 亿元。

（二）项目底层资产的现金流具有稳定支撑

知识产权证券化的金融创新不断推出，底层标的资产结构日益复杂化、来源多元化。例如，奇艺世纪知识产权 ABS 项目对应的底层资产是债务结构较为复杂的文化版权类资产，共涉及 13 笔交叉应收账款和 12 位初始债权方。从底层资产的结构看，版权类债权资产克服了价值评估难、法律适用性难等常见障碍，以创新底层资产的形成方式，在项目存续期内产生稳健的知识产权资产现金流。

（三）信用增信措施不断丰富

知识产权证券化融资项目运营的关键是信用增级。知识产权作为一种典型的无形资产，难以由传统的交易方式发掘其市场公允估值。一般而言，北京域内科创企业拥有较为丰富的知识产权储备，但缺乏高价值信贷抵押资产，采用传统的重固定资产价值的信用评级方式，则企业整体信用等级较低，如不推进专门的信用增信计划，将直接削弱发行的知识产权证券对市场的吸引力。例如，奇艺世纪知识产权 ABS 项目采用超额度抵押、分层设置底层资产优次级—风险结构等专门的债券增信措施，以确保知识产权类债券对市场上的机构投资者具有较大的吸引力。

四 当前北京市知识产权证券化存在的潜在风险

（一）法律条款不够健全

目前，我国知识产权证券化适用的法律法规依然不成体系，虽然对证券机构、银行和部分融资企业等合规开展知识产权证券化融资项目产生了监管效力，但已经滞后于实际业务的创新发展。具有针对性的法律制度不成体系，不仅制约着知识产权证券化融资项目的进一步创新发展，也会造成该领域金融风险的不断累积。

（二）由 SPV 结构单一造成的潜在风险

与其他资产证券化项目类似，知识产权证券化必须要基础资产及其附属风险的相对隔离。因此，需要首先设立 SPV，再通过“真实交易”的形式将基础资产“按合约规定”的方式转让给 SPV，但“按合约规定”缺乏明确的专门法律对交易涉及的各方利益予以界定，造成 SPV 结构越复杂化，涉及的各方利益主体越多，相应的风险就会越大，由此形成知识产权证券化融资项目的道德风险，倒逼催生出实际业务中 SPV 结构单一，蕴含的项目风险难以规避。

（三）知识产权自身蕴藏着一定风险

知识产权的可分割使用的特性所形成的潜在风险。知识产权具有天然的可分割性且可产生彼此独立的利益。同一知识产权的不同表现形式，如出版权、表演权、网络传播权和放映权等均可分别授予不同的独立运营主体，并且产生的运营收益彼此独立，这使得知识产权的项目收益会因替代性竞争而分散，进而影响投资者特别是机构投资者的购买意向。

五　北京市知识产权证券化高质量发展的路径优化设计

知识产权证券化尚未完全获得科创企业、机构投资者，特别是国有大型金融机构的普遍认可。因此，必须发挥北京作为国家金融管理中心的领先地位，先试先行，为全国知识产权证券化融资项目提供流程化、标准化的金融创新样本，设计出北京市知识产权证券化高质量发展的新路径，降低潜在的投资风险，打消机构投资者的疑虑，推动北京市知识产权证券化融资项目发展，为北京科创企业提供新的融资途径，有力支撑北京建设全球科创中心。

（一）强化知识产权证券化的顶层设计

以顶层设计推动知识产权证券化相关法律体系完善。首先，明确知识产权证券化 SPV 的法律义务和相应权益。依据国外成功的实践，知识产权证券化 SPV 采用信托结构框架模式能较好地实现资产与风险的相对隔离。建议明确我国知识产权证券化 SPV 的权责边界，将 SPV 采用信托结构框架模式纳入标准化操作流程。其次，建立识别高效、不可篡改和永久保留的知识产权登记制度，根据专利登记的时间先后、登记形式等，以明确不同知识产权受让人的权益边界，据此，为透明的公示制度提供法律保障。

（二）健全定期信息披露制度

建立统一且标准化的信息定期机制。知识产权证券化项目在其存续期，涉及多个关联方的利益，影响项目收益的不确定因素较多。应借鉴和遵循固定资产证券化传统原则，信息披露内容应涵盖知识产权对应权益的效率状态、边界和许可或授权范围，定期披露知识产权对应产品或服务的市场竞争状态。

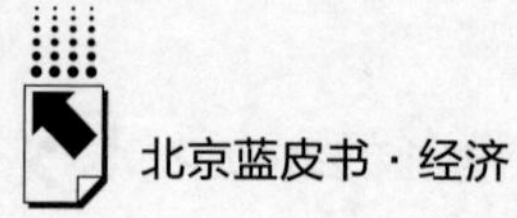

（三）建立风险防范机制

首先，建立基础资产赎回机制。将基础资产赎回机制作为知识产权证券化的标准条款，明确规定在项目存续期内，如因遭受重大风险导致抵质押物价值大幅度下降，则该部分基础资产的信用等级必须对应下调，以揭示项目风险的最新变化。其次，设立专业性不良资产处置机构。一旦发生知识产权支持证券原有的债权人没有按合约规定支付现金流，专业型不良资产处置机构有权提供新的知识产权设计方案及商业运营模式，确保新的项目现金流的产生。

参考文献

曲江、刘洪伟、张玉磊、朱慧：《知识产权资产证券化定价与盈余判断研究》，《广东工业大学学报》2022 年第 1 期。

程文莉、谢瞻、高佳华、林欣：《中小企业知识产权证券化模式探究》，《会计之友》2022 年第 3 期。

李鹏、曹立帆：《我国科技型企业知识产权证券化的模式选择与实现路径研究》，《中北大学学报》（社会科学版）2021 年第 6 期。

鲍新中、陈柏彤、徐鲲：《中国情境下的知识产权证券化：政策背景、国际比较及模式探究》，《中国科技论坛》2021 年第 11 期。

张阚梅：《知识产权证券化中的风险防范问题》，《法制博览》2021 年第 25 期。

张凯：《企业知识产权证券化风险管理研究》，山东师范大学硕士学位论文，2021。

李森阳：《奇艺世纪知识产权供应链金融资产证券化信用风险管理研究》，哈尔滨商业大学硕士学位论文，2021。

曾维新：《中国知识产权证券化发展现状及实践模式总结》，《中国发明与专利》2021 年第 7 期。

区域发展篇

Regional Development

B.20 北京区域发展格局的空间差异及其调控对策研究

方 方*

摘 要： 探索揭示北京区域发展的空间差异规律，对于推进北京区域协调发展与城乡融合发展具有重要意义。本研究基于2010～2020年北京16个区的经济社会统计数据，定量测算了各区之间发展差异程度，揭示了北京区域发展格局的空间差异特征，提出了北京区域格局优化路径与调控对策。研究结果表明，北京各区经济持续增长，各区之间经济发展差距呈现扩大态势；通过实施多轮城南行动计划，南北发展差距不断缩小；各区城乡收入差距较大，城乡收入比呈现减小态势；常住人口密度由中心城区向外围郊区递减，城镇人口空间布局趋于均衡。在共同富裕目标导向下，为解决北京区域发展不平衡不充分问题，提出优化产业空间布局，健全区域之间帮扶与协同发展机制，探索收入分配制度改革，推

* 方方，博士，北京市社会科学院经济研究所副研究员，主要研究方向为区域经济与农村发展。

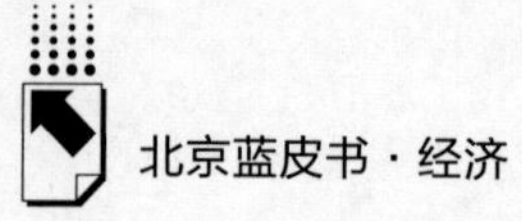

进区域城乡基本公共服务均等化等。

关键词： 区域发展格局　变异系数　空间差异　共同富裕　北京

近年来，北京经济社会发展取得显著成效，居民收入不断提升，2020年实现地区生产总值36102.6亿元，人均地区生产总值超过16万元，在全国排名居首位，远高于同年全国平均水平72447元；居民人均可支配收入69434元，远高于同年全国平均水平32189元。随着北京经济社会迅猛发展，各区也有不同程度的经济增长与社会发展，但是，各区之间发展差异依然较大，中心城区、城市发展新区与生态涵养区之间发展不平衡问题较为显著，城南与城北之间发展差距明显，区域发展格局整体上呈现非均衡态势，制约了区域协调发展与城乡融合发展，成为未来全面推进共同富裕的主要障碍。针对北京区域发展格局，学者们利用变异系数、洛伦兹曲线、基尼系数、空间自相关等方法测算了北京各区之间的发展差距，探索了北京低收入人群居住空间、人口—产业空间集聚、城市人口空间分布的特征与规律，应用多元回归模型估算了经济区位、资源禀赋、区域自我发展能力、城市规划等因素对区域间发展差距的影响机制，揭示了区域差距过大导致中心城区功能过度集聚、人口与经济空间不协调等问题，并从基本公共服务均等化配置、人口空间分布优化等视角提出政策建议。基于此，本研究利用2010～2020年北京下辖16个区的经济社会统计数据，运用变异系数方法，定量测算了北京各区之间的发展差异，从经济发展、南北差距、居民收入、人口集聚等视角揭示了北京区域发展格局特征及其存在的问题，基于共同富裕目标提出北京区域格局优化路径与政策建议。

一　研究方法与数据来源

绝对差异与相对差异测算方法常用于衡量区域之间的发展差距。本研究应用变异系数测算北京各区之间经济社会发展差异。首先，计算标准差。标准差在概率统计中经常作为统计分布程度的测量依据，可用于衡量各区经济社会发展的离散程度，反映区域之间经济社会发展水平的绝对差异，计算公式如式（1）所示。然后，计算变异系数，反映北京各区之间经济社会指标偏离平均值的相对差距，以各区的标准差与平均值的比值表示，计算公式如式（2）所示。

$$S_j = \sqrt{\frac{\sum_{i=1}^{N}(X_{ij} - \bar{X}_j)^2}{N}} \tag{1}$$

$$V_j = \frac{S_j}{\bar{X}_j} \tag{2}$$

式（1）中，S_j表示第j年的标准差。X_{ij}表示第j年北京i区的经济社会指标数值。$\bar{X}_j$表示第j年北京所有区该项指标的平均值。i为北京下辖的区县；$i=1$，2，3…，N；$N=16$。其中，S_j数值越大，表示第j年北京各区之间发展绝对差距越大，反之亦然。式（2）中，V_j表示第j年的变异系数，数值越大，表明第j年北京各区之间的相对差异越大，反之亦然。

本报告研究的区域为北京市及其下辖的16个区，包括东城、西城、朝阳、海淀、丰台、石景山等城六区，通州、顺义、大兴、昌平、房山等城市发展新区，以及门头沟、平谷、怀柔、密云、延庆等五大生态涵养区。其中，原行政区划中的宣武区和崇文区，按照现行行政区划调整至东城与西城区；为统计计算方便，将北京经济技术开发区的经济社会数据归并至大兴区；在分析南北差异时，将其区分为城北四区与城南四区，其中，城北四区为东城、西城、朝阳、海淀，城南四区包括丰台、房山、大兴、北京经济技术开发区。本研究所需经济社会数据来自《北京区域统计年鉴》（2011～2021年）以及各区国民经济和社会发展统计公报（2010～2020年）。

二　北京区域发展格局的特征与问题

运用变异系数测算方法，选取人均GDP、城镇化率、常住人口密度、居民收入等主要经济社会指标，以区县为单元，测算 2010～2020 年北京区域发展格局的空间差异程度，剖析北京区域发展的格局特征及其存在的主要问题。

（一）各区经济持续增长，区域发展差距不断扩大

2010～2020 年，北京加快转变经济发展方式，不断推进经济结构优化升级，持续推进经济高质量发展。从空间格局来看，北京各区经济发展较不均衡。2010～2020 年，北京人均 GDP 由 76300 元增至 164927 元，增长了 116.2%；16 个区人均 GDP 均呈现出持续增长趋势（见图 1），其中，2010～2018 年呈现出快速增长态势，2019～2020 年人均 GDP 增速相对趋缓。对比 16 个区人均 GDP 数值，各区人均 GDP 增幅各不相同，其中，增长幅度居前三位的地区分别为东城区、石景山区和海淀区，增幅均超过 188%；房山区与顺义区人均 GDP 增长最慢，增幅均低于 50%。

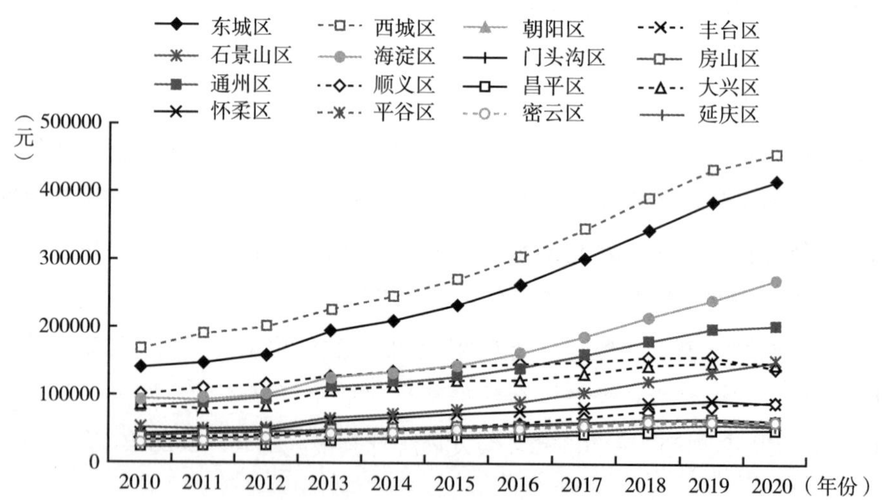

图 1　2010～2020 年北京各区人均 GDP 变化趋势

资料来源：《北京区域统计年鉴》（2011～2021 年），下同。

城六区的经济发展水平相对较高，昌平、大兴、通州等部分城市发展新区，以及延庆、平谷、密云等郊区经济发展水平相对较低。2010～2020年，人均GDP的最高值均为西城区，最低值主要为延庆区和昌平区；2020年，西城区人均GDP达到457600元，与同年最低值昌平区的50575元相差9倍。2010～2020年，各区经济发展差距呈现不断扩大趋势。结合人均GDP的变异系数来看，变异系数由2010年的0.7增至2020年的0.9，尽管2012～2013年经济发展差距有短暂缩小态势，但总体上仍呈现差距扩大趋势。

受历史原因、资源禀赋、区域功能定位、产业布局等客观因素的影响，北京城六区、城市发展新区与生态涵养区之间经济发展差距较大，区域发展较不均衡。为促进区域均衡发展，北京及各区出台了一系列支持性政策。例如，《北京城市总体规划（2016年—2035年）》指出，通过优化土地要素配置，健全生态涵养区的生态补偿机制，促进北京山区与平原地区之间的互补发展。对此，北京市出台《关于推动生态涵养区生态保护和绿色发展的实施意见》，支持生态涵养区基础设施与公共服务建设，探索市场化生态保护补偿机制，鼓励生态涵养区与其他区结对协作，培育壮大主导产业。

（二）通过实施城南行动计划，南北差距不断缩小

北京城南与城北发展差距问题由来已久，为改变北京南北发展不均衡的局面，北京实施城南行动计划，加强对城南地区的产业项目投资、基础设施与公共服务建设，支持丰台、房山、大兴与北京经济技术开发区城南四区发展。通过实施四轮城南行动计划，南部地区发生重大变化，要素向城南地区加速集聚，产业基础不断夯实，整体发展格局趋于均衡。

1.结合不同阶段发展需求，相继实施四轮城南发展计划，其政策要点各有侧重

第一轮城南行动计划（2010～2012年）侧重于基础设施投资、重点产业功能区培育与重大民生工程建设，突出重大产业项目的带动和引领作用；第二轮城南行动计划（2013～2015年）的政策重点在于超前谋划临空经济

区，加快产业发展，实施民生工程与基础设施工程，抓好城乡接合部治理等任务；第三轮城南行动计划（2018～2020年）重点解决城南地区环境质量、公共服务配套不足等突出问题，通过城市服务功能的优化调整，实施疏解整治促提升专项行动、产业培育提升行动等；第四轮城南行动计划（2021～2025年）的实施重点为高质量发展，着重突出功能引领和重大项目对区域发展的带动作用。

四轮行动计划的实施要点不断变化，推动了城南地区的高质量发展，对推进京津冀协同发展和南南合作、构建全面协调可持续的区域发展格局具有重要意义。其中，第一轮与第二轮注重在基础设施、公共服务、生态环境、产业发展等领域为城南地区发展奠定基础，第三轮与第四轮侧重于高质量发展与城市功能提升，突出城南地区"战略高地""改革高地"的重要战略地位。"十四五"时期，在第四轮行动计划的指引下，围绕高质量发展目标，城南地区发展将从整体上进行战略设计，突出局部功能区发展，不断创新体制机制，着力打造成为首都发展新高地。

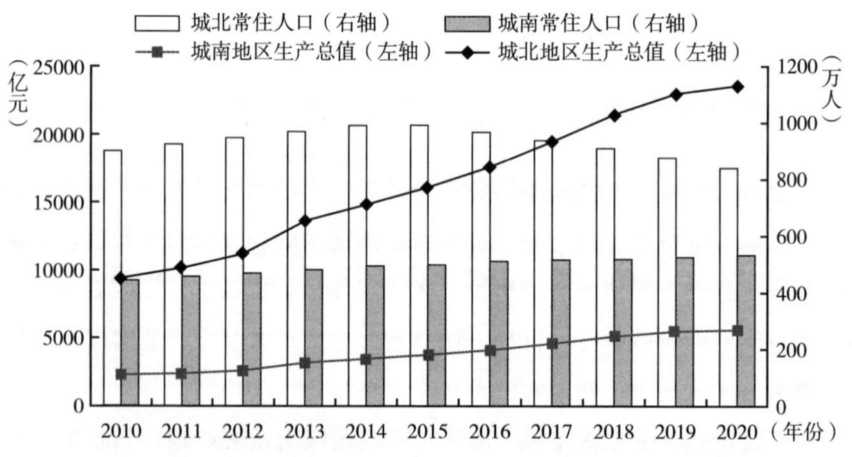

图2　2010～2020年城北和城南常住人口与地区生产总值对比

2. 城南地区发展稳步提升，南北差距不断缩小

自2010年实施城南发展计划以来，北京南北地区差距总体上呈现逐渐

缩小的态势。一是城南四区总人口与人口比重呈稳步上升态势。2010～2020年，城南四区总人口由442.2万人增至532.5万人（见图2），占全市总人口的比重由22.5%增至24.3%；受非首都功能疏解的影响，城北地区总人口自2016年开始下降，城北与城南总人口的比值由2.0降至1.6。二是城南经济快速增长，在全市的占比略有上升。2010～2020年，城南四区GDP由2295.9亿元增至5592.2亿元，比重由15.3%增至15.5%；城南与城北GDP增速仍存在一定的差距，2010～2020年，城北与城南GDP增幅分别为143.7%和138.7%，城北与城南GDP比值保持在4.1～4.2；城南地区投资拉动经济增长的作用凸显，以大兴国际机场等临空经济区重大项目建设为牵引，城南地区的固定资产投资快速增长，由2010年的1567.8亿元增至2020年的2309.8亿元，2015～2016年，城南地区固定资产投资总额及其比重均为最高值，与城北之间的差距逐渐缩小，2012～2020年，城北与城南固定资产投资总额的比值保持在1.0～1.1。三是城南地区社会消费品零售总额持续增长，比重略有上升。2010～2020年，城北、城南地区的社会消费品零售总额分别由4687.8亿元、1322.6亿元增至8912.8亿元、2964.7亿元，城北与城南之间消费活力仍存在较大的差距，其比值保持在3.0～3.5；城南地区社会消费品零售总额占全市总量的比重略有上升，由18.2%增至19.7%。

（三）城乡收入差距变化较平稳，各区收入差距略有下降

在各项稳岗保就业、城乡居民增收的政策指引下，北京居民收入实现持续稳定增长，工资性与经营性收入保持较快增长，财产性与转移性收入稳步增长，城乡居民收入差距呈现相对平稳且略有下降的变化趋势，在空间分布上，各区居民收入差距也略有缩小。

1. 居民收入稳步提升，城乡收入差距相对较大

为带动城乡居民增收，北京市出台《关于促进本市居民收入增长的意见》《关于进一步激发重点群体活力带动城乡居民增收的若干政策措施》《关于促进本市农民增收及低收入农户增收工作的若干政策措施》等一系列

支持增收的政策，着重激发重点群体活力，着力促进农民及低收入群体增收，推进全面小康建设。研究时段内，北京市居民人均可支配收入呈现持续增长态势，由2010年的29200元增长至2020年的69434元，年均增长率达到12.5%。其中，城镇居民人均可支配收入由2010年的32132元增加至2020年的75602元，农村居民人均可支配收入由13262元增至30100元，年均增长率分别为12.3%和11.5%，农村居民收入增长率略低于居民平均收入与城镇居民收入增长率（见图3）。从城乡居民收入差距来看，2010～2020年，北京城镇居民收入与农村居民收入的比值保持在2.2～2.6，城乡收入差距相对较大；2010～2020年，城乡居民收入比呈现波动性变化趋势，2010～2014年波动性更强，从总体上看，除个别年份收入比略有下降外，总体上收入比仍呈现出扩大趋势，由2010年的2.4增至2020年的2.5。

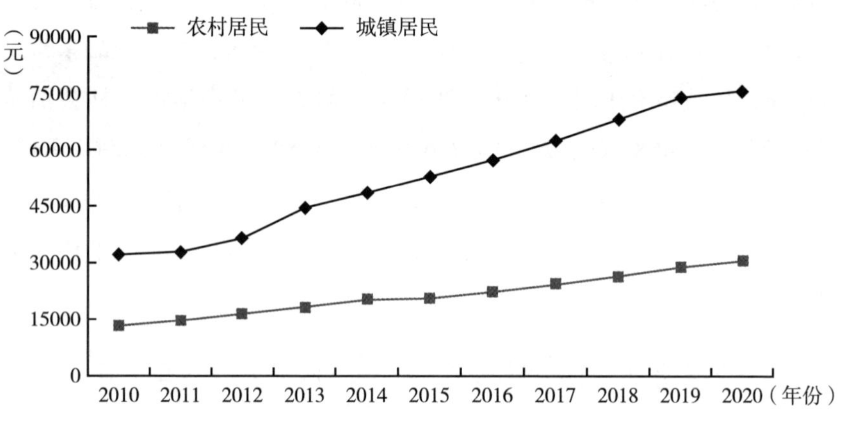

图3　2010～2020年北京城乡居民收入变化趋势

2. 各区城乡收入差距较大，收入差距呈缩小态势

研究时段内，北京各区居民收入均呈现持续增长趋势，各区居民收入的空间分异特征显著。结合各区居民收入指标来看，2015～2020年，居民收入最高值均在西城区，最低值均在延庆区；结合各区城镇居民收入来看，2010～2014年，城镇居民收入最高值均在海淀区，最低值均在延庆区；结合各区农村居民收入来看，农村居民收入最高值在顺义区与通州区，最低值

在大兴区和延庆区。

各区城乡收入差距总体变化较为平稳，整体上处于差距不断缩小的态势。统计局数据显示，2018 年北京全市城乡融合发展进程综合实现程度达到 86.6%。除城六区之外，通过计算 2010～2017 年其他 10 个区城乡居民收入比发现，门头沟区与大兴区城乡收入差距略有扩大趋势，其他区城乡收入均呈现缩小态势。

受功能定位的影响，北京生态涵养区普遍存在一产比重高、一产就业人口比重高等特征。在严格的生态管控措施下，随着不符合生态功能定位的养殖类产业大规模退出，农民增收渠道较为有限，而传统的第一产业经济收益过低，将生态优势转化为区域发展优势的途径相对较少，从而导致农民工资性与经营性收入增速相对缓慢。因此，未来生态涵养区仍需探索多元化的农民增收路径，重点保障低收入农户。

（四）人口集聚程度下降，人口格局趋于均衡

城市人口空间分布是城市空间结构的重要因素，其分布是否合理是判断城镇化是否健康推进的重要指标。快速的城市化发展带来了大量人口向中心城区集聚，北京人口空间分布格局呈现出显著的圈层结构，人口趋于均衡化分布。

1. 常住人口密度呈波动性上升态势，空间分布由中心城区向外围郊区递减

常住人口密度是反映人口稠密程度与人口分布格局的重要指标。自然地理条件是影响北京常住人口空间分布格局的基础性因素。中部地势相对平坦，西部与北部地区为山地丘陵区，人口相对集中分布在经济发展水平相对较高、产业布局相对集聚、公共服务配套相对完善的平原地区。

2010～2020 年，北京常住人口密度（各区常住人口数量/各区行政区总面积）由 1195 人/公里^{2}变化为 1334 人/公里^2，2015 年后，保持相对平稳的变化态势，增幅较不显著。从空间分布上看，各区常住人口密度空间分布较不均衡，总体上呈现出由中心城区向外围郊区递减的态势，常住人口密度由高至低依次为城六区、城市发展新区、生态涵养区。其中，城六

区中，以西城区与东城区的常住人口密度最大，2020 年分别达到 21888 人/公里^2 和 16937 人/公里^2；城市发展新区中，通州区常住人口密度最高，由 2010 年的 1307 人/公里^2 增至 2020 年的 2030 人/公里^2，房山区常住人口密度最低，由 2010 年的 475 人/公里^2 增至 2020 年的 660 人/公里^2；生态涵养区中，常住人口密度最低的为延庆区和怀柔区，2010～2020 年，常住人口密度分别由 159 人/公里^2、176 人/公里^2 增至 174 人/公里^2、208 人/公里^2。

《北京城市总体规划（2016 年—2035 年）》提出，“北京市常住人口规模到 2020 年控制在 2300 万人以内”，通过疏解非首都功能，降低城六区人口规模，优化调整人口空间布局。从总体来看，北京各区常住人口空间分布总体上趋于均衡。从常住人口密度变异系数测算结果来看，2010～2020 年，变异系数由 1.5 持续下降至 1.4（见图 4）。其中，城六区均呈现下降趋势，东城区、西城区分别下降了 22.9%、11.0%，已形成城六区人口数量降低与其他区域人口数量增长之间的衔接机制。

2. 城镇化率略有上升，城镇人口空间布局趋于均衡

城镇人口的空间分布与区域自然、经济与社会承载力相适应，通过引导科学配置要素空间布局，推动人口分布空间优化调整。从城镇化率的变化趋势来看，北京市城镇化率由 2010 年的 89.0% 降至 2020 年的 87.5%，城镇人口增长约 230 万人，城镇人口比重有所下降；城六区城镇人口均有所下降，人口数量减少最明显的地区为东城区、海淀区、西城区，城镇人口数量分别下降 21.0 万人、15.1 万人、13.7 万人。在城市发展新区与生态涵养区中，除昌平区城镇化率下降 1.5% 之外，其他区的城镇化率均呈现增长态势，其中，增幅最大的区为密云区和延庆区，分别增长了 10.1% 和 10.3%。结合城镇化率的变异系数来判断，变异系数由 0.3 降低至 0.2，表明城镇人口在各区的空间集聚程度略有下降，城镇人口分布趋于均衡。

经济驱动是北京城镇人口集聚的主要影响因素，城镇人口分布与产业布局之间密切相关。在北京疏解非首都功能、减量发展、行政事业单位外迁等

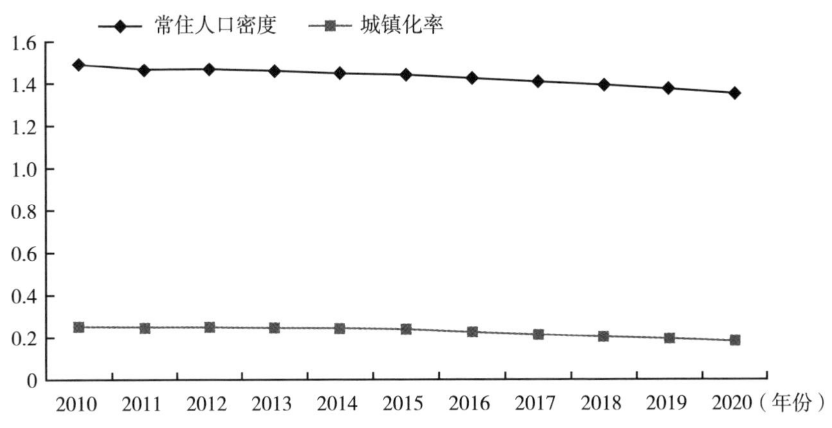

图4　2010～2020年北京各区常住人口密度和城镇化率变异系数

政策引导下，中心城区城镇人口过度集聚的现象有明显改善，中心城区人口资源环境矛盾得到一定程度的缓解，城镇人口空间布局趋于均衡。总体来看，人口与产业集聚之间的协同发展程度有待进一步提升，产业空间布局不均衡带来了城市空间极化问题，城市发展新区的产业集聚能力也有待进一步提升。

三　共同富裕目标下北京区域格局的调控对策与优化路径

从北京区域发展格局来看，北京南北发展差距不断缩小，居民收入持续稳步提升，人口空间分布更趋均衡，但是，区域发展不平衡不充分问题依然存在，经济发展不平衡问题显著，城乡收入差距较大，区域协调发展与城乡融合发展仍面临着许多现实障碍。在共同富裕目标导向下，北京区域发展格局有待于进一步优化，突出经济高质量发展，解决民生领域的薄弱点，补齐区域格局短板。

（一）优化产业空间布局，健全区域之间帮扶与协同发展机制

针对区域经济发展不均衡的问题，建议优化各区产业空间布局，助推城

市空间优化重构、产业升级与经济高质量发展，同时，建立完善的城区与生态涵养区之间的结对帮扶机制，促进京津冀协同发展实现更高层次的共同富裕。一是合理布局产业，推进产业与城市之间融合发展。各区结合自身功能定位与资源禀赋优势，有效整合产业资源，构建科学高效的产业分工协作体系，探索产业转移与产业升级的创新路径，推动产业布局与城市之间融合发展；提升中心城区对高端产业的集聚能力，推进城市空间优化重构与转型升级，促进资源在各区的合理布局与优化配置，制定出台支持高精尖企业发展的政策意见，优化高精尖企业创业环境，促进各层级企业均衡发展。二是健全城区与生态涵养区之间的结对协作机制。建立健全城区与生态涵养区之间的协作框架，明确休闲公园、农业生产、旅游业等领域的协作要点，完善区域之间结对帮扶机制，进一步完善跨区横向转移支付制度，共同推进区域生态保护与绿色产业发展；探索创新碳排放权交易制度，推进生态保护补偿工作制度化与法制化建设。三是以京津冀协同发展推进更高层次的共同富裕。在京津冀交通、生态、产业重点领域协同发展的基础上，围绕共同富裕的要求与京津冀协同发展进行顶层设计，制定出台京津冀推进共同富裕协同发展规划，分阶段、分领域谋划设计重点领域推进共同富裕的协同发展目标，在协同发展短板领域重点突破。

（二）探索收入分配制度改革，缩小区域城乡收入差距

依据北京“十四五”规划纲要提出的改善民生目标，聚焦“七有”“五性”需求，通过提高城乡居民收入水平，增进民生福祉，优化区域发展空间格局。一是实施中等收入群体规模倍增计划，持续稳定提升城乡居民收入。将扩大北京中等收入群体规模作为近期（2025 年）北京推进共同富裕的重点任务，持续稳定提升城乡居民收入；探索扩大北京中等收入群体的收入分配制度改革方案，以增加城乡居民收入为重点，积极推动富民增收与经济增长互促共进。二是着力提升生态涵养区农民收入。以农民增收为重点，开展生态涵养区农民增收行动；探索创新生态涵养区农村集体经营性建设用地增值收益分配机制与农村宅基地改革；积极谋划生态涵养区乡村振兴产业

项目，打造高质量乡村振兴示范带，振兴生态旅游文化产业。三是进一步探索完善收入分配制度。探索创新知识、技术、管理、数据等生产要素参与分配的实现形式，针对居民增收的重点群体，探索差别化的收入分配激励政策，明确劳动报酬占地区生产总值的比重与居民收入在国民收入分配中的比重的预期目标。

（三）优化人口空间布局，持续推进区域城乡基本公共服务均等化

通过疏解非首都功能、建设城市副中心等，北京中心城区功能过度集聚的问题已明显缓解，未来仍需在优化人口空间布局、基本公共服务均等化等方面提出优化完善措施。一是持续优化人口空间布局。进一步强化通州副中心、顺义、大兴等新城建设对于中心城区人口疏解、优化城市空间格局的作用，持续推进雄安新区承载北京非首都功能疏解，促进就业与居住功能之间平衡，构建区域一体化的城乡空间体系；从京津冀协同发展视角，进一步增强天津、石家庄、秦皇岛、廊坊等主要城市经济功能，提升人口就业容纳能力，着力打造以首都为核心的世界级城市群。二是推进区域城乡基本公共服务均等化。以首善标准推进北京各区公共服务体系高水平发展，促进教育等公共服务资源要素的优化布局，推进基本公共服务均等化；近年来，北京采取了就近入学、统筹派位、优质学校名额分配等措施，促进优质教育资源均衡化配置，取得了一定的成效，未来需进一步探索创新北京城乡义务教育模式，在郊区乡村学校优先安排空中课堂、双师课堂等“互联网+”基础教育项目，提高城乡义务教育均衡水平。

参考文献

张可云、徐静：《北京城区发展差距问题研究》，《北京社会科学》2003 年第 3 期。

冯学静：《北京农民收入变化特点与促进增收的政策建议》，《中国农业资源与区划》2016 年第 5 期。

孙铮、石培基：《北京城市发展的区域差异分析》，《城市发展研究》2012 年第

12 期。

谌丽等：《北京市低收入人群的居住空间分布、演变与聚居类型》，《地理研究》2012 年第 4 期。

汪海燕等：《北京生态涵养区农民增收长效机制研究》，《安徽农业科学》2011 年第 8 期。

B.21

国内外科幻产业发展趋势及石景山区高质量发展对策建议

李柏峰*

摘　要： 科幻产业作为知识密集型产业和新兴文娱消费的重点方向，逐渐成为全球范围内颇具潜力的新经济增长点之一。北京作为全国科技创新中心和文化中心，具备雄厚的科幻产业发展基础，石景山区重工业遗存的特色风貌空间，既为科幻作品的创作者提供了灵感，又为影视、游戏制作等提供了空间资源。在国家和北京市大力支持下，石景山区正在努力打造全国科幻产业发展的新高地。未来，推动石景山区科幻产业高质量发展，亟须强化招商产业政策，创新精准化招商模式，完善区域配套服务体系，整合行业各类资源，着力营造特色产业发展环境和产业生态。

关键词： 石景山区　科幻产业　高质量发展

科幻对激发全民族文化创新创造活力、建设社会主义文化强国有着重要的价值与意义，是提高我国自主创新能力、建设世界科技强国不可或缺的新生力量，在激发人类想象力、培养科学兴趣、促进科技创新发展方面有着不可忽视的重要作用。近年来，我国科幻产业总产值快速增长，科幻出版和科幻电影发展势态明显，科幻产业项目与机构持续涌现，科幻教育产业初露端

* 李柏峰，北京方迪经济发展研究院部门经理，高级咨询师，主要研究方向为产业经济、科技政策。

倪，科幻产业发展环境逐步改善，发展动能日益增长。伴随着中国在世界经济、文化、科技版图中的整体崛起，中国正迎来科幻产业发展的重要契机。石景山区应抢抓机遇，加快打造科幻产业发展新高地，助力北京在科幻领域成为具有世界影响力的城市。

一　全球科幻产业发展趋势

（一）科幻产业

科幻是科学和幻想思维融合的结晶，是最具有代表性和感染力的科学文化表现形式。科幻是有幻想、有科学、无鬼神的文艺作品，是基于科学文化的超现实途径的创造性想象和基于这种想象所形成的思维结果。世界上第一部科幻小说诞生于1818 年，是由英国人玛丽·雪莱创作的《弗兰肯斯坦》，中国出版的第一部科幻小说为《月球殖民地小说》，1904 年在上海《绣像小说》上连载。科幻产业相对来说是一个比较新的产业，该产业体系还在不断完善中。一般来说，科幻产业是指生产和销售科幻产品和服务相关的产业，从科幻文学、科幻影视可以衍生到科幻动漫、科幻游戏、科幻玩具、科幻教育、科幻旅游等领域。相较于美、日等国，我国科幻产业起步较晚。近年来，在政策、技术的双重推动下，我国科幻产业快速发展，整体呈现多元化发展态势。科幻产业已经触达教育、出版、影视、游戏、服务以及延伸商品等众多行业，产业链正在不断丰富拓展。

一般来说，科幻产业大致可以分为三大领域：一是科幻文学创作，包括科幻小说、科幻杂志、科幻漫画等具有科幻 IP 的文学创作，主要由科幻作家创作完成，如刘慈欣创作的《三体》《流浪地球》，弗兰克·赫伯特创作的《沙丘》以及艾萨克·阿西莫夫创作的“基地系列”等；二是科幻内容制作，主要包括科幻影视、科幻游戏、科幻动画、科幻舞台剧，这些领域主要是对科幻文学 IP 进行一定的创编，以科学为题材呈现未来或幻想出来的先进世界，通过特效制作以及其他超越时代的科技等元素进行制作，如詹姆斯·卡梅隆制作的科幻电影《阿凡达》、2019 年郭帆执导的中国科幻电影《流浪地球》、2021 年由华强方特（深圳）动漫有限公司出品的科幻动画《熊出没·狂野大陆》以及由欧美 RPG 梦工厂 BioWare 研发的科幻游戏《质量效应》等；三是科幻周边及衍生品，主要依托科幻题材打造的科幻展示体验产品与服务、科幻旅游、科幻主题教育，以及科幻玩具、玩偶、服饰等周边衍生品，如依托科幻电影《流浪地球》衍生出来的行星发动机拼装玩具，基于科幻电影《变形金刚》衍生出的霸天虎过山车娱乐体验服务等。

从技术角度分析，科幻内容制作领域的科幻影视、科幻电子游戏、科幻动画等细分领域所采用的制作关键技术大同小异。在软件支撑技术层面，科幻电影、科幻电视剧制作中常用的关键技术包括视觉特效制作技术、捕捉技术（面部表演捕捉、动作捕捉以及手势捕捉）、3D 立体拍摄及显示技术、LED 虚拟背景技术、计算机绘图及图形处理技术、实时渲染技术以及数字合成技术、数字中间片技术，科幻游戏和科幻动画在通用特效制作技术、计算机绘图技术基础上，还根据各自特色常用计算机动画 CG 技术、3D 动画软件（3DMAX、MAYA、AE 等）以及实时渲染技术。在关键硬件设备层面，制作科幻影视作品往往需要高清摄像机、动作捕捉设备、面部捕捉头戴设备、特种机器人等关键设备支撑，制作科幻电子游戏、科幻动画则以高技术人才及创意创编人才设计为主，所使用的关键硬件设备较少。科幻影视、科幻电子游戏、科幻动画等科幻内容制作完成后，其推广应用和体验还需要其他关键硬件设备作支撑，如科幻游戏需要大型高性能服务器、高精度交互手柄、力反馈设备、追踪定位装置等设备支撑，科幻影视、科幻动画则需要 IMAX +3D 屏幕等关键设备支撑。

除此之外，科幻体验、科幻展示及科幻旅游也需要相关软件支撑技术以及关键硬件设备，如科幻舞台剧、科幻秀、科幻场景体验需要用到虚拟现实技术、高清摄像技术、AI 技术，以及 3D 全息灯光设备、户外工程投影机、3D 眼镜等。

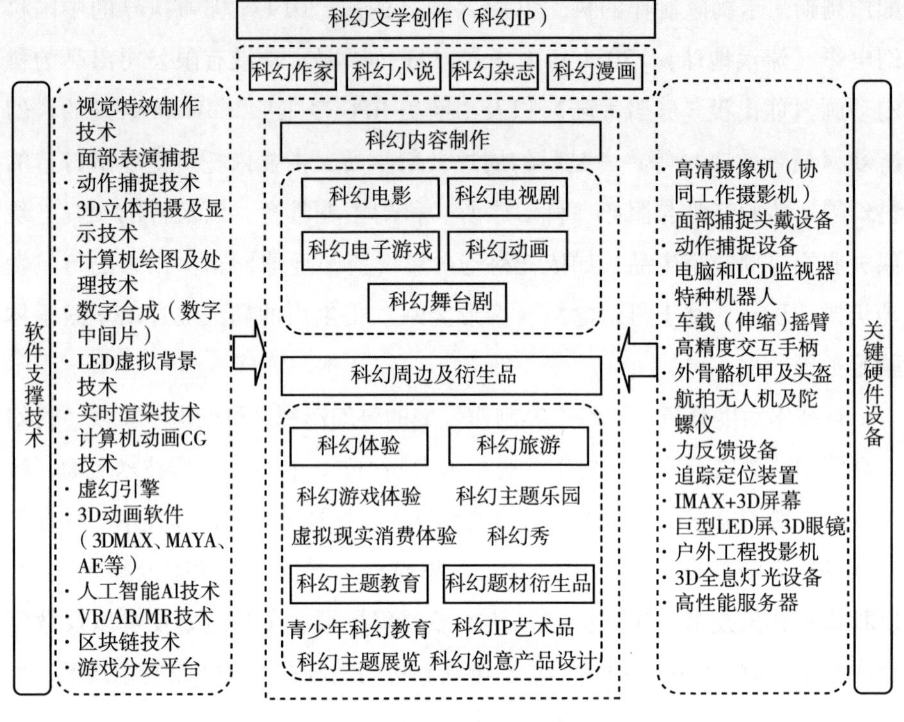

图1　科幻产业链图谱

（二）全球科幻产业发展趋势

科幻产业作为知识密集型产业和新兴文娱消费的重点方向，逐渐成为全球范围内颇具潜力的新经济增长点之一。综观国内外科幻产业的演进规律，主要经历了从“以科幻文学为主导的想象力消费”科幻 1.0 到“影视和科技结合的科幻视听消费”科幻 2.0，再到“以高科技应用为支撑的科幻场景消费”科幻 3.0 的发展阶段。随着各国政策扶持、科技创新以及文化消费的强力驱动，科幻产业发展内涵和外延不断拓展，逐步形成“科幻 +”的产业生态，科幻叙事元素逐步向科幻场景元素迭代，科幻载体逐步从媒介空间向现实空间延伸。科幻已不再仅仅是文本和屏幕世界中的虚拟场景和遥远想象，而是走进人们现实生活的真实场景和沉浸体验，在高科技驱动下，实现科幻的“现实化”。

科幻影视、科幻动漫等科幻产业已逐渐发展成为新兴文娱消费的重要引擎。20 世纪 90 年代开始，电影、电视、动漫、游戏等视听媒介取代阅读媒介，成为世界性潮流。在美国，科幻创意产业是仅次于航空工业的美国第二大创汇产业，好莱坞科幻电影在全球的成功，证明了人们对科幻的喜爱。美国通过发达的电影工业化体系、数字科技、完善的投融资模式和发行网络，打造了星球大战、漫威宇宙等全球超级科幻 IP，成为全球票房市场的主流。根据 IMDB 数据统计，2009 ~2020 年全球电影票房排行榜前 30 中，好莱坞科幻电影占比高达 60%，而且牢牢占据全球票房的前五名，分别是《阿凡达》、《复仇者联盟》（3 和 4）、《星球大战》（原力觉醒）、《侏罗纪世界》，总票房高达 114.3 亿美元，科幻电影已成为美国科幻产业的关键核心领域。日本的科幻动漫独具特色，将手绘风格与计算机动画 CG 技术、3D 技术高度融合，在画面和特效设计上融入大量机械场景和工业美学，推出了攻壳机动队、机动战士高达、新福音战士等经典科幻 IP，在全球科幻市场中占据重要席位。从国内来看，近些年科幻影视制作持续涌现，深受广大消费者赞许。比如，2016 ~2020 年，国产科幻电影出品总计超过 20 部，包括《美人鱼》《流浪地球》《上海堡垒》《疯狂的外星人》等典型代表作，其中《流浪地球》最为出名，全球票房收入高达 46.4 亿元。

数字技术与智能科技在科幻产业创新发展中的作用越来越明显。随着数字技术、人工智能等信息技术的快速发展，科幻影视制作越来越依赖于科技手段的运用。20 世纪 90 年代以来，数字特效技术在科幻影视制作中的应用日益广泛，美国好莱坞大片在给观众带来视觉奇观的同时，也一次次刷新了新技术、科技手段在影视制作尤其是科幻电影中的应用方式与艺术效果。比如 2009 年由詹姆斯·卡梅隆执导的科幻电影《阿凡达》正是建立在数字特效技术基础之上的一部巅峰之作，开创了全球 3D 电影制作之先河，在拍摄方面应用了实景 3D 摄影系统、虚拟摄影系统、协同工作摄影系统、表情捕捉技术等，后期制作中应用了实时渲染技术、数字影像合成技术以及数字影像处理技术等，给人们带来迥异于传统 2D 电影的视觉奇观。从国内来看，虽然国产科幻偏向于重视剧情的“软科幻”，但在拍摄和特效技术上仍然取得很大进步，比如《美人鱼》的水下 3D 拍摄与《疯狂外星人》的外星人的表情、动作捕捉和模型技术，尤其是《流浪地球》的地球灾难和太空场景的特效、太空舱的机械设计等，被公认为“硬科幻”佳作。目前，除了科幻电影制作需要大量科技手段支撑外，科幻动漫、科幻电子游戏等产品制作同样需要数字成像与合成技术、CG 动画技术、数字中间片技术等数字技术的强力支撑。

以高科技应用为支撑的科幻场景消费和科幻新兴业态越来越受到关注。随着文化与科技的加快融合和创新发展，科幻产业的内涵和外延不断拓展，逐步形成以科学精神和想象力文化为内核，以科幻视听工业化生产、高科技应用和服务为支撑，加快塑造出超现实故事世界、视觉奇观和虚拟现实体验场景、创新文化科技消费方式等“科幻+”新兴业态。比如，美国的环球影城将科幻电影中的太空探索、海洋冒险、地球灾难等特效场景运用 3D、4D、5D 等技术加以再现，将虚拟科幻场景和真实在场体验融为一体，让游客沉浸其中，成为和迪士尼齐名的超级文化旅游 IP。法国的未来世界，将科学和艺术结合，以探索未来为主题，通过声光电、虚拟现实、全息影像等科技手段，呈现从宏观宇宙到微观生物的科学世界和艺术想象。近年来，随着我国文化、科技、休闲和旅游业的发展，全国各地也出现了很多科幻新兴业态。贵州科幻谷、重庆科幻乐园、长春国际影城等科幻主题乐园和园内推出的各种声光电沉浸式演出，为游客提供科幻场景的交互体验；北京的中国科幻大会、南京的蓝星球等科幻赛事和会展活动，展出各种科幻概念、科学艺术设计和黑科技潮品，成为科幻迷的“朝圣地”；还有科幻主题的密室逃脱、剧本杀、餐厅商场在各个城市开花，打造充满科幻元素和炫酷风格的城市新空间。科幻 3.0 和高科技的发展契合，更能体现科幻的科技创新和产业化特征，借助人工智能、虚拟现实、全息影像等高科技的综合应用，设计和开发出多种消费场景，完美呈现粉丝想象和奇观景象，重塑用户体验和消费方式，为科幻产业贡献巨大的发展空间。

（三）国内科幻产业发展情况

近年来，中国科幻产业异军突起、发展迅速，展现出巨大的发展潜力，

《三体》等作品斩获雨果奖并实现版权输出，《流浪地球》取得骄人票房，标志着中国科幻产业发展进入新纪元。同时，我们也应当看到我国科幻产业发展刚刚起步，还有很多发展短板，尤其是在科幻内容制作领域，很多关键核心技术仍由其他发达国家所主导。

国内科幻产业产值规模超过500亿元，科幻电子游戏与科幻影视占主导地位。根据中国科普研究所中国科幻研究中心和南方科技大学科学与人类想象力研究中心联合发布的《2021中国科幻产业报告》，2015～2020年年均增长44.3%，受新冠肺炎疫情影响，2020年科幻影视产业产值大幅下降，而科幻游戏产值快速增长。2020年，中国科幻产业产值为551.1亿元，比2019年减少107.6亿元。分领域看，科幻游戏2020年产值达480亿元，同比增长11.6%，占科幻产业产值的87.1%，居首位。排第二位的是科幻影视，2020年产值为26.5亿元，占科幻产业产值的4.8%，国产科幻电影占据总体科幻电影票房的比例大幅提高，2021年上半年，科幻电影票房为38.72亿元。其后是科幻阅读和科幻周边，2020年产值分别为23.4亿元和21.2亿元。

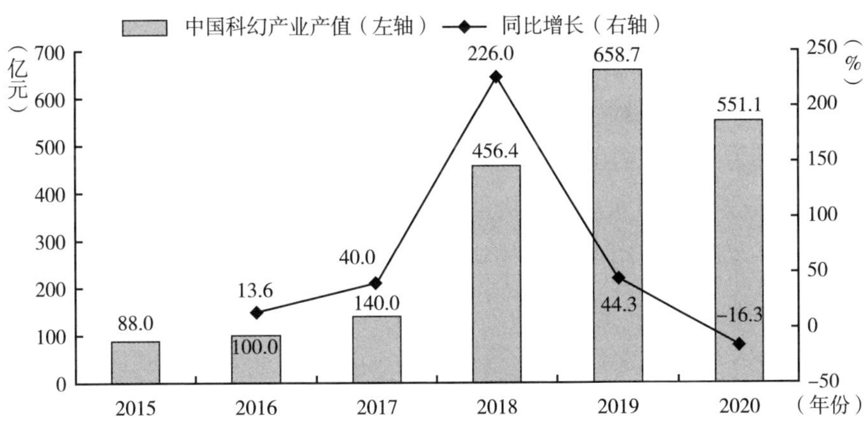

图2　2015～2020年中国科幻产业产值情况

资料来源：中国科幻研究中心、南方科技大学科学与人类想象力研究中心联合发布的《2021中国科幻产业报告》。

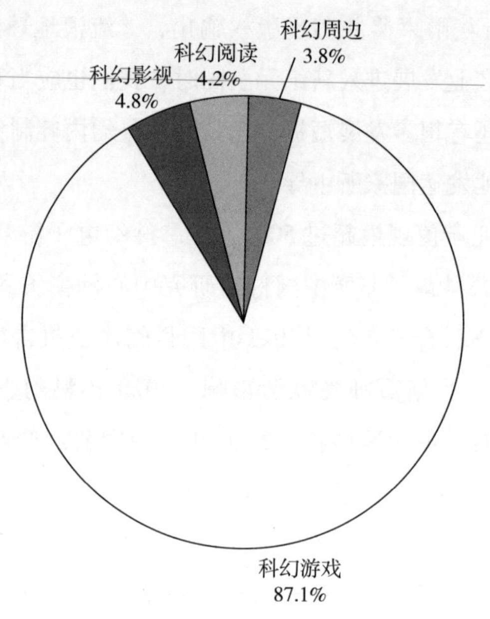

图3　2020 年中国科幻产业分领域产值占比

资料来源：中国科幻研究中心、南方科技大学科学与人类想象力研究中心联合发布的《2021 中国科幻产业报告》。

国内科幻产业发展仍处于起步阶段，关键核心技术仍由全球少数头部企业掌握。当前国内科幻产业发展进入快车道，以上海、北京、成都、重庆为代表的四个城市纷纷发力，竞相助推科幻产业发展，但整体上与全球其他发达国家仍有较大差距。从科幻文学创作来看，我国真正具有全球影响力的科幻文学和科幻 IP 仍较少。截至目前，中国仅有两位作家获得过雨果奖①，分别是刘慈欣和郝景芳。2015 年 8 月，刘慈欣凭借科幻小说《三体》获得第 73 届雨果奖最佳长篇小说奖；2016 年 8 月，“80 后”女作家郝景芳凭借《北京折叠》摘得第 74 届雨果奖最佳中短篇小说奖。另外我

① 雨果奖是“世界科幻协会”所颁发的奖项，自 1953 年起每年在世界科幻大会上颁发，正式名称为“科幻成就奖”，为纪念“科幻杂志之父”雨果·根斯巴克，命名为雨果奖。雨果奖、星云奖堪称科幻艺术界的诺贝尔奖。

国科幻文学作品数量很多，但真正能够转化成知名科幻 IP 的很少。从科幻内容制作来看，我国在科幻影视、科幻动画等领域创作出来的具有全球影响力的作品也屈指可数。以科幻电影为例，在全球范围内具有影响力的仅有《流浪地球》一部作品，业内专家认为其是华语影视真正意义上首部国产硬核科幻电影，其全球票房收入也仅为 6.7 亿美元，与美国好莱坞超级科幻 IP 电影相比差距明显，《复仇者联盟》四部作品全球票房收入超过 77.7 亿美元，星球大战系列总票房已突破 80 亿美元。同时，从科幻电影制作技术来看，我国在数字电影制作、特效制作等关键核心技术方面存在较大短板，这些关键核心技术仍由欧美、日本等发达国家掌握。比如，工业光魔（美国）、维塔数码（新西兰）、数字领域（美国）、索尼影像工作室（美国）、盟图 MPC（英国）、双重否定 Double Negative（英国）、帧存储 Framestore（英国）、Pixomondo（美国）、电影基站 Cinesite（美国）等世界顶尖影视特效制作公司掌握着 CGI 动画技术、全数字高清晰摄像技术、虚幻引擎技术、LED 虚拟背景技术、表演捕捉技术、数字合成技术、数字处理技术、数字中间片技术等电影特效制作关键技术，我国在这些领域仍处于起步阶段。

北京科幻影视、游戏、动画制作企业分布比较集中，尤其是以海淀区、朝阳区最为集中。以视觉特效、数字制作、数字电影、渲染技术、高清摄影、3D 拍摄、数字摄影、计算机图形处理、数字合成、影视特效、动画设计、动画制作、CG、捕捉技术、动作捕捉、陀螺仪、追踪定位、游戏设计以及电子游戏等关键词（不包含全部）为筛选条件，通过天眼查数据库搜集整理出“北京科幻内容制作相关企业数据库”，相关企业共有 1123 家，海淀区、朝阳区相关企业分别为 624 家、245 家。海淀区依托强大的科技创新资源集聚优势，集聚了一批数字创意、数字技术、游戏制作等领域的高新技术企业；朝阳区则依托国家文化产业创新实验区政策以及广阔的文化创意空间，集聚了一批影视制作、数字特效、创意设计等领域的数字创意企业。

二　石景山区科幻产业发展思路与重点方向

（一）石景山科幻产业发展基础

基于天眼查数据库，根据游戏、影视、动画、电影特效、渲染系统、人工智能、智能硬件、文学、出版物、杂志等关键词，筛选得到石景山科幻及关联产业数据库，根据主营业务逐一识别后筛选得到石景山区科幻及关联产业企业共206家，涵盖科幻文学创作、科幻内容制作、软件支撑技术、关键硬件设备和科幻周边及衍生品全产业链环节。

约九成企业集聚在科幻内容制作环节。目前，在石景山区206家科幻及关联企业中，科幻文学创作企业有1家，占科幻及关联产业企业总数的0.5%。科幻内容制作企业占比88.5%，是石景山科幻产业未来发展的重要储备力量，集聚了华录百纳、华谊兄弟、开心麻花、天图万镜等知名影视及制作企业，以及搜狐畅游、乐元素、蓝港在线等知名游戏企业和东方联合动画、中科幻彩、方方土等优质动画企业。科幻周边及衍生品企业占比1%，但龙头企业优势明显，如当红齐天在科幻游戏体验、虚拟现实消费领域具有明显的技术优势，其在石景山落地的北京重大科幻项目“1号高炉SoReal超体空间”项目为石景山区打造科幻文娱体验和消费场景提供了强有力的支撑。

软件支撑技术及关键硬件设备领域稍显薄弱。目前，石景山区206家科幻及关联企业中，具有关键核心技术的软件支撑技术及关键硬件设备企业较少。其中，软件支撑技术领域企业占比不足5%，虽有虚拟动点、达瓦未来、炫我科技等掌握动捕技术及实时渲染技术的优质企业，但仍缺乏掌握LED屏幕拍摄技术、虚幻引擎技术、数字中间片技术等影视数字拍摄制作关键核心技术的企业；关键硬件设备领域企业占比也仅5.2%，虽集聚了耐德佳、凌宇科技、万象九域等在高精度的交互设备、光学显示终端、智能广角镜头等硬件设备领域具有一定的技术优势的企业，但力反馈设备、外骨骼机甲及头盔等关键技术领域的企业仍较为缺乏。

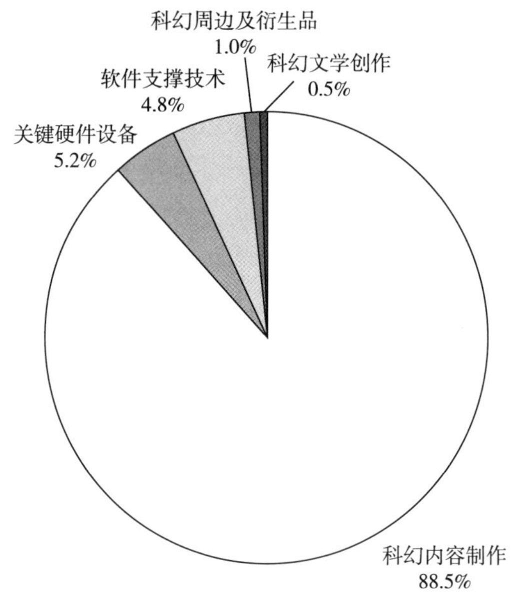

图4　石景山区科幻及相关产业各产业链环节企业占比

资料来源：根据关键词在天眼查数据库中搜集整理获得。

科幻影视和科幻游戏是未来石景山区科幻产业发展中的潜力领域。在占比近九成的科幻内容制作企业中，影视和游戏企业总计占比超过90%，其中，影视产业领域的企业最多，占比超过科幻内容制作领域企业总数的50%，游戏领域的企业占比约为40%，影视产业及游戏产业企业可依托科幻IP向科幻领域快速渗透，是石景山区未来科幻产业发展中的潜力领域。

（二）石景山科幻产业发展思路

科幻产业招商重点领域和重点招商目标客户群选择主要基于以下三个方面的考虑。

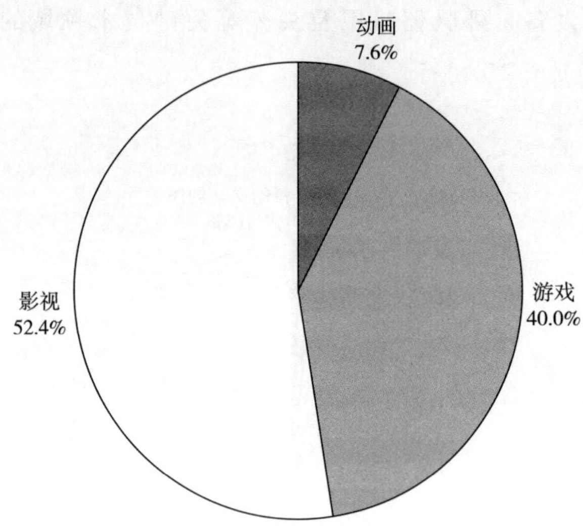

图 5　石景山区科幻内容制作企业细分情况

资料来源：根据关键词在天眼查数据库中搜集整理获得。

一是服务国家文化软实力和北京全国文化中心建设。在当今世界百年未有之大变局背景下，科幻对于激发想象力、培养创造力、提升科技创新能力具有独特作用，对于提升我国民族文化软实力、传播国家科技文明和核心价值观具有重要战略意义。2020 年 11 月，“2020 中国科幻大会”在石景山区首钢园举办，会上中国科协与北京市政府签署了《促进北京科幻产业发展战略合作协议》，并提出在首钢园着力打造“科幻产业集聚区”，以三高炉及周边特色活动场地为主要载体的科幻国际交流中心将被作为中国科幻大会永久会址，这是国家推动国际文化交流和北京推进国家文化中心建设的重要战略部署。首钢园科幻产业集聚区将加快打造科幻国际交流中心、科幻技术赋能中心、科幻消费体验中心、科幻公共服务平台，建设成为中国科幻产业发展的重要承接地和科幻产业创新展示的重要窗口。未来，石景山招商重点领域要以搭建“三中心、一平台”科幻产业生态为核心，通过“科幻 + 文学”“科幻 + 影视”“科幻 + 旅游”等形式，讲好中国故事，传播中国传统文化，树立国家文化自信，促进国际文化交流，提升我国在全球治理中的话语权。

二是立足区域资源基础和政策优势。当前，依托中关村石景山园、首钢园等空间载体，石景山区已引进一批重大科幻相关项目落地，集聚了一批内容生产、分发渠道、终端器件、内容应用、动作捕捉、特效制作等环节的科幻及关联领域优质企业，这些重大项目和优质企业的落地为石景山区集中营造科幻关键技术研发与应用、科幻文娱体验和消费场景提供了基础支撑，未来要继续加强对这些领域的招商引资力度。同时，石景山区率先在全市出台科幻产业发展支持政策《石景山区加快科幻产业发展暂行办法》（“科幻16条”），将重点支持科幻关键技术研发与应用、科幻原创作品创作与转化、科幻企业集聚、科幻主题场景建设、科幻产业服务平台发展、重大科幻活动落地以及科幻产业相关人才和团队落户，这些都是未来石景山区科幻产业领域的招商重点。

三是聚焦短板引进掌握关键技术的企业。如前所述，我国在科幻影视、科幻电子游戏及科幻动画等科幻内容制作方面的技术能力还比较薄弱，亟须聚焦短板发力，加快突破关键核心技术，实现技术自立自强。因此，作为北京重点打造的科幻产业新高地，石景山区要充分发挥毗邻海淀区的区位优势，依托海淀区在数字技术、人工智能、虚拟现实等领域的底层原创技术，加快承接和积极布局应用技术创新和技术融合应用等方面的科技企业，着力聚焦科幻影视技术研发、科幻虚拟影视拍摄、数字影视特效制作、数字视频技术、核心设备研发设计等环节，积极引入一批相关科研机构、研发设计类企业聚集，引导AI、云计算等新型互联网技术赋能科幻产业发展，推动科幻产业关键领域核心技术突破，强化自主原创科幻作品科技支撑能力。

（三）石景山科幻产业发展重点领域

从科幻产业链图谱来看，结合石景山区域基础与特色功能定位，未来石景山区应着力招商引资的重点细分领域如下。

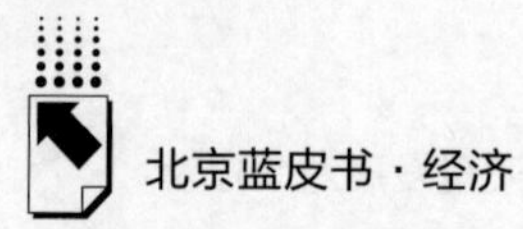

1. 科幻文学创作

创建科幻大师工作室，吸引科幻小说、动漫、游戏等领域知名创作者、KOL[①] 聚集；引进知名科幻杂志和科幻动漫等科幻出版公司分支机构；依托“景贤计划”支持国内外知名科幻创意人才和团队落户石景山区；吸引雨果奖、星云奖等世界级科幻大奖活动在首钢园举办。

2. 科幻内容制作

重点聚焦科幻电影、科幻电视剧、科幻电子游戏、科幻动画等领域，加快集聚一批科幻内容制作企业，利用首钢园等特色载体空间打造室内影棚、数字演播厅等载体，着力吸引数字摄影、科幻影视、科幻游戏、科幻动画制作公司落户石景山。

3. 科幻制作技术服务

针对石景山区当前在关键核心技术方面的短板，着力引入全球顶尖的高清摄影、数字化处理技术、表演捕捉技术、数字中间片技术、数字合成技术、科幻引擎等具有核心技术竞争力的专业化技术服务公司，专门为科幻影视、科幻电子游戏、科幻动画以及科幻舞台剧创作提供技术外包服务。

4. 科幻周边及衍生品

充分利用首钢园区工业遗址公园、石景山区科技馆等空间资源，联合VR/AR、人工智能等专业技术公司打造多元化的科幻秀、科幻主题消费体验场景；依托虚拟现实产业集群，在重点区域布局电竞、科幻游戏、VR 沉浸式体验项目；依托首钢园区五一剧场、三高炉 A 馆、高炉影院等载体，利用大数据、AI、VR 等前沿技术，在园区建立特色科幻主题剧场，开展科幻电影点映、内部展映、首发首映、科幻影展、科幻 Cosplay[②] 等活动；吸引科幻题材衍生品研发设计类创意企业，开发设计科幻 IP 消费品等科幻周边衍生品。

---

① KOL 即关键意见领袖，其定义为拥有更多、更准确的产品信息，且为相关群体所接受或信任，并对该群体的购买行为有较大影响力的人。

② Cosplay 是扮装游戏的缩写，一般指利用服装、饰品、道具及化妆来扮演动漫、游戏及影视作品中的人物角色。

三　石景山区科幻产业高质量发展政策建议

推动石景山区科幻产业高质量发展，亟须强化招商产业政策，创新精准化招商模式，完善区域配套服务体系，整合行业各类资源，着力营造特色产业发展环境和产业生态。

（一）强化特色产业政策创新

当前，石景山区各项产业扶持政策相对比较全面，未来应在强化政策创新的同时，重点推动现有产业政策落地。一是设立科幻产业发展“专项资金”和“引导基金”，重点对研发创新类项目、公共技术平台类项目、重大产业化项目以及示范场景应用项目提供支持；同时，支持国有资本联合首钢集团、行业龙头企业等社会资本共同出资设立“科幻产业引导基金”，加强对本领域招投联动招商、股权投资引进、创新创业等方面的支持。二是进一步完善财税资金补贴政策。研究制定政策配套实施细则，打通政策落地的“最后一公里”，加强政策体系宣传推介；拓宽产业发展培育扶持政策覆盖范围，重点支持一些具有研发创新能力、市场潜力较大的中小企业；借鉴上海临港、深圳前海等地区的经验，针对科幻产业领域的创新型企业，积极争取财政支持，试行对符合条件的企业减按15%的税率征收企业所得税。三是探索实施“一企一策”政策。针对产业链“链主企业”、关键核心技术企业、平台型企业等重点企业或重大产业项目的个性化诉求，建立“一企一策”“一事一议”政策“服务包”等支持机制。

（二）创新精准化招商模式

未来，石景山区要立足科幻产业发展方向，加强产业精准招商。一是要强化精准推介模式。专门研究制定科幻产业领域的招商宣传手册，包括产业政策条款、产业空间载体、产业链龙头企业资源以及人才政策等综合配套服务等内容，将招商手册定向发给科幻产业领域的招商潜在企业。二是要加强与头部企业或行业协会联合招商。借鉴浙江、江苏等地区的经验，建立产业链“链长”制，由行业领域主管区长担任“链长”，行业主管部门、投资促进部门共同开展招商引资，加强与区内现有龙头企业的沟通对接，积极引进上下游配套企业。三是开拓应用场景招商新模式。针对科幻产业企业对市场订单和项目需求强烈等特点，以首钢园区为核心，大力支持搭建和开放一些场景应用示范项目，引进一批相关企业和项目资源落地。四是探索招投融联动模式。研究建立区级重大产业项目招投联动平台，充分发挥国有资本对战略性、规模大、带动性强的重大产业项目的引导和杠杆作用，充分运用联合投资、参股基金、政策性融资担保等多种方式，推动招投融联动，引进一批重大产业项目。

（三）提升对企精细化服务水平

除了产业扶持政策外，完善的配套服务和精细化服务也是影响企业落户的重要因素。未来，石景山区应在行业个性化诉求、市场对接服务、人才服务保障等方面，加快建立相应工作机制和解决短板问题。一是完善特色领域专业化服务机制。结合特色行业诉求搭建一批专业化服务平台，满足企业共性的专业化服务需求。比如，科幻产业企业对特效拍摄时的绿棚都有需求，可以依托新首钢工业遗存建筑，建设1～2个高品质绿棚，出台公共绿棚建设补贴资金支持政策；再如，可以联合在京高校院所、高新技术企业在石景山区建设一批公共技术服务平台、特色行业算力平台或重点实验室。二是支持特色领域的专业交流活动。支持产业联盟、行业协会开展行业交流活动和专业性论坛，集聚上下游产业链供应链企业、机构，促进中小企业与行业龙头企业开展交流合作，充分发挥政府部门的组织协调作用，搭建特色领域企业日常对接交流平台，为中小企业参与行业龙头企业配套服务提供市场渠道。三是强化人才服务保障。针对企业反映比较集中的上下班通勤不便、人才公租房数量有限以及人才子女就学难等问题，政府应当尽快研究解决方案，使人才安心留在石景山区发展。比如，继续推广园区—地铁站接驳车的便捷通勤服务模式，协调解决企业职工上下班“最后一公里”问题；增加人才公租房配租比例，吸引青年创新创业人才留在石景山区发展；重点协助企业解决骨干人才子女就近入学问题。

参考文献

刘健：《科幻产业及其对城市产业经济转型升级的影响》，《南京航空航天大学学报》（社会科学版）2021 年第 4 期。

吴苡婷：《科幻产业的发展瓶颈问题剖析》，《科技传播》2014 年第 20 期。

刘珩、刘强、汪潇、许南茜、刘玉涛：《武汉市科幻产业发展战略的思考与建议》，《科教导刊》（中旬刊）2019 年第 23 期。

韩旭、姚利芬、李维、初维峰：《北京科幻产业园建设初探》，《齐齐哈尔大学学报》（哲学社会科学版）2021 年第 7 期。

吴岩、陈玲：《中国科幻发展年鉴 2021》，中国科学技术出版社，2021。

B.22

“十四五”时期北京经济技术开发区提升国际化发展水平研究

胡　婷*

摘　要： 经过近三十年的发展，经开区已全面步入产品和服务国际化、组织国际化、要素国际化“三化并存”的新发展阶段，充分利用和配置全球要素资源，向更高水平、更高层次的国际化发展阶段迈进，成为经开区创新发展的关键。立足新发展阶段，经开区要以产业国际化为核心，以创新国际化为引领，以人才国际化为支撑，以环境国际化为保障，提升高端链接整合能力和对外辐射发展能力，深度融入全球产业链、创新链、价值链，打造世界级先进制造业集群和国际一流的高精尖产业主阵地。

关键词： 北京经济技术开发区　总部经济　创新发展

作为从诞生开始就天然承载对外开放职能的开发区，“国际化”是其现阶段升级发展的必然需求。北京经济技术开发区（以下简称“经开区”）作为北京市改革开放的窗口，作为北京高端制造和科技成果转化的最前沿，正在不断强化开放引领、创新驱动，积极推进产业转型升级，发展更高层次的开放型经济。面临“十四五”时期错综复杂的国内外环境，如何提升国际化发展水平，以高水平对外开放打造国际合作和竞争新优势，全面融入新发

* 胡婷，北京博大万泰国际投资咨询有限公司研究总监，主要研究方向为产业经济、区域经济、科技创新等领域。

展格局，从而更好地担当起首都高质量发展的开路先锋和改革开放重要窗口的重任，是摆在经开区面前的一项重大使命任务。

一　北京经济技术开发区国际化发展的进展与成效

近年来，经开区始终践行开放发展理念，把握世界新一轮科技革命和产业变革大势，加快集聚国际化创新资源要素，不断提升自主创新能力，基本形成开放发展、改革发展、创新发展的新局面，为经开区产业转型升级和高质量发展提供了有力支撑。

（一）开放型经济发展水平进一步提升

2020 年经开区全年实现进出口总额 199.6 亿美元，同比增长 2.0%，2016～2020 年年均增长 6.2%（见图 1）。2020 年实际利用外资达 6.2 亿美元，同比增长 11.7%，其中制造业实际利用外资 3.8 亿美元，金融业实际利用外资 1.2 亿美元，2016～2020 年年均增长 18.9%。随着经营规模的扩大和创新能力的提升，越来越多的经开区企业“走出去”进行创新布局，积极抢占海外市场，提高国际化发展能力，“十三五”时期开展海外并购 10 余起。例如，集创北方联合亦庄国投以 1.51 亿美元并购竞争对手美国 iML 公司，2018 年该事件被载入美国对华 301 调查报告，来佐证中国集成电路领域的发展削弱了美国在该领域技术领先优势；北京昭衍公司收购拜耳制药在美国旧金山的研发和生产基地，开创中国生物医药企业在海外收购跨国公司全球研发基地的先河；悦康集团完成在美国收购全球第三大仿制药公司洛杉矶沃森阿特维斯（Actavis）制药厂的项目，成为中国化学制药企业收购美国制药厂的首例。

（二）国际资源和重大活动加速集聚

近年来，经开区加快集聚国际高端资源要素。外资企业方面，截至 2020 年底，经开区汇聚了来自全球 40 多个国家和地区的 1114 家外资企业，

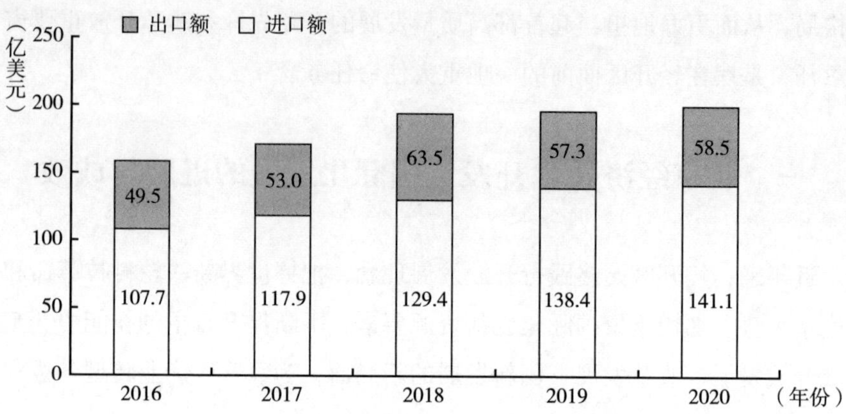

图 1　2016～2020 年经开区进口额和出口额情况

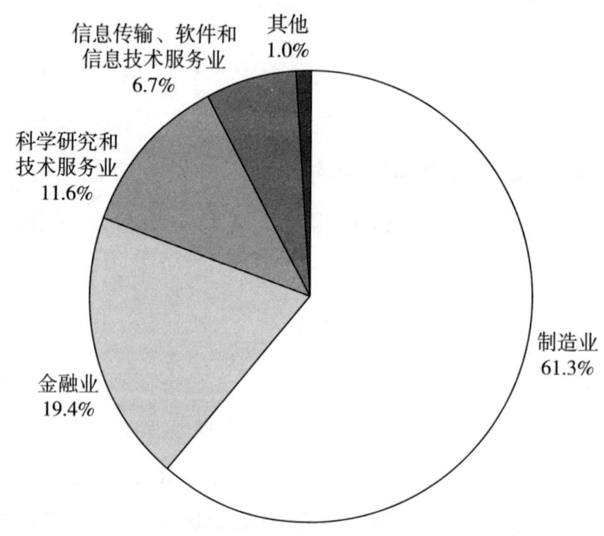

图 2　2020 年经开区主要行业实际利用外资占比情况

投资总额 684.3 亿美元，其中 2020 年新增外资企业 55 家，比上年增长 10%。93 家世界 500 强企业投资了 138 个项目，77 家是外资（含港澳台资）企业。2020 年外商及港澳台商企业完成产值 3344.1 亿元，占全部规模以上工业总产值的 76.5%。研发机构方面，先后引进了一批包括“瓦里安中国创新中心”在内的外资研发中心、生产基地等功能性机构，外资研发机构

32 家，分布在经开区四大主导产业和新兴产业领域，成为经开区创新体系的重要组成部分。高端人才方面，不断加大海外高层次人才引进力度，留学海归人才达到 3700 多名，包括 68 名国家级人才引进计划入选者、133 名北京市人才引进计划入选者。经开区新创工程·亦麒麟人才共计 528 名，其中海外高层次人才 312 名，占比 59.10%；外国国籍及港澳台人员 190 名，占比 35.98%。与顶尖人才和团队之间的合作不断深化，北京市首家诺贝尔奖工作站于 2018 年 11 月落地经开区。重大活动方面，先后成功举办了世界智能网联汽车技术年会、世界机器人大会（永久会址）、世界 5G 大会和北京微电子国际研讨会暨 IC WORLD 大会等重大产业交流合作会议，同时成功打造了京台科技论坛等具有重要影响力的经贸科技交流合作平台，日渐成为国际前沿技术和创新产品的交流与合作中心。

（三）科技创新交流合作日益活跃

经开区积极探索国际科技合作的路径和方式，行业国际影响力和产业竞争力持续增强。一是通过“人才 + 平台 + 资源”捆绑模式，引进国际新型研发平台机构，如 2017 年 5 月正式成立由欧洲科学院院士、人工智能领域领袖级科学家之一汉斯·乌思克尔特（Hans Uszkoreit）教授发起，锋创科技发展（北京）有限公司投资的中德合作新型研发机构——深知无限人工智能研究院（AITC）。二是瞄准国际科技合作的重点区域和行业领域，支持集创北方、昭衍、Mattson、京东方等具备条件的经开区企业设立海外研发机构，对接融入全球技术创新网络，提高国际化发展能力。三是发挥技术创新中心在国际科技创新合作中的平台和枢纽作用，国家新能源汽车技术创新中心与国内外 50 多个科研机构和创新平台、上百个优秀团队和项目积极对接，并与戴姆勒、西门子、德国胡芬巴赫轻量化技术研发中心、英国帝国理工大学林建国院士、都灵理工大学等开展项目合作；无人科技技术创新中心与斯坦福大学、麻省理工学院等建立紧密合作关系，与英特尔共建京东英特尔联合创新实验室。四是构筑国际科技创新合作项目空间和服务平台等全方位支撑，重点推动中芬生态创新园建设，积极谋划中日国际合作产业园建设，推进中以、中德、中意等国际合作特色园以及国家和市级国际科技合作基地建设，搭建国家新能源汽车技术创新中心“纯电动乘用车开源整车验证平台”等覆盖创新全链条的国际科技合作平台网络。

（四）国际化综合服务环境不断优化

以深化改革激活发展动力，以扩大开放拓展发展空间，经开区发布建设营商环境改革示范区工作方案，获评全国企业营商环境十佳园区，营商环境持续优化，服务更加精准、高效、便捷。教育、医疗、社保等国际化公共服务体系日趋完善，现有中加合作办学的北京市阳光情学校（高中）1所，爱育华医院通过国际医疗JCI认证评审。加快国际人才社区建设，明确“产业配套型国际人才社区”定位，覆盖辐射整个亦庄新城，规划营造复合、多元、高品质的“类海外”城市场景，外籍人才创新创业和工作生活的便利度进一步提高。无障碍国际语言环境不断改善，涉外服务管理水平不断提升。

对标国内外一流产业园区，相较于中关村国家自主创新示范区以及朝阳、海淀、东城和顺义等外资主要聚集地，经开区在国际化发展中仍面临一些问题：全球顶尖的创新人才和创新平台集聚度不高，作为国际化元素最明显的代表，外籍人才占比不足海外人才总数的1/5，与建设一流产业新城相适应的开放式、国际化创新平台严重缺乏；实际利用外资水平与经开区作为北京市改革开放的窗口、北京市利用外资水平重点功能区的地位不相适应；技术创新实力与国际领先水平相比存在较大差距，产业发展还存在受制于人的“国内空白”和“卡脖子”技术，缺乏具有全球竞争力的领军企业，整体参与国际技术创新合作的能力不强。对标国际先进标准和国内领先园区，经开区国际化政策和服务仍需优化。

二　“十四五”经开区国际化发展中面临的机遇和挑战

“十四五”时期，国内外环境将发生深刻且复杂的变化，百年未有之大变局正在向纵深发展，我国加快构建新发展格局，北京面临着国家赋予更大使命、开展先行先试的新机遇。经开区作为我国改革开放的前沿窗口和对外依存度较高的重要功能区，既首当其冲地受到外部环境深刻变化带来的影响，也面临着我国引领推动经济全球化带来的新机遇。

（一）世界发展环境面临“百年未有之大变局”，经开区发展面临新挑战

当前国际格局和国际体系正在发生深刻调整，全球治理体系正在发生深刻变革，国际力量对比正在发生近代以来最具革命性的变化。一方面，全球科技创新活动空前密集活跃，新一轮科技革命和产业变革正在重构全球创新版图、重塑全球经济结构。深化国际合作，成为应对全球性挑战的必然选择。经开区已全面步入产品和服务国际化、组织国际化、要素国际化“三化并存”的新发展阶段，充分利用和配置全球要素资源，向更高水平、更高层次的国际化发展迈进，成为经开区创新发展的关键。另一方面，国际环境日趋复杂，不稳定性、不确定性明显增加，新冠肺炎疫情的影响广泛且深远，经济全球化遭遇逆流，国际贸易秩序面临严峻挑战，中美之间全面竞合将成为贯穿“十四五”时期甚至更长历史阶段的标志性大概率现象。经开区长期积淀、致力发展的四大主导产业，同时也是全球研发投入最大、产业边界最模糊、产业组织演进最深刻的产业，在优质创新资源和产业核心技术方面面临着更加严峻的全球竞争和挑战。随着大国博弈以及美国对我国高精尖技术封锁和高精尖产品限制，经开区在产业发展和技术突破上面临着更大挑战，未来国际产业创新合作的方向和领域亟待深化拓展和探索创新。

（二）我国构建新发展格局，经开区发展面临新要求

站在“两个一百年”历史交汇点上，党的十九届五中全会将“十四五”规划与 2035 年远景目标统筹考虑，全面系统地回答了新形势下实现什么样的发展、如何实现发展这个重大问题。新发展阶段、新发展理念、新发展格

局，构成主线，促进经济社会新发展。进入新发展阶段后，我国要素禀赋条件等将面临深刻变化，要素成本低、环境容量大、外需贡献多等传统优势正逐步减弱，国内超大规模市场优势将进一步显现。新时代新阶段的发展必须贯彻新发展理念，必须是高质量发展的，要在更高水平上扩大对外开放，加快构建以国内大循环为主体、国内国际双循环相互促进的新发展格局，深入参与国际循环，以高水平对外开放提高国内大循环的质量和效益，实现更加强劲可持续的发展。科学把握新发展阶段，深入贯彻新发展理念，加快构建新发展格局，经开区要突出率先与担当，从战略和全局高度出发，把经开区的未来置于首都发展、国家级经开区发展战略中去谋划，体现“亦庄贡献”，提升经开区高端链接整合能力和对外辐射发展能力，推动形成全面开放新格局。

（三）北京确立以“两区”“三平台”为主要抓手推进更高水平的对外开放，经开区发展面临新机遇

面向“十四五”，中共北京市委关于制定“十四五”规划和2035年远景目标的建议提出，要更加突出开放发展，坚持以开放促改革、促发展，用好国内国际两个市场两种资源，实施更大范围、更宽领域、更深层次的对外开放，建设更高水平开放型经济新体制。要率先探索构建新发展格局的有效路径，抓好“两区”“三平台”建设，全面推动国家服务业扩大开放综合示范区建设，全力打造以科技创新、服务业开放、数字经济为主要特征的自由贸易试验区，积极参与国际竞争与合作，提升全球配置资源能力。落实北京市新一轮服务业扩大开放综合试点政策，要求经开区加快形成与国际接轨的制度创新体系，推动产业链供应链协同发展，打造“源头培育—资本催化—中试扩大—量化推广—技术转移”先行示范区，建设跨区域协同创新平台。北京自贸区高端产业片区正式挂牌，经开区面临又一重大改革发展机遇，对全球创新资源的集聚和整合能力将进一步提高。经开区要着眼于构建国内国际双循环相互促进的新发展格局，强化“两区”政策联动，积极探索“产业+园区”协同开放模式，取得“1+1>2”的效果。

（四）谋划和打造升级版经开区，经开区发展面临新任务

党的十八大以来，习近平总书记先后多次视察北京，对首都发展提出要求，特别是2017年第二次视察北京时明确提出，要抓好中关村科学城、怀柔科学城、未来科学城、北京经济技术开发区“三城一区”建设，努力打造北京经济发展新高地。经开区被赋予更为特殊的职责使命，成为建设具有全球影响力的科技创新中心的“三城一区”主平台。《国务院关于推进国家级经济技术开发区创新提升打造改革开放新高地的意见》提出“三创新、两提升”的发展要求，为经开区下一步创新发展指明了路径。北京市委、市政府高度重视经开区工作，为经开区明确“四区一阵地”战略定位，要求经开区在建设全国科技创新中心和构建高精尖经济结构中发挥好前沿阵地和主平台的作用。谋划和打造升级版经开区，围绕“四区一阵地”建设，经开区要进一步解放思想，扩大国际视野，紧抓新一轮科技革命和全球产业链布局调整的重要机遇，加强与“三城”的联动，进一步提升高精尖产业能级，深入推进创新产业集群示范区建设，承接好三大科学城创新效应外溢，打造技术创新和成果转化示范区，为北京建设国际科技创新中心提供有力支撑。

三　提升经开区国际化发展水平的路径和对策

综合上述分析，“十四五”时期进一步提升经开区国际化发展水平，亟须立足现有基础，扬长补短，对标先进，紧密围绕首都城市战略定位和新时期经开区“四区一阵地”的目标定位，坚持新发展理念，以产业国际化为核心、以创新国际化为引领、以人才国际化为支撑、以环境国际化为保障，提升高端链接整合能力和对外辐射发展能力，深度融入全球产业链、创新链、价值链，构建更具活力的对外开放体系，服务国内国际双循环相互促进的新发展格局，打造世界级先进制造业集群和国际一流的高精尖产业主阵地，提高在世界科技创新和产业变革中的影响力，建设成为“世界的亦庄”。

（一）以产业国际化为核心，打造全球经济高质量发展示范区

1. 持续引进和建设外向型重大项目

一是聚焦经开区四大主导产业领域，拓展招商引资思路与渠道，主动对接国外地方政府、驻外使领馆、各国驻华使馆、国际跨国公司促进会、国际知名投资机构、国际性行业组织等枢纽型平台，构建面向全球的高精尖产业精准合作机制。二是面向“一带一路”沿线，欧洲地区的德国、法国、以色列以及美国、日本等国家，优化海外工作站布局，以市场化运营、产业链招商、科技孵化等方式，加强国际合作平台建设，精准引入国外优质技术、人才、企业。三是在32个“高精尖产业链图”基础上，绘制经开区开放创新合作热力图，涵盖投资考察线路、产业用地供应、平台载体导引、投资合作机会等内容，以更加精准化、规范化和智能化的管理与服务向全球创新合作者提供透明、公开、便捷、稳定的预期和资讯。四是立足北京自贸试验区高端产业片区的功能定位，加强国际高端产业资源对接，做强新一代信息技术、新能源与智能网联汽车、生物技术和大健康、机器人和智能制造等优势产业。五是围绕国家服务业加快开放综合示范区建设，加大研发外包、技术交易、知识产权等领域外资准入力度，着力吸引跨国公司总部、高端商务服务等产业聚集，提升区域高精尖产业竞争力。

2. 着力增强企业国际化发展能力

一是鼓励龙头企业根据区域比较优势开展海外布局，在欧美日等发达国家和地区建立研发、分销、物流、展示等分支机构，在亚非拉等发展中国家和地区建立生产基地，形成研发、生产、销售的全球布局和运营体系，确立技术领先优势和产品竞争优势，持续做大做强，成为全球化企业。二是鼓励企业遵循国际规则，完善供应链结构，推进材料、装备供应多元化。支持有条件的企业开展境外投资和跨国并购，全面提升企业境外并购综合金融服务水平，加快企业境外投融资和并购外汇管理政策创新试点，简化企业境外并购核准程序。三是支持企业参与国际竞争，鼓励领军

企业积极参与国际分工，持续推进技术创新和效益提高，带领产业链上下游企业“抱团出海”，带动产品、工程“走出去”。四是依托经开区重大重点项目，优先以欧美发达国家城市为重点，推动建立产业协同的友城、友园。五是支持企业参加境外展会、国际知名行业会议和论坛，开展国际市场宣传推介活动。

3. 打造具有国际竞争力的先进智造产业集群

一是以集成电路、新型显示的自主可控、代际领先发展为支撑点，以信创产业的创新生态为活力源，加快基础材料、关键芯片、高端元器件、新型显示器件、关键软件等重大项目建设，推动下一代移动通信、物联网和云计算等产业形成多极支撑、交叉融合、持续迭代、群体突破格局，打造引领带动效益显著的新一代信息技术产业集群。二是发挥国家智能网联汽车创新中心和新能源汽车创新中心以及阿尔特汽车设计中心、戴姆勒全球研发中心等机构的引领作用，加快培育智能网联汽车、智能交通、无人驾驶等新兴产业，推动智能网联和新能源汽车产业链上下游及跨行业、跨区域、跨国界合作，打造全球级智能网联和新能源汽车合作交流平台，构建技术领先、生态完整、集群显著、具有国际影响力的新能源智能汽车产业高地。三是加强与国际生物医药创新园区的对接合作，依托知识外溢与技术创新，建立多种形式的合作机制，加快推动创新疫苗、体外诊断与检测试剂、抗体药物等重大项目落地，推动生物医药和大健康产业智能化、服务化、生态化、高端化发展，打造医学、医药、医械、医疗、医养“五医融合”的生物医药和大健康产业创新集群。四是围绕感知、分析、决策、通信、控制、执行等机器人与智能制造关键技术环节，加强与国际知名研究机构和技术巨头的技术合作开发，加快特种机器人、高端仪器仪表、高档五轴数控机床等高端装备项目落地，提升智能制造系统集成能力，打造智能制造创新创业高地。五是提升对新赛道的敏感性和判断力，以补短板、促协同为主线，加强颠覆性、融合性产业布局，积极培育航空航天、节能环保、新材料、新能源等未来产业，将经开区打造成为高精尖产业群体跃进的创新引领区。

（二）以创新国际化为引领，链接国际高端资源要素

1. 引进培育国际一流新型研发机构

一是围绕集成电路、人工智能、生物技术等新兴产业领域，重点支持龙头企业加强与世界一流大学合作建设联合实验室和战略科学家工作站，构建国内外科技创新全链条合作体系。二是支持建设多元投入、市场主体的高精尖产业创新平台，着力构建推进技术交叉融合、产业迭代升级的多功能服务平台体系。三是鼓励各类创新平台全面深化国际合作，引进海外学术带头人及科研团队，推动建立与国际接轨的科研管理与运行机制，在国际科技前沿领域，吸引一批国际高水平人才，突破一批核心关键技术，取得一批国际一流的重大原创成果，培育经开区国际科技创新竞争合作新优势。四是鼓励外商企业扩大再生产，建设研发中心，重点关注一批外资大企业发展规划，动态跟踪投资安排，及时把握在华投资机会。五是实施“创新伙伴计划”，支持龙头企业与国际领先的科技服务机构、科研机构、高校、社会组织建立广泛合作关系，引进落地一批专业化、市场化、国际化科技服务机构。

2. 支持开展重大国际创新合作

一是瞄准国家国际科技合作的重点领域和目标，支持符合条件的企业积极参与国家科技部“战略性国际科技创新合作”“政府间国际科技创新合作”等重点专项，主动承担科技援外合作任务，开展技术示范与推广、技术培训、技术服务、联合研发等，提升科技创新合作层次与水平。二是支持企业在欧、美、日等科技发达国家和地区，通过自建、并购、合资、参股、租赁等多种方式建立海外研发中心、实验室，开展关键核心技术研发和产业化应用研究。三是支持企业与国际知名高校及境外知名研究机构建立长期合作研发关系和相应工作机制，充分利用硅谷、剑桥等地创新资源聚集优势，面向国际创新前沿技术领域，发现对接新想法、新技术、新产品和顶尖人才。四是积极参与“一带一路”沿线国家协同创新，支持平台公司、龙头企业与所在国家创新企业围绕重点产业技术领域合作建设运营研究中心和科技园区。

3. 提升创新企业知识产权的全球布局能力

一是聚力实施“白菜心”工程，每年发布 10 ~ 20 项主导产业“卡脖子”项目清单，支持龙头企业、高校院所、重大科研平台加强重大技术创新，实现核心产业技术的自主、安全、可控。二是依托“三城一区”主平台，强化与“三城”联动，持续推进中关村科技成果产业化先导基地实体化运作，搭建高标准产业创新平台，持续推进科技创新成果转化，提高整体竞争力。三是深耕“一带一路”沿线、非洲等国际市场，以能源类、工程类、机械类产业领域为重点，支持具备条件的企业加强技术出口，输出适用的技术、产品和服务，以科技创新合作带动产能合作。四是支持行业领军企业实施有目的、有策略、有规划的海外专利布局，独立或联合申请 PCT 专利，形成具有自主产权的专利组织体系，构筑国际科技竞争优势。五是支持龙头企业、研发机构主导或参与创制国际标准，通过马德里体系注册国际商标，提升技术国际化水平和国际科技合作战略层级。

4. 打造国际科技创新合作新载体

一是依托区内龙头企业海外基地，链接中国科协、市科协全球科技创新资源，探索建设离岸创新中心和孵化基地，广泛对接海外科技成果创新源头。二是加快推进中日产业园、中法智能制造产业示范园规划建设，推进中美现代医疗产业园、中瑞（瑞士）智能电控产业园、中以创新产业园等项目落地，规划建设国际科技创新合作试验区、国际创新示范园、国际创新成果转化中心，推动产业化条件较为成熟的技术和企业集聚。三是争取市级国际科技合作基地认定挂牌，面向全球有目的、分重点、按领域，构建覆盖创新全链条的国际科技合作平台网络。四是深化与发达国家和地区之间的国际科技合作，吸引国际知名科技孵化器、众创空间在经开区落地，建立海外优质创新资源的发现、筛选和引育机制，拓宽国际科技合作空间。

（三）以人才国际化为支撑，集聚创新发展新动能

1. 着力引进和培育国际顶尖创新人才团队

一是依托区内龙头企业和研发机构，加强对高精尖产业集群紧缺人才的

需求分析预测，制定人才需求目录，建立经开区人才引进专用通道，针对性地出台支持政策，汇聚一批世界顶尖人才、战略科学家和创新团队。二是围绕四大主导产业领域产业链高端环节和重点要素，在全球范围内搜集具有行业领先水平、掌握前沿技术的人才和团队信息，绘制全球顶尖技术和团队分布图，支持企业在全球范围内发掘高端技术创新人才及团队，推动相应创新技术成果和重大科技项目在经开区商业化运作、产业化落地和集群化发展。三是围绕国家海外人才离岸创新创业基地（北京经开区）建设，重点引进紧缺急需人才、战略科学家和创新团队，吸引金融、建筑设计、规划等领域的国际专业人才入区提供服务，支持国际创新人才在开发区创业发展。四是举办国际高峰论坛、全国性会议、人才活动周等活动，邀请诺奖、院士等顶尖人才以及国际化人力资源服务、科技服务等相关专业机构参与，打造国际人才交流平台，提升人才的全球视野。探索领军人才海外游学机制，提升领军人才参与国际合作和国际竞争的能力。

2. 建立更具竞争力的国际人才服务机制

一是积极探索与国际规则接轨的人才服务市场化运作机制，加快引进和培育一批市场化、专业化、国际化人力资源服务机构。二是以国家海外人才离岸创新创业基地（北京经开区）为依托，探索制定分层分类人才吸引政策，试点开展外籍人才配额管理制度，探索推荐制人才引进模式。三是加快外国人办事服务大厅建设，进一步简化外籍人才出入境、居住、住宿、工作签证等手续，为外籍人才来华工作、居留提供一站式服务，减少办事流程、缩短办理时限。四是针对境外高端人才和高精尖产业发展急需的紧缺人才，探索实施个人所得税减免优惠政策，切实降低境外高端人才和紧缺人才的税负水平，提升对国际人才的吸引力。

3. 营造开放式的人才创新创业环境

一是整合区内创新资源，重点建设创新型孵化器、留学人员创业园、博士后工作站、青年英才创新实践基地、产学研合作平台、企业首席技师工作室等创新创业服务平台，为人才提供政策、咨询、技术、金融、商务等开放式服务。二是设立“高精尖”人才发展基金，发挥资本对人才发展的关键性作用，打造市场化投融资平台，引导社会资本进入，通过入股、合作的方式助力人才创新升级。三是采取持股、技术入股、提供创业基金等灵活方式，推广股权激励和科技成果转化奖励的试点，激发国际化人才创新创业热情。四是建立健全对获得政策支持的国际化人才的跟踪服务机制。

（四）以环境国际化为保障，聚力全方位高效服务

1. 规划建设复合、多元、高品质的国际人才社区

一是加快推进国际人才社区建设，贯彻"国际化、生态化、数字化"的建设理念，重点推进林肯公园等示范街区建设，打造有海外氛围、有多元文化、有创新事业、有宜居生活、有服务保障的国际人才社区。二是依托同仁医院二期建设，积极推进"国际医疗服务试点区"建设，支持符合条件的医院开设国际部，高标准建设服务于高精尖产业园区和国际人才社区的街区级国际医疗站，鼓励引进高端医疗养老机构。三是支持国际人才创办的标杆型国际学校发展，确保满足国际人才的子女从学龄前到高中的教育需求。四是引入符合国际人才饮食、消费、社交、文体休闲等生活习惯的餐饮品牌、零售品牌、文体设施及生活服务机构，强化设施功能，扩大服务范围，为国际人才提供精准的便利生活服务，营造国际化商业休闲氛围。五是落实好《北京市公共场所外语标识管理规定》，高标准做好经开区外语环境建设工作，实现外语言标识主要公路、公共场所全覆盖，积极推动营造无障碍国际语言环境。

2. 着力构建营商环境"亦庄模式"

一是优化外贸外资企业经营环境，率先对接自贸区和北京市服务业开放试点的"双开放"政策，加快推进综合保税区建设，进一步减少外资外贸企业投资经营限制。二是打造高水平开放平台，加快发展外贸新业态，构建以信用为基础的分级分类市场监管机制，对新产业、新业态实行包容审慎监管。三是全面落实外商投资准入前国民待遇加负面清单管理制度，坚持引资、引技、引智相结合，提升利用外资质量和投资贸易自由化便利化水平，支持外国机构、外国资本参与国际合作园区运营。四是落实优化外汇管理政

策，放宽区内非投资性外商企业资本项下外汇使用范围，助力企业发展。

3. 营造独具魅力、鼓励创新的人文环境

一是加快规划建设一批与世界一流产业新城相匹配、具有国际先进水平的重大文体设施，提升亦庄新城文化品位和软实力、影响力。二是逐步规范和完善国际宗教信仰活动场所建设，依法依规满足外籍人士宗教信仰需求。三是营造开放包容、和谐友好的社会环境，推进以工程师文化为核心的创新文化建设，打造一批国际学术沙龙平台，推动工程师俱乐部建设，增强高精尖人才、工程师、实用技术人才在亦庄的认同感、归属感和自豪感。四是坚持特色风貌分区控制引导，聘请国际知名的建筑事务所规划设计国际化生活街区，打造未来感、科技感、国际范的城市特色风貌。

4. 着力打造亦庄国际品牌

一是加强亦庄国际化品牌研究策划，培育包括经开区整体品牌、产业品牌、企业品牌和产品品牌在内的品牌体系，积极利用国际主流媒体和新兴媒体宣传经开区发展成就，发挥经开区驻外产业联络办公室和海外工作站的桥梁作用，全方位提升亦庄国际化形象。二是围绕龙头企业及其产业集群部署创新创意大赛和投资路演大会，形成产品展览、专业论坛、学术沙龙阵列，建设一系列具有国际影响力的行业会展 IP。三是强化科技博览、公共路演等功能，持续提升世界机器人大会、北京微电子国际研讨会暨 IC WORLD、世界 5G 大会等活动的影响力，吸引更多国际重大会议落地经开区。四是围绕首都核心功能，立足区域产业基础，支持在经开区设立国际科技组织或联盟、国际知识产权组织或其分支机构，着力推动世界机器人合作组织落户，发挥平台机构在集聚国际资源、释放辐射效应、提升品牌价值等方面的重要作用。

参考文献

谷潇磊、李享：《“十四五”时期国家高新区创新发展路径及对策研究——基于国家高新区实证数据分析》，《全球科技经济瞭望》2021 年第 9 期。

孙红军、张路娜、王胜光：《国家高新区创新国际化水平及影响因素研究》，《科技进步与对策》2020 年第 4 期。

苏斯彬：《聚力打造国际化高能级产业平台》，《浙江经济》2020 年第 12 期。

曾铁城：《深圳高新区实施“走出去”国际化发展战略的经验做法及启示》，《科技创新发展战略研究》2017 年第 1 期。

常敏、黎晓春、张乐才：《新时代我国高新区全面推进产业国际化发展问题研究——以杭州滨江高新区为例》，《甘肃理论学刊》2018 年第 1 期。

B.23
发达国家构建创新友好型监管制度做法及对中关村科学城的启示

宋洁尘　姬梦星*

摘　要： 全球科技创新进入空前密集活跃期，新技术、新产品不断涌现，给政府监管带来新挑战。中关村科学城作为新技术、新产品最集中的诞生地，亟须加快探索构建能够支撑新技术、新产品健康发展的制度框架。本报告系统梳理了英国、法国、德国、韩国等发达国家构建创新友好型监管制度的典型做法，结合中关村科学城实际，提出在中关村科学城特定区域内建立创新友好型特别监管试验区，从建立统一电子授理平台、成立跨部门综合协调机构、建立授理反馈工作体系等方面进行一系列制度创新探索。

关键词： 科技创新　政府监管　制度创新　中关村科学城

当前，全球科技创新进入空前密集活跃期，新技术、新产品不断涌现，给政府监管带来相应的新挑战。为使新技术、新产品更加快速地走向市场，各国均在加快构建创新友好型监管制度方面进行了相应探索，以适应创新发展的步伐和需求。本报告通过总结梳理英国、法国、德国、韩国等发达国家

* 宋洁尘，经济学博士，中关村国家自主创新示范区核心区发展研究中心主任，主要研究方向为区域经济、科技创新等；姬梦星，中关村国家自主创新示范区核心区发展研究中心综合科副科长，主要研究方向为科技创新等。

构建创新友好型监管制度的做法，结合中关村科学城实际，提出对中关村科学城构建相应监管制度框架的启示。

一 发达国家构建创新友好型监管制度的相关做法

（一）英国面向第四次工业革命开展规制监管改革

英国政府于2019年6月发布《面向第四次工业革命的监管白皮书》（以下简称“白皮书”），将此作为英国进入第四次工业革命时保持世界领先监管环境的长期战略。白皮书显示，当前英国只有29%的企业认为政府监管有助于创新，如果监管机构未能在两到三年内跟上颠覆性技术变化的步伐，92%的来自不同行业的企业将会受到负面影响。为此，白皮书指出了英国政府面向第四次工业革命所面临的六大监管挑战，并针对每项挑战提出了改进措施。

一是保持在监管改革领域处于领先地位。英国政府志在使英国成为全球最具创新力的经济体以及创办与发展企业的最佳地，因此需采取一系列监管体制机制创新措施，以有效识别监管工作中需要改进的地方，建立有利的规制框架，确保制定面向未来的监管改革措施，如成立监管工作前瞻委员会（Regulatory Horizons Council），召集各产业领域中具有监管和创新方面专业知识的人员组成一个独立机构，定期向政府提交创新报告，并就支持技术创新的快速和安全引入所需的监管改革向政府提出建议，政府根据委员会建议，做出制定、修改、废止法规，或采用其他规范（如自愿遵守的标准）来替代法规的决定。此外，为确保委员会相关建议被及时采纳，英国政府成立了由商务大臣领导的未来监管部长级工作组，由该工作组监督政府各部门联合对建议作出回应，避免各部门和各监管机构间因复杂的责任划分而带来效率低下等问题。

二是确保监管体系的结果导向性。为了建立起更加灵活的、聚焦结果的规制监管体系，英国政府将试行创新测试，在制定政策以及引入、实施、评估和审查法案时，充分考虑立法对创新的影响；同时更好地运用监管指南、行为守则和行业标准，为企业创新活动提供有利条件。

三是促进创新成果的试验、检验和试用。英国政府将采取一系列措施，促进各创新主体在监管机构的监督下，开展更多的创新成果试验、检验，实现新技术突破，如扩大“监管者先锋基金”的适用范围，以帮助监管机构跟上技术创新的步伐，推动新产品、新服务和新商业模式的出现；建立“监管者创新网络”，帮助各监管机构营造“试验”文化氛围并分享最佳经验，推动弹射中心、孵化器和加速器进一步整合。此外，英国政府还将制定“国家数据战略”，有序开放产业界、经济界以及政府所掌握的相关数据，为公众使用数据提供便利。

四是发挥创新主体在监管环境中的积极作用。英国政府将试用“数字化监管导航”，帮助创新主体了解监管环境，提供与监管机构进行直接交流的平台；加大“监管者先锋基金”的投资力度，为创新主体提供更多的专业监管建议服务；对监管机构为创新主体提供的服务进行量化评估。

五是建立政府、社会、产业界之间的技术创新监管对话机制。由监管工作前瞻委员会邀请更多的公众参与创新监管，共同探讨如何规制技术创新活动，以增强公众对政府行政方式的信心。

六是扩展全球合作范围。英国政府致力于将本国开发的产品和服务销往全球各地，并采取了一系列措施来减少创新型产品和服务贸易的监管壁垒，如与世界经济论坛第四次工业革命中心合作，聚焦人工智能与机器学习、无人机与未来航空、精准医疗等符合英国“产业战略重大挑战”目标的创新领域，发挥英国“监管沙盒”、试验平台等政策工具的作用，并将这些工具推广到全球各地；与经合组织（OECD）合作探索新兴数字经济发展带来的国际监管挑战；在与欧盟的自由贸易协定中加入有关良好监管做法和监管合作的相关内容；继续加强与其他国家在国际和地区标准组织中的合作，为创新主体制定全球公认的标准，使之在国际市场能够有效开展合作。

（二）法国通过“法国试点”活动推进规制改革

法国政府于2016年发起“法国试点”活动，围绕创新过程，为创新主体与决策者之间搭建沟通渠道，将相关项目以试点的形式寻求解决方案，建立起集交流平台与方案试点于一体的决策机制，进而推动与创新相关的规制改革。

“法国试点”的流程分为申请、审核、回复和进入试点四部分。创新主体提交试点创新申请后，由监管部门遴选出符合要求的申请投入试点。入选的创新项目可获得临时性豁免，即该项目可暂时不受现行规定限制而进行创新试验，“法国试点”将追踪项目的发展情况并进行评估，根据评估结果最终决定是否需要修改现行规制。自“法国试点”活动开展以来，已有大量申请项目进入试点阶段。以自动驾驶试点为例，该项目入选后，通过试点“自动驾驶模式下的刑事责任归属、在公交车道上自动驾驶公共交通工具、试用用于自动送货的小型设备”等内容，帮助立法者在制定《企业成长与转型方案法》时明确相关法律规定。

为确保“法国试点”的顺利实施，法国政府对试点项目提出了明确要求。一是明确试点项目的可行性。创新主体在申请试点时应明确指出申请豁免哪项现行规定、建议如何修改该规定、项目的承担者等，同时不应违反上位法或上位规定，能够预估所需的试点时间，能够对试点结果进行量化评估。二是明确试点方案并提交评估结果。创新主体在申请试点时需提交明确的试点方案，提出降低项目失败风险与项目评估方式的建议，同时在试点结束后提交具有参考价值的评估结果。三是在统一的电子平台集中受理。法国政府要求“法国试点”由统一的电子政务平台负责，并设立了跨部门代表负责协调各个部委，申请者可通过该平台与监管者进行互动，较好地解决了跨部门事务运转效率低下的问题。

（三）德国引入“现实实验室”实现数字化时代监管制度创新

为了应对数字化发展带来的颠覆性变化，德国政府于2016年底引入了一种有效的政策工具——现实实验室（Reallabore），并于 2018 年发布了实施策略，以此实现数字化时代的监管制度创新。

“现实实验室”是一种实现数字创新和发展智慧监管的试验区，即在获得法律保障的试验区域内、在现实条件下对主要的数字化创新和监管方式相结合的效果进行试验。试验区除了要对技术和商业模式进行实践测试外，还要重点检验现有监管方式的适用性，并对新的监管框架设计进行测试。因此，现实实验室通常会允许在一定时间内调整某种法律框架，也就是所谓的“试验条款”，并配以相应的研究活动。根据这一定义，现实实验室主要通过有限制的测试、对法律调整空间的利用、监管经验的主动学习等方法，帮助法律和政策制定者探索出监管制度的最佳设计方案，同时为产业界提供了在监管制度障碍下进行创新测试的可能性。截至目前，德国已在物流无人机、货运机器人、自动驾驶巴士等领域开展了丰富的测试项目。

未来，德国将把现实实验室扩展到更多领域，采取“自下而上”的方式，由产业界提出测试领域并推动项目落地，具体将在以下三个方面采取相关措施。一是发展有利于创新的监管制度，研究如何通过应用试验条款让未来的法律更有利于促进创新。二是加强信息供给和合作，加强相关主体间的交流和信息供给，通过建立一个广泛的网络结构（现实实验室网络）和全面的信息系统（现实实验室手册），满足产业界和政府管理者对相关信息的较高需求。三是建立更多的现实实验室并给予支持，在发展完善现有现实实验室的基础上，发起更多的相关项目，并通过定期举办“现实实验室竞赛”，从产业界获得好的想法和发展动力。

（四）韩国探索实施监管沙盒制度

监管沙盒制度始创于英国，现已普及至韩国、澳大利亚、新加坡、泰国等多个国家。该制度主要面向在现有监管体系下无法合规运营或合规运营成本很高的企业项目，给予企业特许经营权，在保障用户权益的前提下，在一定的时间和空间范围内，放松对参与试验的创新产品和服务的监管，使其不受现有法律约束，以激发市场创新活力，达到创新与监管的动态平衡。在第四次工业革命来临之际，韩国现行的许可制规制体系已无法满足物联网、人工智能、机器人等领域的科技应用与创新发展需求，亟须进行相应的制度创新。为此，韩国自2019年1月起先后出台《行政规制基本法》《信息通信融合法》《产业融合促进法》《金融创新法》《地区特区法》等五部与监管沙盒创新相关的法律，在信息通信、产业融合、金融等领域探索实施监管沙盒制度。

韩国政府制定的监管沙盒制度由“迅速处理”“临时许可”“实证特例”等三种规制创新构成。监管机构需在收到申请后的30日内迅速确认是否已有相关规制，如有，则分为“临时许可”和“实证特例”两种情况。当现行规制界定模糊时，项目申请方可申请临时许可，待相关法律通过后再转为正式许可；当现行规制明确对申请内容有所限制时，项目申请方可申请实证特例，由监管部门对项目安全性和创新性进行验证，如符合要求则可获得临时许可。截至目前，韩国科信部已受理9件临时许可和实证特例申请。

以Huinno公司和高丽大学安岩医院共同申请的“利用手表型心电图装置的心脏管理服务”项目为例。在韩国现行《医疗法》中，对医生通过可穿戴设备监测患者状态，并以此为依据引导患者就诊等相关内容没有明确的条款规定，医疗机构若想利用新设备来提高病患管理效率，存在法律依据不明确问题。这直接导致Huinno公司虽然早于苹果公司开发出相关技术，但由于法规不明确问题迟迟未将产品推向市场。韩国监管部门收到该项目申请后，给予其有条件的实证特例许可，即要求该项目必须在获得食药处的医疗器械认证后才能开始提供服务。此外，本次实证特例不包括医生诊断和处方，也不是全面推行远程诊疗，而是为了增进国民健康和推动医疗器械产业发展，让约2000名以内的患者进行为期两年的实证诊疗，实现心脏病患者的持续管理服务。

二 启示

目前，国内对新技术、新产品和新商业模式的创新型监管还处在起步探索阶段，现行监管制度难以满足新兴产业发展需要，是制约新兴产业快速发展的重要制度瓶颈。中关村科学城作为新技术、新产品最集中的诞生地，加快探索构建创新友好型的监管制度框架，既能有效防范风险，又能助力新兴产业快速发展壮大，刻不容缓。中央全面深化改革委员会第二十二次会议也提出，要支持中关村国家自主创新示范区更好地发挥科技资源和制度创新优势，开展高水平科技自立自强先行先试改革，瞄准实现高水平科技自立自强最突出的短板、最紧迫的任务，在做强创新主体、集聚创新要素、优化创新机制上求突破、谋创新，加快打造世界领先科技园区和创新高地；改革要拿出更多实质性举措，起到试点突破和压力测试作用，积极探索破解难题的现实路径，注意积累防控和化解风险的经验。借鉴以上发达国家的做法，可考虑在中关村科学城范围内划定一个特定的区域，建立创新友好型特别监管试验区。

（一）建立一个统一的电子授理平台

参考“法国试点”相关做法，建立一个监管创新统一的电子授理平台，聚焦人工智能、区块链、电子健康、数字治理、“互联网+”等重点领域，集中授理相关创新主体的监管试验申请，搭建起创新主体与决策者之间沟通交流的渠道。具体来看，可以依托中关村科学城企业综合服务平台，在该平台新增监管创新统一授理模块，相关创新主体可以通过平台账号登录并在线提交监管试验申请。平台应自收到试验申请之日起七个工作日内，将相关申请移交至对应的监管部门进行审核，并作出是否同意申请的决定。若同意申请，创新主体即可在规定时间内暂时不受现行规定限制进行创新试验，试验期结束后，创新主体需向平台提交试验项目的实施效果评估报告，平台根据评估结果最终决定是否需要修改现行规制。

（二）成立一个跨部门综合协调机构

在统一电子授理平台的基础上成立一个跨部门综合协调机构，由该机构对监管试验过程中涉及的各监管部门进行统一的沟通和协调，有效避免因各监管部门权责职能不明晰而带来的效率低下问题，加快监管制度创新改革的步伐。具体来看，可以由中关村科学城管委会牵头，会同海淀区市场监督管理局、区城市管理委员会、区金融办等职能部门，共同成立中关村科学城监管创新综合协调办公室。由该办公室负责统筹电子授理平台收到的各项监管试验申请，办公室各成员单位指定专人全程跟进试验项目，协调解决项目实施过程中遇到的各项问题，切实提高跨部门事务运转效率。

（三）建立一套完整的授理反馈工作体系

借鉴韩国监管沙盒、德国现实实验室等实践经验，针对创新主体在平台上提交的新兴行业监管试验申请，建立一套完整的授理反馈工作体系。依照“灵活、持续检验、以事实为基础、向新事物开放”原则，对开展创新监管试验的全流程进行追踪和评估。以智能网联汽车道路测试项目为例，当前，中关村科学城加快打造首都智能网联汽车产业发展高地，建设中关村环保园自动驾驶示范应用场景，涌现了百度阿波罗等一批创新企业。在受理相关创新主体的监管试验申请时，监管部门可针对项目特点，建立一套完整的追踪评估工作体系，如在测试、示范运行、无人应用等方面对申请人提出明确的材料、资质要求和实施步骤；针对目前国家和行业关注的智能网联汽车网络与数据安全，对申请人提出相关的准入和管理要求，规定测试论证活动中产生的数据，未经主管部门批准，不得向境外传输；采取企业承诺、第三方检测、专家评估、大数据监测、随机抽检、定期报告、违规处理、事故处理等多种形式，保障智能网联汽车检测示范安全有序开展。

（四）同步推出一批调整完善监管法律的具体建议

参考德国现实实验室相关做法，自下而上推动相关法律法规的完善和修改。在总结试点试验经验的基础上，系统观察应用新技术时会遇到哪些法律方面的障碍，研究如何调整现有法律法规才能达到既能促进技术发展又能对其进行有效监管的双重目标；同时广泛听取行业领军企业、联盟组织等创新主体对创新监管的意见，在此基础上针对现行法律法规的调整完善提出切实可行的意见建议，为实现更大范围的复制推广提供坚实的法律基础。

参考文献

叶明、郭江兰：《互联网商业模式创新的政府监管困境与应对》，《重庆邮电大学学报》（社会科学版）2020 年第 3 期。

和军、张依：《国外政府监管创新实践与研究新进展》，《中共杭州市委党校学报》2019 年第 5 期。

刘笑、胡雯：《如何应对第四次工业革命带来的新兴治理挑战》，《国企管理》2020 年第 17 期。

程艳平：《加快政府创新友好型法律规制建设研究——以网约车规制为例》，《商业经济》2020 年第 4 期。

孙浩林：《德国"现实实验室"的构建和实践经验及对中国开展创新试验的启示》，《科技管理研究》2021 年第 1 期。

韩莉娜、任志宽、谈力：《"监管沙盒"的国外发展情况及在我国科技领域的实施路径研究》，《全球科技经济瞭望》2021 年第 6 期。

韩江波、李新宁、吴林：《"监管沙盒"中国化高质量发展的路径研究——基于英国"监管沙盒"的经验启示》，《创新科技》2020 年第 2 期。

郭海、李永慧：《数字经济背景下政府与平台的合作监管模式研究》，《中国行政管理》2019 年第 10 期。

Abstract

Beijing Economic Development Report (*2021 – 2022*) is the latest annual research report about Beijing's economic development, economic analysis and forecasting. The researchers in the Institute of Economics in BASS (Beijing Academy of Social Sciences) are as the core team members, and some scholars who study in government departments, research institutions, universities and other academic institutions are absorbed in the team.

The book analyzed and reviewed the Beijing overall economic situation in 2021 and forecasted the economic trends in 2021. Special attention is paid to the impact of the new crown epidemic in 2021 on Beijing's economy in 2022 and other fields; this report focuses on the overall, strategic and key issues in Beijing's economic and social development, using a combination of quantitative and qualitative analysis methods to analyze The current situation, problems and causes of Beijing's economic and social development are analyzed in depth, and feasible countermeasures and suggestions are put forward.

Beijing Economic Development Report (*2020 – 2021*) is divided into general reports, including macroeconomics, strategic analysis, industrial development, finance and regional development. From the perspective of content, this book provides an outlook, forecast and analysis of the macroeconomic situation, industrial development situation, financial and financial situation, and real estate situation in 2022, with special focus on the high-quality development of the capital, the transformation and upgrading of Wangfujing Commercial Pedestrian Street, and the regional development pattern of Beijing. Spatial differences, modernized capital metropolitan area, coordinated development of Beijing – Tianjin – Hebei industry, Beijing carbon neutrality goal, Winter Olympics heritage, intellectual property securitization, green finance, Beijing

Economic and Technological Development Zone, Zhongguancun Science City and other key hot issues, and In-depth research and analysis were conducted.

The general report is the heart of this book. The total report is divided into four parts: the first part mainly analyzes and judges the external environment of Beijing; the second part mainly reviews and summarizes the economic development of Beijing in 2021; the third part uses the new growth theory to catch up model analysis The pressures and challenges facing Beijing's steady growth; the fourth part forecasts and looks forward to Beijing's economic situation in 2022.

This report predicts that in 2022, the growth rate of fixed asset investment in the whole society in Beijing will increase by about 5.5% year-on-year, maintaining a rapid growth trend; the overall consumption situation tends to be relatively optimistic, and it is expected that the total market consumption growth rate in 2022 will be around 7%; In 2022, the growth rate of industrial added value will slow down, and the industrial added value is expected to achieve a low-speed growth of about 3%; in 2022, the growth rate of Beijing's tertiary industry added value is expected to increase on the basis of 2021, and it is expected to maintain the overall At around 6%; the consumer price index will rise on the basis of 2021, but it will not be too high. It is expected that the consumer price will increase by about 2.6% in 2022. Based on the above analysis, it is expected that Beijing's GDP will grow by more than 5% in 2022, and economic growth will continue to recover steadily.

Keywords: Beijing Economy; Macro-Economy; Industrial Economy

Contents

Ⅰ General Report

Abstract: In 2021, Beijing will minimize the impact of the epidemic on economic and social development and achieve a comprehensive recovery of the city's economy. Its main features are: the total economic growth continues to recover, the growth of residents' consumption is not satisfactory, and the recovery of investment growth is relatively slow. The quality of industrial development continued to improve, and the slight increase in prices was in line with expectations. The top priority of Beijing's economic task in 2022 is to stabilize growth. The policy significance of stabilizing growth is clarified through the catch-up model of the new growth theory. Beijing will face some difficulties and challenges in stabilizing growth in 2022: first, the potential growth rate will face downward pressure; second, it will be difficult to stabilize growth under the condition of reduced development; third, the uncertain impact of the epidemic will still exist in the short term; fourth It is the possibility of further spread of liquidity risks in the real estate industry; fifth, the platform economy is facing the pain of transformation. Steady growth depends on innovation in the long run, and efforts from the demand side in the short term. Specifically, the first is to continue to increase investment in basic education and improve the quality of its development; the second is to provide a more optimized environment for scientific research and innovation; the third is to concentrate on key core technologies and "stuck neck" technologies The fourth is to coordinate the allocation of innovative talent elements under the reduction of development; the fifth is to focus on cultivating and supporting the healthy development of entrepreneurial spirit; the sixth is to focus on new infrastructure to accelerate investment; the seventh is to take comprehensive measures to improve residents consumption capacity; the eighth is to guide and promote the rapid development of private investment. Looking forward to 2022, Beijing's GDP is expected to maintain a growth level of around 5%.

Keywords: Steady Growth; Catch-up Model; Technological Innovation; Beijing

Ⅱ Macroeconomy

B.2 Beijing's Economic and Social Development in 2021 and Prospects for 2022

Comprehensive Office of the Beijing Municipal Commission of Development and Reform

Author: *Tan Yuelin*, *Chen Hongyu* / 023

Abstract: In 2021, guided by Xi Jinping Thought on Socialism with Chinese Characteristics for a New Era, Beijing achieves sustained economic recovery and social harmony and stability by taking coordinated steps to promote epidemic prevention and economic and social development. In 2022, it is necessary to adhere to the general tone of progress while maintaining stability, adhere to the new development philosophy completely, accurately and fully, adhere to the guidance of capital development, deepen reform and opening up comprehensively, insist on innovation-driven development, promote high-quality development, adhere to the main line of supply-side structural reform, promote development and security coordinately, steady economic development, protect and improve people's livelihood effectively, make every effort to make a simple, safe and wonderful Olympic event, and celebrate the twentieth congress of the communist Party of China with excellent results.

Keywords: High-quality Development; Digital Economy; Construction of "Two Zones"

Abstract: In 2021, Beijing coordinated the promotion of epidemic prevention and economic development. The economy maintained a steady recovery and GDP increased 8.5%. In 2022, uncertainties in the international environment will increase, and Beijing will also face difficulties and challenges such as shortage of raw materials, rectification of platform enterprises, and slowdown in the real estate industry. The economic growth rate will inevitably decline. It is expected that the GDP growth rate for the whole year of 2022 will fall back to about 5%.

Keywords: Economic Growth; Fixed Asset Investment; Total Consumption; Industry; Service Industry

Abstract: 2021 is the first year of the 14th five year plan. Beijing's industry plays a leading role in the city's economic development. The two-year average growth rate of industrial added value above designated size in the city has remained above double digits since April, with an average growth of 15.8% in the whole year, ranking first in China. The pharmaceutical industry has made outstanding contributions driven by vaccine production and the electronic industry by the strong demand for integrated circuits. The high-end industry in our city is growing well, the innovation and development of enterprises are fruitful, and the construction of high-precision and cutting-edge industrial system is accelerated. In 2022, the macroeconomic situation at home and abroad is still severe and complex, and the pressure on the steady growth of industry in the city is great. In order to achieve the goal of 'steady growth' of industry, it is necessary to strengthen the operation scheduling of industrial economy, make every effort to build high-precision and cutting-edge industrial clusters, promote the in-depth development of industrial integration in Beijing, Tianjin and Hebei, and continuously optimize the business environment.

Keywords: Beijing Industry; Technological Innovation; Sophisticated Industry; Steady Growth

Abstract: In 2021, Beijing's economy recovered steadily, with the increase of 8.5%. This growth is better than that of the whole country and Shanghai, and achieved a good start in the 14th five year plan. With the support of pharmaceutical manufacturing, industry has shown the characteristics of fast speed and good efficiency, which is rare in the past decade. Information service industry plays an important role in supporting economic growth, but the rectification effect of platform enterprises has gradually emerged. The growth rate of the financial industry has slowed down, which is lower than the average level of previous years. Key industries will still face many difficulties in 2022, such as the decline of vaccine prices, the lack of automotive chips, the pain of platform rectification. However, under the measures of stabilizing investment, tapping the advantages of information services and making good use of the spillover effect of Beijing Stock Exchange, the economy is expected to grow by about 5.2% in 2022.

Keywords: Beijing; Economic Situation; Steady Growth

B.6 Research on Scientific and Technological Innovation Leading Beijing's High-quality Development

Abstract: Beijing's high-quality development requires comprehensive innovation with scientific and technological innovation as the core. With the deepening of the process of building an international scientific and technological innovation center, scientific and technological innovation has become a strategic engine leading Beijing's high-quality development and play a leading role to a certain extent. In the new era, leading Beijing's high-quality development with scientific and technological innovation requires adhering to scientific and technological self-reliance, strengthening the high-precision industrial system, and promoting the deep integration of scientific and technological innovation and economic development. We should optimize the strategic path and policy measures, mainly including: enhancing the ability of independent innovation and consolidating the foundation; Improve the quality of the industrial system and consolidate the carrier; Create a high-level innovation and entrepreneurship ecology and open up channels; Improve the innovation system and consolidate the organizational mechanism guarantee; Develop digital economy and cultivate new driving forces.

Keywords: Scientific and Technological Innovation; High-quality Development; Capital Development

Ⅲ Strategic Analysis

B.7 Transformation and Upgrading Research of Wangfujing Commercial Pedestrian Street Under the Background of International Consumption Center

Yang Song / 105

Abstract: Commercial pedestrian street is supported by city block, and takes pedestrian system as preferential traffic system, and is urban quality commercial activity space with highly concentrated and highly developed commercial and service facilities. Although has been upgraded and rebuilt for five times, Wangfujing pedestrian street still has some problems, such as the commercial ecological industrial structure is still not reasonable, shopping activities still have a large proportion; the core competitiveness is still not strong, and the sales volume still does not have a large proportion; the property relation is still complex, and the mechanism for planning as a whole is still not complete; the historical cultural resources are still not been fully used, and the integration for culture, commerce and travel is still not enough. To push the transformation and upgrading of the whole Wangfujing pedestrian street, we need to make scientific planning and be clear about the new thought for the development of new era; we need to change and improve commercial business activities and improve the core competitiveness of commercial block; we need to enlarge the supply of consumption scene, and keep creating and satisfying new consumption demand; we need to manifest the historical resources and cultural characteristics and push organic integration of culture, commerce and travel.

Keywords: International Consumption Center; Commercial Pedestrian Street; Commercial Activity; Beijing

B.8 The Impact of Export Product Quality on Income Inequality and Its Enlightenment to Beijing

Liu Wei, Chang Zhongze and Zhang Xi / 123

Abstract: Today's world is at a historical turning point in a century of great changes. Looking forward to the high-quality development of international trade from a historical height, we should deeply understand the potential advantages and development opportunities of China's foreign trade. Does improving the quality of export products help alleviate income inequality? The research on this issue will help to further clarify the internal mechanism of China's trade and export to narrow the income gap, and become the internal driving force to achieve common prosperity. Based on the statistical data of China's customs from 2000 to 2018, this paper evaluates the causal effect of export product quality on income inequality, and identifies the potential impact mechanism.

Keywords: Export Product Quality; Income Distribution; Income Inequality; Technology Catch-up

B.9 The Opportunities, Challenges and Policy Suggestions for Carbon Neutrality in Beijing

Chen Nan / 138

Abstract: After years of efforts, Beijing has gradually optimized its energy consumption structure. Its energy consumption per 10000 yuan and carbon emission per 10000 yuan are at the leading level in the country. It is the first city in the country to officially announce the peak of carbon emissions. However, the analysis shows that the energy consumption level of residents' living, transportation, construction and other fields has increased rapidly. In order to take the lead in achieving the goal of carbon neutrality in China, Beijing has significant advantages and faces challenges in high-quality economic development, technological innovation and regional coordination. Therefore, this paper puts forward policy suggestions to strengthen top-level design and systematically implement tasks, build a global new energy demonstration center with the help of science and technology, establish and improve the economic system of green low-carbon and circular development, give full play to the role of market mechanism, build Beijing Green Exchanges at a high level, deepening international cooperation abroad and promoting multi-dimensional cooperation at home.

Keywords: Carbon Neutralization; Energy Consumption; Carbon Emissions

B.10 Beijing Green Finance to Promote High-quality Economic Development Path

Ding Jun / 151

Abstract: There is a coupling relationship between green finance and high-quality economic development. This paper deeply discusses its effect and development mechanism in the process of high-quality economic development and construction in Beijing, defines the rational development path, and promotes the efficient and innovative development of green finance. According to the key areas and directions of high-quality economic development in Beijing, it is proposed to build a high-quality economic development path from the aspects of building a green asset trading platform, promoting the construction of green technology transfer center, issuing Beijing green enterprise green project standards, issuing green financial preferential policies, and promoting the development of green funds.

Keywords: Green Finance; High-quality Development; Beijing

B.11 Study on the Path of the Construction of Airport Business District of Daxing International Airport

Sun Li / 162

Abstract: The airport airport area with huge passenger flow and superior location conditions has become an important carrier for carrying consumption upgrading, and the airport business district is an important spatial form for tapping consumption potential. Under the requirements of building a "double hub" international consumption bridgehead, the airport business district of Daxing International Airport implements different development strategies in four circles: terminal business district, airport economic and Business Service District, airport town business district and airport city business district, continuously attracts high-quality route resources, improves international meso capability and strengthens the linkage development with the "three districts".

Keywords: Daxing International Airport Airport; Airport Business District; Terminal Building

Abstract: Building a world-class urban agglomeration in Beijing - Tianjin - Hebei is one of the important goals of the coordinated development of Beijing - Tianjin - Hebei. However, the construction of metropolitan area is a necessary stage for the formation of urban agglomeration. The capital metropolitan area must be the metropolitan area with the highest economic energy level, the strongest radiation ability and the most influential world in the Beijing - Tianjin - Hebei region. It has played a practical leading and exemplary role to development and construction of the Beijing - Tianjin - Hebei region. Since the Beijing - Tianjin - Hebei coordinated development strategy has become a national strategy, some important progress has been made in the construction of the capital metropolitan area, which is reflected to varying degrees in four aspects: economic development, population agglomeration, transportation infrastructure, and public services. However, it is inevitable that in order to promote the better development of the capital metropolitan area, there are still problems such as insufficient complementarity of industrial development, insufficient supporting development of transportation system construction, defects in urban system construction, and insufficient public service supply capacity. It is suggested that in the future development, the regional planning of the capital metropolitan area should be promoted as soon as possible, the top-level institutional design of the capital metropolitan area should be accelerated, the construction of transportation infrastructure should be strengthened, and the layout of high-quality public services should be improved.

Keywords: Urban Agglomeration; The Coordinated Development of Beijing - Tianjin - Hebei; Modern Capital Metropolitan Area

Ⅳ Industrial Development

B.13 The Operation Characteristics of Beijing's Information Industry in 2021 and the Situation Outlook in 2022

Abstract: In 2021, driven by the accelerated trend of digital transformation, Beijing's information industry has achieved steady growth, but the regulatory upgrade has a greater impact on the city's platform economy head enterprises, and the growth rate of the information industry has gradually slowed down after opening high. In 2022, Beijing will accelerate the construction of a global digital economy benchmark city, accelerate the research of "card neck" technologies such as high-end chips and basic components, accelerate the construction of new infrastructure, accelerate the deep integration and application of information technology and various industries, and the information industry will continue to maintain a stable growth momentum.

Keywords: Information Industry; Electronic Information Manufacturing Industry; Information Service Industry

Abstract: For the position of "Houses are for living in and not for speculative investment", the real estate industry has gradually bid farewell to the rapid development era. In 2021, the national real estate market present downtrend, and the partial risk is appeared. The growth rate of the main indicators in Beijing real estate market also showed a falling situation. The overall situation is slightly better than the country, which reflects the characteristics of strong urban real estate market demand, but also facing risks as project default, the uncertainty of land transaction enhancement and the rising of commercial housing vacancy rate. It is expected that the Beijing real estate market will still in the adjustment stage in 2022, and the growth rate of real estate development investment will be low at the beginning, and turn higher and stable subsequently. The price will reach the bottom and slightly rebounded. The Beijing real estate market is a stock market now, new buildings will be build only for the insufficient field or for adjusting the structure. Long-term perspective, the basic status of real estate industry in urban development will not change, land supply and Financing policy will be tightened continuously, We should "stable investment, active secondary market, insurance, meet living demand and defense risk", and promote the real estate industry healthily and stable development and the economic high quality development.

Keywords: Real Estate; Investment; Urban Renewal; Beijing

Abstract: Since the implementation of the Beijing - Tianjin - Hebei coordinated development strategy, relevant state departments and the three regions have actively promoted the coordinated development of industries. It is has said that the positive results have been achieved. However, in actual work, there is still a large industrial gap. The innovation and entrepreneurship ecology in the surrounding areas of Beijing is not perfect. There are too many industrial docking platforms. There are many difficulties and problems such as the unsmooth connection of cross-regional industrial policies. Relevant subjects such as governments and enterprises in the three places actively responded. In practice, it has gradually explored the modes of "leading enterprises to drive", "co-construction of industrial bases", and "co-construction of collaborative innovation platforms". It provides a useful reference and reference for the coordinated development of cross-regional industries. From now on, the three places should focus on the integration of the industrial chain and the innovation chain, improve the industrial ecology, and strengthen the support of industrial elements. Improve the depth, breadth and level of coordinated development of Beijing – Tianjin – Hebei industries. Promote the continuous and in-depth development of the Beijing – Tianjin – Hebei industrial synergy.

Keywords: Industrial Synergy; Industrial Chain; Innovation Chain; Industrial Elements

B. 16 Analysis on the Unique Legacies of Beijing Olympic Winter Games

Nian Wei / 225

Abstract: This paper makes analysis on the legacies of Beijing Olympic Winter Games, arguing that the Games will bring three aspects of unique legacies. Firstly, the Olympic Winter Games will leave a number of high-quality Olympic facilities. Secondly, the Olympic Winter Games will significantly improve the development of winter sports in China, supporting the realization of economic transformation. Thirdly, the Olympic Winter Games will promote Beijing – Tianjin – Hebei collaborative development, realizing complementary advantages and win-win cooperation between Beijing and Zhangjiakou.

Keywords: Beijing; Olympic Winter Games; Legacy

V Fiscal &Financial Market

Abstract: In 2021, based on the advantages of the capital, the city will fully integrate resources, coordinate financial resources, and foster new growth points of financial resources driven by technological innovation and development, so as to achieve a relatively high growth level of 8.1% in fiscal revenue throughout the year. Fiscal expenditures will fully guarantee the party's Centennial Celebration, the Winter Olympics, the Service Trade Fair and other major events. Focusing on the "seven haves" and "five characteristics" of people's livelihood needs, the effectiveness of fiscal expenditures has been continuously improved. 2022 is the year of the 20th National Congress of the Communist Party of China, and the city's fiscal revenue is expected to exceed 600 billion yuan for the first time. The quality of financial resources construction was further improved. The efficiency of the use of financial funds continued to improve. The role of fiscal functions will be brought into full play. Provide a solid financial guarantee for the economic and social development of the capital.

Keywords: Fiscal Revenue; Financial Resources Construction; Capital Efficiency

Abstract: In 2021, the total financial volume of Beijing will maintain a reasonable growth. Credit support for the real economy has being solid. First, the scale of social financing has increased compared with the same period before the epidemic. The financial industry has given greater support to the real economy in general. Second, financial support for key areas and weak links has increased. The quality and efficiency of serving the real economy were further improved. Third, the loan interest rate has dropped to the lowest level since statistics, which has a significant effect on benefiting the real economy. It should be noted that the total amount of deposits and loans is facing challenges to achieve steady growth on the basis of the high base in the same period last year. The transition pains of the real economy and the derived risks from the impact of the epidemic may spread to the financial system. And real estate financial risks have been exposed, and the reasonable financing needs of real estate companies have yet to be met. It is expected that in 2022, Beijing will better play a supporting role in the start of the "14th Five - Year Plan" and high-quality economic development with new development concepts. The total amount of money and credit and the scale of social financing have grown steadily, liquidity is reasonably sufficient, the financial structure has been steadily optimized, and comprehensive financing costs have been steadily declining.

Keywords: Financial Industry; Derivative Risk; Real Estate

B.19 The Development Status, Trend and Path Optimization of Intellectual Property Securitization in Beijing

Abstract: Beijing's intellectual property securitization business has developed rapidly, and the number of projects, the scale of financing and the richness of underlying asset types are all among the top in the country. However, in this process, there are also problems such as imperfect relevant legal systems, single form of special-purpose institutions, potential risks due to the characteristics of intellectual property rights, and difficulty in transaction disposal to increase product risks. In order to promote the development of intellectual property securitization and support Beijing's construction of a global science and technology innovation center with financial factors, it is recommended to strengthen the top-level design of the legal system for intellectual property securitization, improve the information disclosure system, and establish a scientific operating mechanism.

Keywords: Intellectual Property Securitization; Mechanism Design; Risk Isolation

Ⅵ Regional Development

Abstract: It is of great significance for promoting regional coordinated development and urban-rural integration development to explore and reveal the spatial difference law of regional development in Beijing. Based on the economic and social statistical data of 16 districts in Beijing from 2010 to 2020, this paper quantitatively calculates the degree of development differences between districts, analyzes and reveals the spatial differences of Beijing's regional development pattern, and then puts forward the optimization path and regulation countermeasures of Beijing's regional pattern. The results show that: the economy of all districts in Beijing continues to grow, and the economic development gap between districts continues to expand; through the implementation of several rounds of action plans for the south of the city, the development gap between the north and the south area has been narrowing; here is a large income gap between urban and rural, and the urban-rural income ratio shows a decreasing trend; the resident population density decreases from the central urban area to the surrounding suburbs, and the spatial pattern of urban population tends to be more balanced. Under the guidance of the goal of common prosperity, in order to solve the problem of unbalanced and insufficient regional development in Beijing, it is proposed to optimize the industrial spatial layout, improve the mechanism of assistance and coordinated development between regions, explore the reform of income distribution system, and promote the equalization of basic public services between urban and rural areas.

Keywords: Regional Development Pattern; Coefficient of Variation; Spatial Differences; Common Prosperity; Beijing

B.21 Countermeasures and Suggestions for High Quality Development of Science Fiction Industry in Shijingshan District

Abstract: Science fiction industry, as the key direction of knowledge intensive industry and emerging entertainment consumption, has gradually become one of the potential new economic growth points all over the world. As a national scientific and technological innovation center and cultural center, Beijing has a solid foundation for the development of science fiction industry. The characteristic style space of the remains of heavy industry in Shijingshan District can not only provide inspiration for the creators of science fiction works, but also provide space resources for film and television and game production. With the strong support of the state and Beijing, Shijingshan District is trying to build a new highland for the development of science fiction industry in China. In the future, to promote the high-quality development of science fiction industry in Shijingshan District, it is urgent to strengthen the investment promotion industrial policy, innovate the accurate investment promotion mode, improve the regional supporting service system, integrate various resources of the industry, and strive to create a characteristic industrial development environment and industrial ecology.

Keywords: Shijingshan District; Science Fiction Industry; High Quality Development

Abstract: After nearly three decades of development, BDA has fully entered a new development stage of " three coexistence " of product and service internationalization, organization internationalization and factor internationalization. Making full use of and allocating global factor resources to move forward to a higher-level of international development has become the key to the innovative development of BDA. Based on the new development stage, BDA should take industry internationalization as the core, innovation internationalization as the guide, talent internationalization as the support and environmental internationalization as the guarantee, improve the high-end resources link integration ability and external radiation development ability, deeply integrate into the global industrial chain, innovation chain, value chain, and build a world-class advanced manufacturing cluster and a world-class high-precision industrial main position.

Keywords: BDA; Headquarter Economy; Innovation-driven Development

Abstract: Global technological innovation has entered an unprecedentedly intensive and active period. With new technologies and new products constantly emerging, new challenges is encountered to government supervision. As the birthplace of the most concentrated new technologies and new products, Zhongguancun Science City urgently needs to accelerate the exploration and construction of an institutional framework that can support the healthy development of new technologies and new products. This article systematically sorts out the typical practices of Britain, France, Germany, South Korea and other developed countries in constructing innovation-friendly supervision systems. Based on the actual situation of Zhongguancun Science City, it proposes to establish an innovation-friendly special supervision test zone in a specific area of Zhongguancun Science City. A series of institutional innovation explorations have been carried out on the electronic management platform, the establishment of a cross-departmental comprehensive coordination agency, and the establishment of a management feedback work system.

Keywords: Technology Innovation; Government Supervision; Institutional Innovation; Zhongguancun Science City

S 基本子库
UB DATABASE

中国社会发展数据库（下设 12 个专题子库）

紧扣人口、政治、外交、法律、教育、医疗卫生、资源环境等 12 个社会发展领域的前沿和热点，全面整合专业著作、智库报告、学术资讯、调研数据等类型资源，帮助用户追踪中国社会发展动态、研究社会发展战略与政策、了解社会热点问题、分析社会发展趋势。

中国经济发展数据库（下设 12 专题子库）

内容涵盖宏观经济、产业经济、工业经济、农业经济、财政金融、房地产经济、城市经济、商业贸易等12个重点经济领域，为把握经济运行态势、洞察经济发展规律、研判经济发展趋势、进行经济调控决策提供参考和依据。

中国行业发展数据库（下设 17 个专题子库）

以中国国民经济行业分类为依据，覆盖金融业、旅游业、交通运输业、能源矿产业、制造业等 100 多个行业，跟踪分析国民经济相关行业市场运行状况和政策导向，汇集行业发展前沿资讯，为投资、从业及各种经济决策提供理论支撑和实践指导。

中国区域发展数据库（下设 4 个专题子库）

对中国特定区域内的经济、社会、文化等领域现状与发展情况进行深度分析和预测，涉及省级行政区、城市群、城市、农村等不同维度，研究层级至县及县以下行政区，为学者研究地方经济社会宏观态势、经验模式、发展案例提供支撑，为地方政府决策提供参考。

中国文化传媒数据库（下设 18 个专题子库）

内容覆盖文化产业、新闻传播、电影娱乐、文学艺术、群众文化、图书情报等 18 个重点研究领域，聚焦文化传媒领域发展前沿、热点话题、行业实践，服务用户的教学科研、文化投资、企业规划等需要。

世界经济与国际关系数据库（下设 6 个专题子库）

整合世界经济、国际政治、世界文化与科技、全球性问题、国际组织与国际法、区域研究 6 大领域研究成果，对世界经济形势、国际形势进行连续性深度分析，对年度热点问题进行专题解读，为研判全球发展趋势提供事实和数据支持。

法律声明

“皮书系列”（含蓝皮书、绿皮书、黄皮书）之品牌由社会科学文献出版社最早使用并持续至今，现已被中国图书行业所熟知。“皮书系列”的相关商标已在国家商标管理部门商标局注册，包括但不限于LOGO（ ）、皮书、Pishu、经济蓝皮书、社会蓝皮书等。“皮书系列”图书的注册商标专用权及封面设计、版式设计的著作权均为社会科学文献出版社所有。未经社会科学文献出版社书面授权许可，任何使用与“皮书系列”图书注册商标、封面设计、版式设计相同或者近似的文字、图形或其组合的行为均系侵权行为。

经作者授权，本书的专有出版权及信息网络传播权等为社会科学文献出版社享有。未经社会科学文献出版社书面授权许可，任何就本书内容的复制、发行或以数字形式进行网络传播的行为均系侵权行为。

社会科学文献出版社将通过法律途径追究上述侵权行为的法律责任，维护自身合法权益。

欢迎社会各界人士对侵犯社会科学文献出版社上述权利的侵权行为进行举报。电话：010-59367121，电子邮箱：fawubu@ssap.cn。

社会科学文献出版社